북한 여성의 삶

지속과 변화

임순희 지음

도서출판 해남

머 리 말

우리 민족의 오랜 숙원이며 당위적 과제인 한반도 통일이 현실성을 띠고 다가오고 있다. 지난 2000년 남북정상회담 이래 괄목할 만한 진전을 보이고 있는 남북관계 개선 추세는 이를 더욱 실감케 하며, 머지않아 그 날이 필연적으로 도래할 것이라는 기대감을 갖게 한다. 그러나 어느 날 통일이 되어 남과 북이 만날 때, 서로에 대한 오해와 불신을 해소하지 못하고 만난다면 그 통일은 기쁨보다 고통을 더 안겨 줄 수도 있다. 반 세기 이상의 세월을 서로 다른 이념과 제도 속에서 문화적 이질화를 겪어 온 남과 북이 진정한 화합, 내면적인 통합을 이루는 과정에서 어쩔 수 없이 서로 간에 적지 않은 상처를 내기도 하고 치부를 드러내기도 해야 하며, 서로 간에 이해와 신뢰를 쌓기에는 예상하였던 것보다 더 많은 시간과 비용이 소요될 수도 있기 때문이다. 또한 남과 북이 문화적인 이질화 극복 내지 동질화를 통해 서로에 대한 불신이나 적대감을 해소하지 않은 채 물리적 통합을 이룬다면 남과 북은 또다른 분단, 곧 마음의 장벽을 쌓을 수도 있기 때문이다. 따라서 통일의 과정에서나 통일 후 남북한의 내면적 통합을 위해 선행되어야 할 주요 과제는 남과 북의 상호 문화적 이질화 극복 내지 동질화이다.

남북한 사회통합의 주요 전제는 남북한 간 문화적 이질화 극복 및 동질화라고 할 때, 남북한 사회통합을 위한 필수 선행조건은 북한 주민의 생활에 대한 올바른 이해 내지 인식이다. 또한 북한 주민의 생활에 대한 이해는 집단별·계층별로 세분화된 심층이해가 필요하다. 북한 주민의 생활에 대한 집단별·계층별 이해에 있어 특히 북한 여성에 대한 심층이해는 다른 무엇보다도 여성이 북한 인구의 절반을 차지하고 있으며 북한 여성들이 가정 및 사회의 모든 영역에서 다양한 역할을 수행하고 있다는 사실에서 그 의의를 찾을 수 있다. 그러나 이와 같은 의의에도 불구하고 종래의 북한 연구에서 북한 여성에 대한 연구는 다른 분야에 비해 부진한 편이며 기초자료 축적도 미흡한 실태이다. 또한 이와 같은 연구동향을 반영하듯 우리 사회에는 북한 여성의 삶의 모습, 이를테면 그들의 가치의식, 생활실상 등에 관해 부분적·단편적으로 알려져 있으며, 올바른 이해가 아닌 편견에 지나지 않는 그릇된 인식도 적지 않은 것이 사실이다.

이 책은 위와 같은 문제의식 아래 북한 여성 연구의 활성화를 도모하는 한편, 북한 여성에 대한 올바른 이해 내지 인식을 돕고자 만들어졌다.

이 책의 제1장은 「소설을 통해 본 북한 여성의 삶」이다. 여기에서는 북한의 공식 가치지향에 비추어 북한 여성의 삶의 실제 모습을 자아인식과 삶의 목표, 가정생활, 직장생활 등으로 나누어 살펴보았다. 제2장 「식량난과 북한 여성」에서는, 1990년대 이래 식량난이 북한 여성에게 미친 영향과 식량난 이후 북한 여성의 역할 및 의식변화를 중심으로 분석하였다. 제3장은 「『조선녀성』 내용분석」이다. 이 장에서는 북한의 여성단체 '조선민주녀성동맹'의 기관지인 『조선녀성』에 대해 주제별로 내용을 분석한 후, 내용상 주요 특징과 시기별 변화양상 및 추세를 서술하였다.

부족하나마 그 동안의 북한 여성 연구결과물들이 나름대로 정리되어 한 권의 책으로 만들어지니 기쁜 마음이다. 또한 이를 계기로 하여 앞으로 관련 연구에 더욱 매진할 것을 새삼 다짐해 본다. 아무쪼록 이 책이 북한을 공부하는 학생들과 북한 여성 전공자들, 그리고 북한 여성에 대한 이해를 필요로 하는 모든 분들에게 유용한 자료로 활용될 수 있기를 바라는 마음이다.

이 책이 나오기까지 애써 주신 노현철 사장님을 비롯한 도서출판 해남의 가족들에게 깊은 감사를 드린다. 또한 저자로 하여금 북한 여성 연구를 하도록 권해 주시고 격려해 주신 지도교수 이경숙 숙명여자대학교 총장님께 깊은 감사의 말씀을 올린다. 그리고 하늘에서 늘 막내딸을 지켜보시며 위로해 주시는 아버지 어머니, "고맙습니다."

2006년 4월 15일

임순희

차 례

제 3 장

『조선녀성』 내용분석 135

제 1 장

소설을 통해 본 북한 여성의 삶

1 분석자료의 유용성과 한계

소설은 그 배경을 이루는 시대상과 사회상을 반영하며 그 시대와 사회를 살아가는 사람들의 일상적인 삶의 모습을 실감나게 묘사한다는 점에서 분석자료로서의 가치가 있다. 북한 소설도 예외가 아니다. 특히, 북한 소설은 김일성의 '교시'와 김정일의 '지적' 내지 '말씀',[1] 그리고 다양한 정치·이념 및 경제·사회 구호 내지 운동 등을 통해 시대상과 사회상을 반영하며 주민들의 일상적인 삶의 모습을 있는 그대로 사실적으로 묘사하기 때문에, 북한 사회의 시대적·사회적 변화와 주민들의 가치관 및 생활문화에 관한 분석에 있어 유용한 자료이다. 또한 북한 소설은 소설의 일반적인 특성에서 뿐만 아니라 다음과 같은 몇 가지 특징에 근거해서도 분석자료로서의 가치를 지니고 있다.

첫째, 북한 소설은 주민들의 현실생활과 그들의 내면세계를 비교적 세부적으로 자세하게 묘사하고 있다는 점이다. 북한의 문학예술을 주도해 온 김정일에 의하면,

> 문학예술작품이 사람들에게 깊은 감동을 주자면 인간과 생활을 현실에 있는 것과 같이 생동한 모습으로 진실하게 펼쳐 보여야 하며 그 과정에 창작가가 주장하는 사상이 자연스럽게 드러나야 합니다.[2]

> 문학에서 인간을 구체적으로 생동하게 보여 주려면 생활을 세부화하여 그려야 한다. 인간의 사상감정이 표현되고 인간관계가

1) 북한 간행물에서는 김일성과 김정일의 말을 인용할 때, "위대한 수령 김일성 동지께서는 다음과 같이 교시하시였다", "위대한 령도자 김정일 동지께서는 다음과 같이 지적하시였다"라는 문구를 인용문 앞에 넣는다.

2) 명일식(1993), p. 55.

> 맺어지고 발전하여 나가는 구체적인 생활정형의 단면들을 파고들어 섬세하게 그릴 때라야 작품에는 감명깊은 인간세계가 펼쳐지게 된다.[3)]

라고 한다.

이는 곧 소설문학은 묘사를 수단으로 생활을 반영하는 묘사문학이며 소설의 묘사에서 가장 중요한 것은 심리묘사, 세부묘사라는 것인데,[4)] 이와 같은 논지에 따르면 북한 소설은 북한 여성의 의식구조 및 가치관에 대한 심층분석에 있어 자료로서의 유용성이 높다.

둘째, 노동당 문예정책의 산물인 북한 소설은 소설의 주제 및 소재, 형식 및 내용이 다를지라도 전하고자 하는 메시지는 일률적이라고 하는 점이다.[5)] 따라서 북한 소설은 분석을 통해 북한 당국의 공식 가치지향을 읽어 내는 한편, 당국의 공식 가치지향에 비추어 북한 여성의 가치관의 실제와 변화 여부를 밝혀 논하는 데 있어 유용한 자료이다.

셋째, 1980년대 이후 북한 소설은 실제 일반사람들이 당대 현실생활에서 느끼고 마주치는 다양한 문제들, 예를 들면 도시와 농촌의 격차와 그로 인한 갈등, 세대 간의 갈등, 여성문제 등 오늘날 북한의 보통사람들이 겪는 직접적이고 절실한 문제를 다루고 있다는 점이다.[6)] 특히, 1990년대 이래 북한 소설에서 모성, 직업의식, 정체성 확립 등 다양한 관점에서 여성문제를 비중 있게 다루고 있음은 북한 여성의 문화를 연구하는 데 있어 분석자료로서 소설의 가치를 보다 더 높여 주고 있다.

그러나 북한의 소설문학은 그 성격과 역할 및 사회적 기능에

---

3) 『조선문학』(1999. 2), p. 48.
4) 오승련(1993), p. 32.
5) 모든 소설문학에서 전달하고자 하는 메시지는 '국가와 사회, 집단과 인민에 대한 헌신, 당과 수령의 뜻 관철'이다.
6) 김재용(1994), pp. 263~271, 287~307 참조.

비추어 볼 때 분석자료로서의 근본적인 한계를 지니고 있다. 북한 당국에 의하면,

> 사회주의 문학은 당의 령도를 받아야만 인류의 자주적 지향에 맞게 인민대중의 자주위업수행에 참답게 이바지하는 강력한 무기로 될 수 있다. ……오늘 우리 문학에 있어서 경애하는 장군님의 사상, 당정책이 곧 작품의 종자로, 내용으로 되고 있으며 장군님의 의도와 당의 요구가 곧 작품의 문제성으로 되고 령도자가 키우고 내세워 준 인민이 바로 작품의 주인공으로, 전형으로 되고 있다.[7]

라고 한다.

위의 인용문이 시사하는 바와 같이 북한 문학은 주체사상과 당의 문예정책에 충실한 당위적 결말만을 지어 내는 체제와 수령의 홍보물에 지나지 않으며, '당의 사상적 무기'로서의 역할과 '인민대중 교화'라는 사회적 기능을 수행한다. 따라서 북한 소설의 성격과 역할 및 사회적 기능에서 비롯되는 분석자료로서의 근본적인 한계를 극복하기 위해서는, 모든 소설작품에서 전달하고 있는 한결같은 당의 메시지를 거스르는 북한 여성의 또다른 의식구조 내지 가치관, 삶의 모습을 소설의 행간에서 읽어 내려는 연구자의 의지와 노력이 중요하다.[8] 또한 북한 소설의 일차자료로서의 한계를 극복하고 소설분석의 결과를 입증 내지 반증하기 위해서는 탈북한 북한 주민들의 증언과 방북자 및 북한 장기체류자의 증언을 보충자료로 활용하는 것이 바람직하다.

---

7) 최길상(1997), pp. 7~8.

8) 북한 문헌에 의하면 "긍정인물과 부정인물의 대립과 투쟁으로 갈등을 설정하고 이야기를 엮어 나가는 것은 극적인 것을 형상하는 데서 기본"이다. 오승련(1993), p. 34; 대체적으로 소설에 등장하는 '긍정인물'은 당의 공식 가치지향을 대변하며, 공식 가치지향을 거스르는 말과 행동을 하는 '부정인물'은 북한 주민의 가치관의 변화 내지 실제를 반영한다.

2 북한 여성의 자아인식과 삶의 목표

2.1. 자아인식

북한 소설에서 긍정인물로 형상화된 여성들의 자아인식은 매우 긍정적이고 적극적이다. 그들은 자신의 성격과 의지, 자신의 존재가치와 의의, 자신의 능력과 사회환경 등에 만족하며 확고한 신념과 자긍심을 가지고 능동적·적극적으로 자신의 일을 해 나간다. 또한 그들은 대인관계에 있어 자신감이 넘치며 주도적이다.

소설작품에서 긍정적 주인공으로 그려진 여성들이 지향하는 여성상은 김일성의 어머니인 강반석과 김정일의 어머니인 김정숙이다. 북한 문헌을 통해 보면 북한의 모든 여성들에게 있어 '영원한 귀감'으로 일컬어지는 강반석의 귀감적 역할은 다음의 네 가지로 집약된다.[9)]

첫째, 대가정의 며느리로서의 모범적인 역할이다.

김일성의 회고록을 통해 보면 강반석은 "열두 식구나 되는 큰 집안의 장손며느리로서 늘 바삐 지냈으며, ……구차한 생활형편에서 난관이 닥쳐와도 그것을 자신의 힘과 지혜로 이겨 내시면서 살림을 검박하고 알뜰하게 꾸려 나가시였으며", 뿐만 아니라 "시부모 공대 잘하고 동서 간에 화목하며 치산범절에 능숙하시여 칭찬이 높았다"고 한다.[10)] 이와 같은 강반석의 지혜와 알뜰함, 그리고 시부모에 대한 효성이 혁명적인 대가정을 화목하게 이끌어 나간 모범적인 품성이며 덕성이었다는 것이다. 여기에서 시사하는 바는 전통적인 효성스런 며느리의 순종과 인내, 그리고 헌신이다. 이를테면 "강반

9) 임순희(1993), pp. 77~81 참조.
10) 김일성(1992), p. 102; 과학백과사전출판사(1982), p. 139; 백봉(1968), p. 19.

석 녀사는 시부모 앞에서 말대답을 하거나 변명하시는 일이 한 번도 없었고",[11] 그런가 하면 "아직 논이 없던 곳에 손수 뙈기논을 만드시여 손수 벼농사를 지으셔 해마다 시할머님과 시부모님 생신날에 이 밥을 지어드리시였다"[12]라고 하여, 강반석을 우리 전통사회의 순종적이고 헌신적인 효부의 전형으로 내세우고 있는 것이다.

둘째, 혁명가 아내로서의 모범적인 역할이다.

김일성의 회고록에서 강반석은 성격이 부드럽고 온화하였지만 적들 앞에서는 기상이 도도하고 강의한 여성으로 그려져 있다.[13] 다시 말해서, 강반석은 "비단결같이 곱고 부드러운 마음씨를 가진 녀사였지만 일제를 반대하는 투쟁에서는 드팀없이 견결하고 강의하셨으며", 이와 같은 품성으로 "혁명가의 훌륭한 안해로서 힘겨운 가정살림을 억척스레 꾸려 나가시면서 남편의 혁명활동을 열심히 도와 주셨다"는 것이다.[14] 여기에서는 강반석의 "어질면서도 강의한 품성"과 남편에 대한 헌신성을 강조하고 있으며, 이러한 품성이 혁명가 아내로서의 갖추어야 할 품성임을 시사하고 있다. 한편, 김일성의 회고에 따르면 강반석은 "간혹 아버지가 언짢은 일이 있어 꾸중이라도 할 때면 "잘못했습니다", "다음에 고칩시다"라는 식으로 사과를 할 뿐 말대답은 하지 않았다"[15]라고 하여 강반석이 남편에 대해 순종적이었음도 암시하고 있다. 또한 강반석은 남편뿐 아니라 그의 전우들에게까지 혁명가적 동지애를 발휘한 것으로 강조되고 있는바, 이를테면 강반석은 "댁에 찾아온 선생님의 전우들을 위하여 하루에 열 번 밥을 짓고 열 번 빨래를 하게 되시여도 혁명가의 안해가 되신 긍지를 가지시고 대하시였고, 그들이 비밀모임을 하실 때에는 밖에 서시여 밤이슬을 맞으시며 망을 보시였으며, 한몸의

11) 조선민주녀성동맹 중앙위원회(1967), p. 30.
12) 『조선녀성』(1982. 4), p. 46.
13) 김일성(1992), pp. 99, 105.
14) 백봉(1968), p. 20.
15) 김일성(1992), p. 101.

위험을 무릅쓰시고 일제놈들의 삼엄한 국경경비진을 헤치시고 압록강을 건느시여 무기, 탄약도 날라오시였다"[16]고 한다.

셋째, 혁명가 어머니로서의 모범적인 역할이다.

북한 주민들에게 있어 강반석은 "4천만 조선 인민의 탁월하고 위대한 수령을 낳아 키우신 훌륭하신 교육교양자"이고, "자제분에 대한 깊은 사랑을 혁명위업에 밀접히 련결"시킨 "조선의 어머니"로 되어 있다.[17] 북한의 주장에 따르면, 강반석의 생애와 활동에서 가장 빛나는 자리를 차지하는 것은 김일성을 낳아 키우고 그의 혁명위업을 높이 받들어 준 것이며, 강반석은 언제나 김일성을 한 가정의 아들로서가 아니라 혁명의 아들로 여기었고 김일성의 성장을 언제나 조국의 운명과 결부시키었다는 것이다.[18]

넷째, 혁명가로서의 모범적인 역할이다.

강반석은 진보적이며 애국적인 가정에서 태어나 일찍이 부모로부터 애국주의 교양을 받아 어린시절에 벌써 일제와 지주들에 대한 증오심이 남달리 강하였고, 가난한 사람들을 돕는 계급적 우애심이 높았다고 한다.[19] 북한은 이와 같은 강반석을 일컬어 전설적 영웅, 자신의 안락을 위해서가 아니라 혁명을 위해, 나라와 민족의 운명을 위해 몸바쳐 싸운 조선 여성의 모범이며 불굴의 여성혁명투사라고 찬양한다. 또한 강반석은 열렬한 공산주의자이며 탁월한 여성정치활동가, 조선 여성운동의 탁월한 지도자로도 일컬어진다.

북한 여성들에게 있어 또 하나의 '영원한 구감'이며 '숭고한 구감'이고, 특히 북한 주부들의 우상이라고 하는 김정숙의 귀감적 역할도 다음의 네 가지로 집약된다.[20]

첫째, 김일성의 충직한 친위전사로서의 모범적 역할이다.

16) 『천리마』(1992. 4), p. 57.
17) 조선민주녀성동맹 중앙위원회(1967) 참조.
18) 『천리마』(1992. 4), p. 56.
19) 과학백과사전출판사(1982), p. 139.
20) 임순희(1993), pp. 83~87.

북한 문헌에 따르면 김정숙은 김일성의 안녕을 지키는 것을 혁명전사의 어길 수 없는 본분으로 여겼으며, 이와 같이 수령의 안녕과 만수무강을 위한 일이라면 자신의 생명까지도 서슴없이 바쳐나서는 숭고한 모범이야말로 김정숙이 이룩한 불멸의 업적에서 가장 중요한 내용을 이루는 것이라고 한다. 또한 김일성에 대한 김정숙의 "절대적인 존경과 열렬한 흠모, 수령님을 영원히 높이 받들어 모시려는 더없이 맑고 깨끗한 마음"[21]은 전통적인 부덕을 지닌 전형적인 아내의 모습으로도 묘사된다. 예를 들면, "경애하는 사령관 동지께 김정숙 동지는 진달래를 꺾어 올리시였다", "김정숙 동지께서는 사령부 천막 가까이에서 샘물을 발견하시고 기쁨에 넘쳐 샘물터를 정히 만드신 다음 이 샘물로 경애하는 사령관 동지께 밥을 지어 올리시였다", "김정숙 동지께서는 삼지연의 맑은 물을 정히 떠서 경애하는 사령관 동지께 먼저 올리시였다" 등이 그것이다.[22]

둘째, 혁명가로서의 역할이다.

강반석과 마찬가지로 애국적·혁명적인 가정에서 태어났다는 김정숙은 10대의 어린 나이에 혁명의 길에 나서 과감한 군사활동으로 항일무장투쟁의 강화·발전에 기여했으며, 주체의 혁명위업 완성과 조선 여성운동의 발전 및 혁명후비대 교육육성사업에서 불멸의 업적을 이룩한 것으로 찬양되고 있다.

셋째, 혁명가 어머니로서의 역할이다.

북한 여성들에게 있어 김정숙은 "자제분을 사랑의 한품에 안으시여 경애하는 수령님의 혁명위업을 대를 이어 계승해 나가도록 견결한 혁명가로 키우신 혁명의 위대한 어머님"[23]이다. 김정숙은 수령의 후계자로 김정일을 교육하는 데 있어 자상하고도 세심한 배려를 하였으며, 특히 김일성 따라 배우기와 김일성에 대한 충실성을

21) 황순희(1982), p. 52.
22) 조선중앙통신사(1980), pp. 111~112.
23) 과학백과사전출판사(1982), p. 714.

중시하였는바, 이것이 바로 혁명가의 어머니로서의 귀감적인 역할이었다는 것이다.

넷째, 전통적인 부덕을 지닌 주부로서의 역할이다.

북한 문헌을 통해 보면 강반석과 마찬가지로 김정숙 역시 남편에 대해 순종적·헌신적이었고, 자식에게는 아버지에 대한 충실성과 효성을 가르치며 교육에 정성을 다한 전통적인 부덕을 지닌 주부의 전형으로 그려져 있다. 또한 김정숙은 그 자신이 여성들은 예절도 잘 지키고 이웃 간에 화목하며, 남편과 시부모 공대도 잘 하고, 옷차림도 단정히 하며, 나라와 집단의 살림살이도 알뜰하게 꾸려야 할 것을 강조했다고 한다. 강반석과 마찬가지로 김정숙도 북한 여성들에게 있어 전통적인 조선 여성의 전형으로서 모범적인 역할을 한 '영원한 구감', '숭고한 구감'으로 되어 있다.

소설에서 긍정인물로 형상화된 여성들은 위에서와 같은 강반석과 김정숙의 귀감적 역할을 본받아 '혁명가적 역할'과 전통적인 부덕을 지닌 '전형적인 주부로서의 역할'을 수행하고자 애쓰며, 그러한 자신의 모습에 대해 긍정적이고 만족해 할 뿐만 아니라, 두 가지 역할을 무난히 병행할 수 있도록 배려해 주는 당과 수령, 사회주의 제도에 대해 무한한 감사를 느낀다. 그러나 이들은 인생의 주체인 독립적·개성적 인격체로서의 자아를 인식하기보다는 집단 속에 매몰된 획일화된 자아를 인식한다. 이들은 '내가 속한 집단'이 아니라 '집단에 속한 나'를 인식하고 있을 뿐이다.

> 하고 보면 수연이 지닌 매력은 우리 시대 청년들의 마음 깊이 새겨져 있는 아름답고 진실한 감정 바로 거기에 있음이 틀림없었다. 사회적 집단의 대가정에 자신의 전부를 맡기고 사는 우리 청년들은 자신의 문제와 동지의 문제를 별개의 것으로 계선을 긋고 갈라 놓을 줄 모른다. 하기에 그들은 자신에게 제기하는 스스로의 요구를 동지들에게도 꼭같이 요구하는 것을 응당한 도리로, 의무로, 권리로 간주하는 것이다.[24)]

'집단에 속한 나'를 인식한다는 것은 집단 속에서 자아의 정체성을 찾는다는 것이며, 이는 곧 국가와 사회를 위해 존재하는 개인을 인식한다는 것을 의미한다. 오직 국가를 위해 존재하는 개인에게는 의무와 책임만이 요구될 뿐이며, 이러한 자아개념은 어떤 대의나 국가에 대한 광신과 맹목적인 헌신을 낳게 한다고 할 때,[25] 이에 대해 북한 여성도 예외가 아니다. 소설에서 당의 공식 가치지향을 구현하는 여성들은 자신의 권리주장은 전혀 없고 오로지 국가와 사회, 집단에 대한 의무수행만을 중요시하며, 국가와 사회, 집단에 대한 의무도 궁극적으로는 김일성과 김정일에 대한 충실성을 뜻한다.[26] 이는 곧 맹목적 헌신의 대상이 수령 한 개인에게 집중되어 있음을 말해 주는 것이다. 이와 같이 소설에서 긍정적으로 형상화된 북한 여성들은 국가와 사회, 집단과 인민에 대한 헌신에서 자아의 정체성을 확인하고자 하며, 그들의 자아정체성 확립은 곧 수령에 대한 충실성으로 귀결된다.[27]

그러나 북한 소설에서 부정인물로 그려진 여성들의 자아인식은 당의 공식 가치지향과는 다르다. 그들은 집단 속에 매몰된 획일화된 자아에 대해 회의와 갈등을 겪으며, 당과 수령, 집단과 사회에 대한 맹목적 헌신보다는 자기중심적이고 개인지향적인 자아인식을 나타낸다. 다음의 예는 사랑하던 남자가 두 눈을 잃고 '영예군인'이 되어 돌아오자 그와의 결혼을 포기한 여성과 그의 친구가 주고받는 대화이다.

---

24) 현희균(1991), p. 326.
25) 에드워드 스튜어트 저, 김성경 역(1991), p. 98.
26) 임순희(1993), pp. 91~93.
27) 최근 북한 당국은 여성들에게 이른바 '김정숙형의 인간, 김정숙형의 여성혁명가'에 관한 교양을 강화하고 있으며, '김정숙형의 인간'은 김일성에 대한 충실성을 기본 품성으로 한다. 『조선녀성』(1999. 1), pp. 18~19 참조.

> "난 너희들이 뒤에서 비웃는 줄 다 알아. 량심이 없다느니 배신자라느니." "동무들이 너에게 요구하는 건 바로 시대가 우리 청년들에게……" "그만둬." "?!……" "그 시대의 요구 앞에 너희들의 태도는 어떻니?" "우리들의 태도라니?" "너 솔직히 말해봐." "……" "너라면, 내가 아니라 너라면 넌 어떻게 했겠니! 서슴없이 그런 불구자한테 갔겠니?"[28]

영예군인과의 결혼을 포기한다는 것은 당과 수령의 뜻을 따르지 않는다는 것을 의미한다. 이것은 곧 북한 여성들이 국가를 위해 존재하는 개인으로서 자아를 인식하고, 당과 수령, 집단과 사회에 대한 맹목적 헌신에서 자아의 정체성을 찾으려 하기보다는 인생의 주체인 한 개인으로서 자아를 인식하려 한다는 것을 말해 주고 있다.

1990년대 이래 북한 여성들의 자아인식은 뚜렷하게 변화를 나타내고 있으며, 이와 같은 변화는 위의 예문에서와 같이 북한 소설에서 부정인물로 등장하는 여성을 통해 잘 반영되고 있다.

북한 여성의 자아인식과 관련한 공식 가치지향은 가요 '녀성은 꽃이라네'[29]에서도 상징적으로 잘 드러나고 있다.

> 녀성은 꽃이라네, 생활의 꽃이라네
> 한 가정 알뜰살뜰 돌보는 꽃이라네
> 녀성은 꽃이라네, 행복의 꽃이라네
> 아들딸 영웅으로 키우는 꽃이라네
> 녀성은 꽃이라네, 나라의 꽃이라네
> 걸어온 위훈의 길에 수놓을 꽃이라네
> (후렴)
> 정다운 안해여 누나여 그대들 없다면
> 생활의 한 자리가 비여있으리

---

28) 리춘구(1991), p. 59.
29) 『천리마』(1991. 3), 표지 p. 3.

또한 1990년대 중반 이래 극심한 식량난을 겪어 온 북한은 여성에 대해 '선군꽃'으로 억세게 피어날 것을 강조하고 있는바,

> 따뜻한 봄날, 후더운 여름날 꽃밭에, 산과 들에 활짝 피여 웃던 온갖 꽃들이 소슬한 가을 바람에 아름다운 자태 감추고 찬서리에 스러질 때 눈보라, 강추위를 맞받아 억세게 그리고 아름답고 황홀하게 피여나는 꽃, 우리 조선 녀성들은 서리꽃을 사랑한다. 녀성은 꽃이라고 이른다. 하다면 어떤 꽃으로 어떻게 피여나겠는가. 피여도 서리꽃 특유의 아름다운 선군꽃으로, 닮아도 백두의 기상을 닮아 억세게 피여날 것이다. 이것이 선군시대 조선 녀성들의 한결같은 대답, 높뛰는 심장의 웨침이다.[30]

라고 한다.

위와 같이 북한에서 여성은 '꽃'으로 상징, 인식되고 있으며, 이와 같이 자신들이 대상화된 데 대하여 북한 여성들은 거부감이나 저항감이 없는 듯 보인다. 북한의 유일한 여성잡지인 『조선녀성』에 실린 글에는 오히려 여성들이 꽃으로 사는 데 대해 긍지를 느끼고 있음을 말하고 있다.

> 오늘 우리 녀성들이 충성의 꽃, 나라의 꽃, 사회의 꽃으로 만사람의 축복을 받으며 사는 긍지를 느낄 때마다 자신들을 꽃으로 피워 준 따사로운 품에 대하여 생각하게 된다.[31]

위에서와 같은 당의 공식 가치지향을 반영하는 북한 소설에서도 여성은 꽃으로 상징, 인식되고 있으며, 특히 '수령형상창조' 작품의 하나인 단편소설 「매혹」에서는 김일성이 "녀성들이야말로 사랑의 아름다움과 매혹적인 인정의 향기로 영원히 인간생활을 풍미롭게 하는 꽃 중의 꽃입니다"[32]라고 말하는 것으로 형상함으로써

30) 『조선녀성』(2005. 2), p. 6.
31) 『조선녀성』(1996. 1), p. 17.

김일성의 여성관을 단적으로 드러내고도 있다. 또한 북한 소설에 등장하는 여성들 역시 '꽃'으로 상징, 인식되는 자아에 대해 자긍심을 나타내고 있으며 '가정의 꽃', '혁명의 꽃'으로서 당과 수령으로부터 주어진 역할수행을 위해 열심히 노력한다.

한편, 소설을 통해 보면 북한 여성들은 스스로 진정한 자아를 찾으려 하기보다는 현모양처로서 희생적·헌신적인 뒷바라지를 한 남편과 자식의 성공을 통해서 자아정체성을 확인하고자 하는 관념 및 태도를 나타내고 있다.

> 자식을 길러 이런 보람을 맛본다는 것은 얼마나 행복한 일인가. 아들의 성공을 위해 애쓰던 나날들이 새삼스럽게 돌이켜진다. ……결국 오늘의 성공은 아들에게 바친 어머니의 헌신적 사랑의 산아였다. 예향은 아들의 그림에 향해지는 감탄의 눈길들이 자기를 바라보는 선망의 시선처럼 느껴졌다.[33]

> 우리가 가정을 꾸리고 남편들이 사회에 나가 활개치며 일하도록 뒷바라지나 잘하면 되지 뭐. ……그뿐인가? 아이를 잘 키워서 사회에 내보내거든. 그만하면 대단하지. 무슨 일을 더 하겠다고 그러나?[34]

> 사실 그로서는 가정을 이루며 꿈이 컸다. 가정이란 녀성의 운명이 결정되는 세계가 아닌가. 처녀시절에 아무리 보람차고 행복한 생활을 누렸다 해도 어떤 남편을 만나 가정을 이루는가에 따라 그의 운명은 다시 결정되기 때문이다.[35]

비교적 드문 예외로 단편소설 「삶의 향기」[36]에서는 현모양처

32) 김준학(1998), p. 26.
33) 김혜영(1999), pp. 69~70.
34) 박혜란(1997), p. 250에서 재인용.
35) 김용한(1990), p. 236.
36) 정현철(1991).

로서의 희생적·헌신적 삶이 아닌 한 인격체로서의 자주적인 삶과 자아실현을 통한 여성의 정체성 확립문제를 다루고 있으며, 따라서 여성문제를 다룬 다른 북한 소설들과는 현저하게 차별성이 있는 작품으로 평가되고 있다.[37)]

2.2. 삶의 목표

소설에서 긍정인물로 그려진 여성들은 당의 공식 가치지향과 일치하는 삶의 목표를 설정하며 목표달성에의 강한 의지를 나타낸다. 그들은 인생에 대한 긍정적 사고와 신뢰감을 지니고 생활하며, “오늘을 위한 오늘에 살지 말고 래일을 위한 오늘에 살라”는 김정일의 ‘명언’에 따라 미래지향적인 삶의 목표를 추구한다. 그들에게 있어 삶의 궁극적인 목표는 “당과 수령을 위한 희생, 헌신”이며, 일심단결하여 “혁명의 수뇌부를 결사옹위하는 총폭탄”이 되어 사는 데에 삶의 보람이 있다고 말한다. 또한 그들은 행복의 원천이 국가와 사회, 집단에 대한 헌신에 있다고 생각하며, 이를 조국에 대한 봉사와 헌신, 영예군인의 반려자로서의 삶, 노동에 대한 사랑 등으로 구현한다.

> 누구나 한 번밖에 없는 청춘시절에 더 큰 보람으로 당을 받들고 위훈으로 조국을 빛내여 나간다면 그처럼 보람찬 삶이 어데 있겠어요.[38)]

> 그는 자기 직무를 사랑하였던가, 그랬었다. ……조국을 위하여 자기를 “스스로 바치는” 긍지와 행복감으로 하여 그리도 애착을 느꼈고 환희롭던 복무였었다.[39)]

---

37) 김재용(1999), pp. 166~168 참조.
38) 장옥순(1992), p. 45.
39) 정영종(1993), p. 37.

눈 먼 영예군인의 안해가 되어 줄 녀성들이 이 나라에 얼마나 많으랴만 이 의무를 나는 그 누구에게도 양보할 수 없다.[40]

혜정은 모든 피곤이 말끔히 가셔지고 온몸에 새 힘이 넘치는 것을 느꼈다. 로동이란 얼마나 신성하고 보람차고 즐거운 것인가, 일생을 이 행복 속에 묻혀 살고 싶었다.[41]

그러나 소설에서 부정인물로 그려진 여성들의 삶의 목표는 집단 중심의 사회지향적인 것이 아니라 자아 중심의 개인지향적인 것이다. 다음의 예문은 이를 단적으로 말해 주고 있다.

아이 속상해라. 어머니 이게 바로 지금 추세라지 않아요. …… 어머니 지금은 남을 위해 바치고 희생하고 하는 걸 다 우습게 생각한다지 않아요. 그래야 저만 못 살았지. ……무슨 수단을 써서라도 저부터 잘 살고 보자는 거야. 이게 바로 오늘의 현실이야.[42]

실제에 있어 1990년대 이래 뚜렷하게 나타나고 있는 북한 여성의 자아인식의 변화와 함께 북한 여성의 삶의 목표 역시 변화하고 있으며, 이는 위에서와 같이 소설에서 부정인물로 형상화된 여성들을 통해 잘 반영되고 있다.

편지를 읽어 내려 갈수록 순미의 얼굴은 흙빛을 띠였다. 은연중 밝고 화려한 무대가 떠올랐고 박수갈채에 귀가 멍멍해진다. 혜정의 편지에는 만사람의 찬사 속에 사는 자부가 짙은 향수내처럼 푹푹 풍긴다. 행복한 무대생활, 순회공연 ……(그러니 내가 이 곳에 와 있든 말든 생활은 앞으로만 전진하는구나……) 마치 자기가 지구를 떠나 어딘가 머나먼 행성에 와 있는 듯한 외로움과 고독이 마음을 사로잡았다.[43]

---

40) 김혜영(1991), p. 40.
41) 김은옥(1991), p. 182.
42) 리춘구(1991), p. 54.

한편, 소설에서 북한 여성들은 한 남자의 아내가 되고 아이를 낳아 어머니가 되는 데에서 여자로서의 삶의 보람과 행복을 느낀다. 다음의 예문들은 아이를 낳지 못하는 여성의 안타까운 심정을 말하고 있다.

> 이렇게 그는 안해의 행복은 지닐 수 있었으나 10년이 되도록 '어머니'라는 신성한 이름은 지닐 수 없었다. ……그는 자신의 불행은 둘째치고 남편과 시부모 앞에 죄스러워 더 고통이였다. 모질게 마음먹고 리혼하려고도 하였지만 남편은 허락치 않았다. …… 그는 안해가 되고 어머니가 되고 싶었던 것이다. 남편의 사랑받는 안해로, 자식을 사랑하는 어머니로 ……그것은 녀성으로서 누릴 수 있는 최대의 행복일 것이다. 내가 과연 그런 행복의 향유자가 될 수 있을가?[44]

> 량팔에 껴안은 딸과 손녀의 체온이 그의 온몸을 따스하게 감싸안고 있었다. 이것이 인생 말년에 누구나 바라는 행복인지도 모른다. 어떤 사람들은 자기의 모든 것을 인민을 위해, 남을 위해 바치는 것이 투사의 생이라고 말한다. 옳은 말이다. 그러나 혁명가들도 인간이다. 그들도 보통사람들이 그러하듯이 자기를 이어 갈 후대가 있기를 바라며 그들이 자기의 생을 잊지 말아 주기를 원한다. 지금 유정은 자기의 피를 나눈 자식, 자기들의 넋과 심혼을 이을 자식이 곁에 있어 주기를 얼마나 간절히 바라는 것이랴. 눈귀로 소리 없이 눈물이 흘러내렸다.[45]

---

43) 리창록(1991), p. 57.
44) 김혜영(1999), p. 76.
45) 김영희(1998), p. 63.

3 북한 여성의 가정생활

3.1. 결 혼

3.1.1. 북한 여성의 사랑관

소설에서 그려지는 사랑과 연애에 대해 김일성은,

> 우리는 련애를 위한 련애를 그려서는 안 됩니다. 련애를 위한 련애는 한갖 자연에 지나지 않습니다. 그것은 우리에게 아무런 교양적 가치가 없을 뿐 아니라 도리여 해로울 수 있습니다. 새형의 인간들의 련애는 반드시 혁명위업의 숭고한 목적에 복종되여야 하며 혁명의 승리를 위한 투쟁과 밀접히 결부되여야 합니다.[46)]

라고 한다.

이른바 "주체형의 인간들에게 있어서 참다운 애정륜리는 혁명동지들 간에 맺어진 동지애에 기초를 두고 있으므로 청춘남녀 간의 사랑을 련애를 위한 련애로 그려서는 안 되며, 당과 혁명이 준 임무를 더 잘 수행하기 위한 투쟁과정에 사상정신적으로 공감되고 결합되는 것으로 되여야 한다"[47)]는 것이다. 이와 같은 북한의 공식적인 가치지향은 소설에서 긍정인물로 그려진 북한 여성들의 사랑관에 있어 핵을 이루고 있다.

> 사랑이란 아름다운 것이며 그것은 쌍방을 비할 바 없이 고상한 세계에로 승화시킨다. 그러나 그것은 서로의 리상과 지향이 일

46) 김해월(1991), p. 65.
47) 위의 글.

치할 때만이 가능하다. 그렇지 못한 사랑은 진정한 사랑이 될 수 없으며 한갖 거짓에 불과하다. ……그와의 사랑은 어디까지나 농촌테제 관철에 다소나마 이바지하려는 숭고한 지향만을 안고 육종을 진행해 오는 과정에 맺어진 것이 아닌가. 한 마디로 말하면 현대화되고 과학화된 달뫼재의 래일에 대한 숭고한 리상과 꿈을 실현하기 위한 투쟁과정에서 이루어진 사랑이 아닌가? 그러나 두 사람의 사랑에서 육종이라는 이 리상을 빼버리면 무엇이 남는가?[48]

나는 조국애라는 크고 위대한 감정 속에서 사랑을 알게 된 것이, 또 사랑하게 된 것이 자랑스럽다.[49]

사랑이 아무리 소중해도 량심과 의리, 시대적 사명과는 바꿀 수 없다. 결렬의 아픔이 아무리 크다해도 오직 아름다운 것만을 지향하려는 신념과 타협할 수는 없다.[50]

사랑은, 사랑은 결코 맹목적인 연분이 아니다. ……오늘 우리 시대 청춘들의 사랑은 고난의 길을 걷는 내 조국과 강성대국의 자랑찬 력사를 펼쳐 가는 위대한 이 시대에 보탬이 되고 자양분이 되고저 순결한 량심과 깨끗한 구슬땀을 바쳐 가는 거기에서 싹트고 꽃펴나는 가장 아름답고 숭고한 것이다.[51]

또한 중편소설 「들장미」에 대한 평론에서 글쓴이는 북한 여성들이 지향해야 할 '참된 사랑관'에 대해 다음과 같이 말한다.

어느 남자가 사귀고 싶어하더란 말만 들어도 처녀의 순결을 잃은 것처럼 여기며 모욕으로 받아들이는 순진성, 아무리 용감하고 위훈이 높다 해도 희떱고 싱거운 사람은 질색인 그의 소박성과 순결성, ……이것이 바로 숙임이의 인간적 미이다.[52]

48) 한윤(1992), pp. 177~178.
49) 전명진(1992), p. 38.
50) 류정옥(1991), pp. 53~54.
51) 송영금(1999), p. 44.
52) 김해월(1991), p. 67.

한편, 소설에서 북한 여성들이 일반적으로 강조하는 남녀 간의 사랑에 있어 중요한 요소들은 상호 이해와 믿음, 기쁨과 괴로움의 공감, 진실하고 순결한 마음, 헌신, 뜻과 지향의 일치, 상호 존중과 평등 등이다.

> 그 동문 저에게 호감은 품었지만 믿음은 지니지 못했던 것 같습니다. ……믿음을 지니지 못한 남자한테서 참된 사랑을 바랐던 것이 억울하다고, 그러한 남자에게 처녀의 순정을 바쳤던 자기가 바보였다고…….[53]

> 만약 동무가 그를 진정으로 사랑한다면 그의 가슴 속에 뛰여들어야지요. 귀찮아하건 성을 내건 아랑곳하지 말고 말이예요 ……그가 괴로와 하면 그 괴로움을 같이 나누어 가지는 것으로써 사랑을 해야지요.[54]

> 사랑이란 궁극에는 외모가 아니라 마음에 뿌리를 두는 게 아니겠어요. 끝없이 진실하고 순결한 마음에서 그 뿌리가 더욱 왕성해지는 게 아니겠어요.[55]

> 사람의 미덕 중에 미덕을 소연은 헌신성이라고 본다. 하물며 사랑하는 사람에게야 더욱 그렇게 하고 싶을 것이다.[56]

> 남녀 간의 애정도 깨끗하고 무한히 아름다와야 한다. 누가 누구에게 무조건 복종이나 종속이 아니라 호상존중과 평등이 지배해야 하며 두 사람의 지향과 리상이 다같이 활짝 피도록 해야 한다.[57]

또한 다음의 예문에서 한 새세대 여성은 사랑이란, 자기 요구

53) 현희균(1991), p. 266.
54) 남대현(1988b), p. 112.
55) 위의 책, p. 113.
56) 류정옥(1991), p. 51.
57) 위의 글, p. 52.

에 맞는 대상을 일방적으로 고르는 것이 아니라 서로 도우며 창조해 나가는 과정이라고 말한다.

> 동문 자기 요구에 맞는 대상을 고르는 것을 응당한 일로, 그런 사랑을 찾는 것을 행복으로 여기지요. 그러나 그게 사랑일가요? 진호동문 과학은 창조할 줄 알아도 사랑은 창조할 줄 모르거던요. ……그래요 사랑도 창조해야 하구말구요. ……전 진실한 사랑이라면 그런 꽃과 열매를 따기 전에 자신의 힘으로 그렇게 아름답고 탐스럽게 가꿔야 한다고 봐요. ……서로의 부족점을 서로가 도와 주어 고쳐 가는 과정이 곧 진정한 사랑이 아닐가요?[58]

3.1.2. 북한 여성의 결혼관

(1) 결혼의 의의

소설을 통해 보면 북한 여성들은 결혼문제에 있어 상대적으로 수동적·소극적이며 전통적인 부덕을 갖춘 주부로서의 역할을 중요시한다. 또한 그들은 배우자를 선택하기보다는 선택 당하기를 바라며 구애·구혼을 하는 데 있어 소극적이다.

> 그의 말을 언제나 숨가쁨 속에 듣고 있던 보옥은 한숨을 폭 내쉬며 이렇게 말했었다. "전 어쩐지 동무가 부럽군요. 목적이 뚜렷하고 열정적인 생활 ……그런 것이 저한텐 적었어요." "그 지향이 중요하지요." 철우는 고무하듯 말하였다. "지향이 나래를 펴면 날 의욕이 생기고 열정도 의지도 생깁니다. 락심할 건 조금도 없지요."
>
> "저한텐 그런 나래가 없어요. 동무와 사귄 이 며칠 동안 자신에 대해서 절감한 것이 그것이랍니다. 혹시나 ……남의 나래에 실려서 그의 충실한 방조자나 될 수 있을런지……" 보옥은 이런 말을 뱉어 놓고 가슴이 후두둑해 났다. 한숨과 함께 뱉어 놓은 이 말 속에 처녀의 기대와 희망이 깡그리 담겨져 있었던 것이다.[59]

58) 남대현(1988b), pp. 151~153.
59) 양의선(1993), p. 38.

"저를 받아 주지 않겠어요?" "안돼! 데려다 고생시키고 싶잖아!" "제가 원한다면요?" "그래도 안돼!……." "저를 몰아 내지만 말아주세요."[60)]

그러나 한 가지 대답만은 꼭 듣고 싶었다. "나는 동무를 사랑합니다." 혹은 "나를 끝까지 기다려 주오." 이 말을 듣는다면 금숙은 더 바랄 것이 없을 것 같았다. ……그 말만 듣는다면 때없이 찾아오는 외로움과 고독을 모두 웃으며 이겨낼 수 있으리라.[61)]

"왜 왔소?" 두억형이 나직이 물었다. "동문 어쩜 ……제가 여자라는걸 한 번도 생각해 본 적이 있어요?" "뭐요?!" "어떻게 제가 동무의 큰 심장에 따라 설 수 있겠나요. 때로는 유혹에도 쉽게 빠질 수 있는 게 처녀시절이랍니다. 그런데 동문 제가 어떤 수렁에서도 혼자 헤여 나올 수 있다는거죠?" "?!" "너무해요, 너무. 손 한 번 내밀기가 그렇게도 비싼가요?"[62)]

또한 소설에서 북한 여성들은 사랑하는 남자에 대한 충실한 방조자, 내조자로서의 역할을 하는 데에서 결혼의 의의를 찾는다.

이 순간 보옥은 자기가 이 품에서 떨어지지 않기 위해선 얼마나 긴장해서 살아야 하는가, 잠시도 눈팔새 없이 자신을 채찍질하고 수양하며, 탐구하며 살아야 하는가를 생각했다. ……그러나 나는 ……남들처럼 마음을 놓지 못하고 긴장해서 탐구하며 살아가야 하는 것으로 해서 곱절이나 더 행복한 녀성이 아니겠는가! ……
"절 믿어 주세요. 전 영원히 충실한 길동무, 과학자의 안해가 되겠어요. 혁명동지가 되겠어요."[63)]

---

60) 림원춘(1996), p. 77.
61) 석남진(1996), p. 46.
62) 공승길(2002), pp. 41~42.
63) 양의선(1993), p. 42.

(2) 결혼시기

북한의 「가족법」은 혼인연령에 달한 결혼 당사자는 자유의지에 따라 결혼할 수 있다고 규정하고 있다.

> 공민은 자유결혼의 권리를 가지며(제8조), 결혼은 남자 18살, 녀자 17살부터 할 수 있지만 국가는 청년들이 조국과 인민을 위하여 사회와 집단을 위하여 보람 있게 일한 다음 결혼하는 사회적 기풍을 장려한다(제9조).

그러나 위의 법조문이 시사하고 있는바, 북한 당국은 결혼의 시기를 간접 통제하고 있으며[64] 이는 소설에서도 반영되고 있다. 소설에서 결혼을 앞둔 젊은이들은 "청춘시절의 위훈과 사회에 대한 헌신이 사랑의 전제이며 결혼의 촉매"[65]임을 마음에 새기고 결혼 전에 국가와 사회, 집단과 인민을 위해 헌신하며, 청춘시절의 위훈과 사회에 대한 헌신 없이 결혼하는 사람은 크게 비난받는다. 중편소설 「단발머리」에서 한 새세대는 직장에서 받은 연구과제를 성공적으로 끝마치지 못하고 결혼을 해 버린 언니에 대한 안타까움을 다음과 같이 토로하고 있다.

> 솔직히 언니에게 묻고 싶어요. 언니는 자기의 청춘시절을 어떻게 보냈어요? 조국과 당의 한없이 따사로운 품속에서 마음껏 배우며 대학생활을 하였지요. 그리고 졸업하고선 연구과제 하나 성공 못하고 시집을 갔지요. ……언니는 자신을 위하여서는 탐구와 정열을 깡그리 쏟아 부었지만 키워 준 그 품을 위해서는 처녀시절에 바친 것이 무엇인가요? 후날 나도 언니처럼 그런 처녀시절을 돌이켜 보게 된다면 나는 불행한 인간으로 자신을 저주하며 한탄

64) 1971년 사회주의 로동청년동맹 제6차 대회에서 김일성은 "한창 일할 수 있는 나이에 결혼을 하면 혁명과업 수행에 지장을 주게 된다. 남자는 30세, 여자는 28세가 된 다음에 결혼하는 것이 좋을 것 같다"라고 언급한 바 있다.

65) 남대현(1988a), p. 193.

할 것이예요. 나는 그렇게 살고 싶지 않아요.[66]

그러나 실제에 있어 북한 여성들의 결혼연령은 대체로 23~24세이며, 여성의 나이가 25세를 넘게 되면 노처녀로 불리게 되고, 30세 전후가 되면 결혼하기 어렵게 된다고 한다.[67] 이를 말해 주듯 소설에서도 여성들이 이른바 결혼적령기를 크게 의식하고 있음을 보여주는 대목이 적지 않다.

> 그 때로 말하면 금숙이 혼사문제 때문에 친척들과 주위사람들의 시달림을 받을대로 받던 때였다. 언제까지 그렇게 기다리려는가, 청춘이 영원한 것인 줄 아는가 하고 그들은 이구동성으로 말했다. ……이제는 31살, 사람들이 흔히 말하는 '혼기'가 퍽 지났다.[68]

다음의 예는 결혼을 약속한 배우자가 있는 25세 처녀의 독백이다.

> 누구나 때가 되면 다 혼례를 치르는 법이고 나이가 되면 처녀시절도 끝나지 않는가, 비록 탄원자라고 하지만 허물 수 없는 관례를 뒤로 미루고 영원히 처녀로 살 수는 없는 것이라고. 그러니 진옥이처럼 철없이 아무 일에서나 물덤벙술덤벙 할 것이 아니라 어른스럽게 맡겨 주는 일이나 착실히 하고 주부다운 체모를 배워야 하지 않겠는가.[69]

그러나 또 한편으로는 최근 식량난을 겪으면서 북한에서도 30대 미혼여성이 드물지 않으며, 독신여성을 천시하는 사회적 통념에도 불구하고 여성들 사이에 독신선호 경향이 점차 확산되고 있는

66) 김은옥(1991), pp. 98~99.
67) 김순영(1999), p. 55.
68) 석남진(1996), pp. 43~46.
69) 장옥순(1992), p. 42.

것으로 알려지고 있다.

(3) 배우자 선택

북한 가족법의 "자유결혼의 권리는 결혼나이에 이른 모든 남녀가 그 어떤 사회적인, 가정적인 구속도 받음이 없이 결혼시기와 배우자를 선택한다는 것을 의미"한다. 따라서 혼인연령에 달한 젊은이들은 부모의 동의문제에 구애됨이 없이 자유의지에 따라 결혼하며 이는 소설에서도 잘 나타난다. 소설에서 북한 여성들은 배우자 선택에 있어 부모의 의견을 존중하지만 결정권은 거의 본인이 행사한다. 새터민(북한 이탈주민)[70]들이 전하는 바에 따르면, 북한에서는 딸의 결혼문제에 대해 아버지가 많이 관여하는 편이라고 한다. 그러나 소설에서는 그와 관련된 대목을 찾기가 쉽지 않으며, 오히려 어머니가 딸의 결혼에 관여함을 시사하는 대목은 적지 않다. 한 예로 영화문학 「내 고향의 처녀들」에서 여주인공 시내는 영예군인과의 결혼을 반대하는 어머니의 뜻을 거스르며 영예군인과의 결혼을 위해 몰래 집을 떠난다.

> "어머니, 이 불효자식을 용서하세요. 아버지 없이 저희들을 키우시느라 이 세상 고생을 다 겪으신 어머니, 허나 오늘은 어머니를 노엽히며 그 슬하를 영원히 하직합니다."[71]

단편소설 「갈매기」에서는 한 새세대 처녀가 어머니의 사랑과 기대를 알면서도 자신이 마음에 둔 남자 때문에 어머니가 만나라고 권하는 총각을 만나지 않는다.

> 애오라지 딸자식의 행복만을 바라는 어머니의 한량없는 사랑과 기대여서 더구나 뿌리치게 되지 않았다. 하지만 결정적인 시각

70) '새터민'이란 국내에 들어와 정착한 북한 이탈주민을 말한다.
71) 리춘구(1991), p. 69.

이 닥쳐오자 처녀는 어머니를 노엽혔다. 외삼촌이 그리도 신신당부 하였건만 그 총각이 기다리는 해안공원으로 나가지 않았던 것이다.[72)]

(4) 결혼방식

북한 새세대 남녀의 이성관은 1989년에 평양에서 개최된 제13차 '세계청년학생축전' 이후 가장 뚜렷한 변화를 보이고 있으며, 변화양상들 가운데 하나가 자유스러운 이성교제와 그에 따른 연애결혼의 증가 추세라고 한다. 또한 1990년대 이래 북한 젊은이들 사이에서는 사랑과 결혼을 별개의 문제로 생각하는 풍조가 번지고 있고, 혼전·혼외 임신사례도 적지 않은 것으로 알려지고 있으며, 북한에서 이름 있는 한 시나리오 작가도 이러한 풍조에 대해 다음과 같이 비판하고 있다.

> 극히 부분적이기는 하지만 사람들 속에는 사랑과 결혼을 동일한 것으로가 아니라, 서로 별개의 문제로 간주하면서 사랑은 사랑대로 결혼을 결혼대로 분리시켜 생각하는 현상도 없지는 않습니다. 이런 '사랑'은 참다운 사랑을 모르는 부르죠아적 인생관의 산물이며…….[73)]

그러나 결혼방식에 관한 새터민들의 증언은 상반된다. 그들 가운데 일부는 결혼시에 문제가 되는 출신성분 내지 사회적 성분 때문에 북한에서는 여전히 중매결혼이 대부분을 차지한다고 말한다. 또다른 일부는 최근 북한 당국이 예전과 달리 남녀 간의 자유연애에 대해 관대해졌으며, 주민들 사이에서도 남녀관계에 대한 보수적 관념이 점차 희박해져 자유연애와 연애결혼이 대부분이라고 한다. 위의 견해들을 종합해 보면, 사실상 1990년대를 통해 북한 주민의

72) 손광영(1994), p. 69.
73) 장유선(1993), p. 47.

성의식이 점차 개방 추세를 보임에 따라 새세대 남녀들 사이에 자유연애 풍조가 널리 확산되었으며 연애결혼도 비교적 증가 추세를 보였을 것으로 판단된다. 그러나 북한에서는 여전히 연애가 수치 내지 부도덕한 행위로 여겨지고 있으며,[74] 연애결혼 후 배우자의 출신성분으로 인한 이혼사례도 적지 않다는 사실 등으로 미루어 볼 때, 북한 여성들은 연애결혼을 선호하면서도 보다 더 안전한 쪽으로 중매결혼을 선택하는 것으로 미루어 짐작된다.

북한 소설에서 북한 여성들은 자유로이 연애하며 연애는 반드시 결혼으로 이어진다. 그들에게 있어서 연애와 결혼은 별개일 수 없으며, 연애와 결혼을 별개의 문제로 하여 처신하게 되면 크게 비난받는다. 또한 소설에서 북한 여성들은 외적 조건만 보고 주위사람의 소개로 남자와 만나는 것에 대해 불편함을 느끼며 거북해 한다. 다음의 예문은 기계공장의 현장기사로 일하면서 항상 영예의 혁신자로 꼽히어 많은 청년들로 하여금 짝사랑으로 애를 태우게 하며 즐겁게 살아가는 한 여성이, 공장 대학시절에 자신의 담임교원이었던 분이 한 청년을 소개해 주려하는 데 대해 몹시 불편해 하는 대목이다.

> 나는 놀래기보다 아연해지고 말았다. 진정한 사랑의 감정이 없이 얼굴이나 직업을 보고 대상자를 선택하는 그런 것을 나는 경멸한다. 대방에 대한 아무런 파악도 없이 어떻게 한순간에 만나보고 인생문제를 론할 수 있단 말인가. 나는 자리를 뜨려다가 선생님의 성의를 무시하는가 싶어 그냥 자리에 앉아 있었다.[75]

한편, 북한 소설에서는 집 밖의 특정 장소에서 남녀가 정식으로 맞선을 보는 대목을 찾아볼 수 없다. 그러나 남자가 여자의 집

74) 특히, 연애하는 여성은 몸 관리를 단정하게 하지 않는 여성으로 간주하고 곱게 보아 주지 않는다고 한다.

75) 송영금(1999), p. 39.

으로 찾아가 여자의 선을 보는 대목은 있다.[76] 다음의 예문은 낯선 총각이 예고도 없이 딸을 선보기 위해 집으로 찾아온 것에 대해 기뻐하며 어머니가 딸에게 하는 말이다.

> 우리 선경이가 곱긴 곱구나. 목이 쑥 빠진게. 사실은 총각이 네 선을 보려구 왔다. 얼마나 미끈하게 잘 생겼는지. 지방건설총국인가 하는 곳에 있는데 글쎄 너를 보자마자 마음에 들어 찾아왔다는구나. 원 저런 복덩이가 제발로 굴러들다니…….[77]

(5) 배우자 조건

소설에서 긍정인물로 그려진 북한 여성들의 배우자 조건은 당의 공식 가치지향과 일치한다. 이들의 배우자 조건에서는 '당과 수령의 뜻을 관철하고자 하는 남자의 지향 및 포부'와 '당의 은덕과 배려에 대한 보답 내지 당의 뜻 관철에 의의를 둔 영예군인에 대한 의무감'이 가장 중요한 요소로 강조된다.

다음의 예문에서 여자는 어려운 농촌 현실을 바꾸어 놓으려는 남자의 지향세계에 감동해서뿐만 아니라, 방조자가 되어 주기를 바라는 남자의 요구가 곧 농촌 현실의 요구인 것 같아서 그의 반려자가 되기로 결심하고 있다.

> 그의 지향세계는 얼마나 숭고하고 아름다운가! ……여기 농촌에는 아직도 얼마나 할 일이 많은가. 홍일동무는 그 많은 일들을 제손으로 해제낄 결심이라지. ……나에게서 방조를 바라는 그 사랑을 바라는 ……그 어쩨선지 이것이 그의 개인적 요구라고만 생각되지 않았다. ……농촌 현실이 나로 하여금 여기에 남을 것을 바라지 않는가! 홍일동무, 남겠어요! 아는껏 방조를 주겠어요.[78]

76) 새터민들에 의하면 북한에서는 남자가 여자의 집으로 찾아가 선을 보는 것이 드문 일이 아니라고 한다.

77) 전송희(1998), p. 44.

78) 윤승상(1991), p. 62.

단편소설 「아름다움을 자랑하라」에서 새세대 여의사 서정은 눈이 먼 영예군인과의 만남을 운명의 계시로 느끼며, 그의 아내가 되는 것을 양보할 수 없는 의무라고 말한다.

> 그것이 그 어떤 운명의 계시가 가져다 주는 필연적인 귀결이 아닐가 하는 숙명적인 생각에 잠겨 들었다. ……눈 먼 영예군인의 안해가 되여 줄 녀성들이 이 나라에 얼마나 많으랴만 이 의무를 나는 그 누구에게도 양보할 수 없다. ……"나에겐 철우동무가 불구로 보이지 않아요. 영예군인이예요! 동무가 불구의 몸이 아니라면 내 심장을 이렇게 붙들지 못했을 거예요."[79]

영화문학 「내 고향의 처녀들」에서 여주인공 시내는 영예군인의 아내됨이 갖는 의미를 다음과 같이 말하고 있다.

> 저는 이 자리에서 앞 못 보는 남편과 일생 운명을 같이하는 것이 당의 품속에서 고이 자란 우리 시대 청년들의 자각임을 명심하고 영원히 변함없이 남편을 진심으로 사랑하고 ……받들겠다는 것을 오늘 당조직 앞에 맹세합니다.[80]

그러나 소설에서 부정인물로 그려진 북한 여성들의 배우자 조건은 당의 공식 가치지향과 다르다. 이들은 남자의 지향세계보다는 남자의 집안배경 내지 부모의 권력배경, 경제력 등을 중요시하며 도시 거주자를 좋아하고, 영예군인과의 결혼을 꺼린다.

실제에 있어 북한 여성들의 배우자 조건은 소설에서 부정인물로 그려진 여성들의 배우자 조건과 같다. 북한 여성들은 당의 권력자이거나 물품공급이 잘 되는 부서의 간부 자제, 해외여행 기회가 비교적 많은 외교부 및 무역부 직원, 잘 생긴 외모에 가정환경이

79) 김혜영(1991), p. 36.
80) 리춘구(1991), p. 77.

좋은 사람, 도시 거주자 등을 배우자로 원하며, 식량난의 한때에는 군관과 외화벌이 일꾼을 가장 선호하기도 했다. 이는 군관은 생활비 지급과 식량, 피복류 등의 배급이 정상이므로 생활형편이 비교적 좋았기 때문이며, 외화벌이 종사자들은 다른 직종에 비해 돈을 많이 벌 수 있어 여유로운 생활을 할 수 있기 때문이었다고 한다. 또한 북한 여성들은 특히 직업이나 외모에 관계 없이 평양 총각을 선호하는데, 이는 지방 처녀가 평양 총각과 결혼하면 평양에 거주하는 것이 가능하므로 평양에서 살고 싶은 마음에서 다른 조건은 따지지 않고 평양 총각을 가장 선호하는 것이라고 한다. 이와 같이 지방의 여자들이 평양을 비롯한 대도시의 총각을 선호함에 따라, 그 결과로 결혼 못한 농촌 총각, 산간지대 공장노동자 등의 문제가 심각했던 것으로도 알려져 있다.[81] 문제의 심각성은 김정일의 한 담화에서도 엿볼 수 있다.

> 일부 농촌 처녀들은 농촌 총각에게 시집갈 생각을 하지 않고 어떻게 하나 도시 총각에게 시집을 가서 농촌에서 빠져 나가려 하고 있습니다.[82]

한때 북한 여성들이 바라는 1등 신랑감[83]은 이른바 '군당지도원'이라고도 했는데, 이는 군대를 다녀온 당원이면서 지식과 도덕, 그리고 돈이 있는 사람을 칭하는 것이라고 한다. 이상과 같은 북한 여성들의 배우자 조건은 북한 소설에서 부정인물로 그려진 여성을 통해 다음과 같이 묘사되고 있다.

---

81) 일부 새터민들이 전하는 바에 따르면, 식량난 악화 이후로는 평양주민조차 지방거주를 희망하므로 오히려 도시 처녀가 농촌으로 시집가는 사례가 현저하게 증가했다고도 한다.
82) 이상경(1994), p. 136에서 재인용.
83) 북한 소설을 통해 보면 북한에서는 '신랑감'을 '새서방감'이라고 말한다.

"어머니, 요즘 도시 처녀들이 어떤 남자를 고르는지 알아요?" "당원이겠지 ……아니면 제대군인……." "호 그건 다 옛날이예요. 지금은 외국을 나다니면서 재산을 몷는 사람이나, 다른 나라에 부모들이 가 있는 총각, 하다못해 외화를 쓸 수 있는 연줄이라도 있으면 선도 보지 않고 간답니다."[84)]

소설에서 북한 여성들이 호감을 갖는 남자는 내·외적으로 거의 완벽에 가까운 모습으로 묘사되어 있는데, 잘 생긴 얼굴과 건장한 체격에 힘이 넘쳐나며, 호방하고 의협심 강한 사나이다운 성격에 명석한 두뇌를 소유한 학식과 지식이 풍부한 지성적이고 탐구심 강한 미래지향적인 인물이다. 또한 소설에서 북한 여성들은 애인에게는 물론 어떤 경우에도 자기 주장을 고집할 줄 아는 진정한 사내의 천성을 지닌 남자, 또는 남들은 엄두도 못 낼 비상한 포부를 품고 이를 위해 헌신하는 열정과 용기를 지닌 남자에 대해 매력을 느끼며 그에 대한 헌신을 원한다.

그의 견해에 의하면 남자들이란 아무리 사랑스러운 애인에게라 해도 절대 고분고분 하기만 하면 안 되는 것은 물론 어떤 경우에도 자기 주장을 고집할 줄 알아야 한다는 것이였다. 아무리 처녀가 간절히 바래도 사내로서의 억센 담보와 듬직한 무게가 느껴져야 처녀의 가슴도 더욱 사랑에 불타게 된다는 것이였다. 다른 남자들에게 없는 바로 이 점이 진호의 매력이며 이것만은 아무나 노력으로써도 감히 획득할 수 없는 진정한 사내에게만 한하는 천성이라고 그는 생각하고 있었다.[85)]

그는 ……특히 남들은 도저히 엄두도 못 낼 그런 비상한 포부를 품고 그 가능성을 위해 자신을 깡그리 불태우는 그런 열정과 용기가 있는 대장부가 소원이였다. 그런 사람이라면 자기 역시 모든 것을 다 바쳐 한 점의 불꽃으로 보태 주고 싶은 것이 그의 념

84) 리춘구(1991), p. 54.
85) 남대현(1988a), pp. 43~44.

원이였던 것이다. 아니 그것을 처녀로서의 행복으로 간주하는 것이였다.[86]

3.2. 세대주 중심의 가정생활

북한의 「가족법」에는 "가정생활에서 남편과 안해는 똑같은 권리를 가진다(제18조)"라고 명시되어 있다. 그러나 새터민들이 전하는 바에 따르면, 북한의 가정생활은 세대주 중심으로 이루어지고 있다. 북한의 가정에서 남편은 세대주라고 불리며 자녀문제를 비롯한 가정의 모든 일에 있어 절대적인 권위를 가지고 결정권을 행사한다. 또한 북한에서는 부계혈통 계승의 호적제도가 사라졌음에도 불구하고 자녀들의 성씨를 아버지쪽으로 하며,[87] 자녀와 친척들과의 관계도 남편쪽을 중심으로 이루어진다. 부부 간 일상대화에서 남편은 아내에게 반말을 해도 아내는 남편에게 존대어를 해야 한다. 그런가 하면 남편의 외도는 흔히 있을 수 있는 일로 간주되어 크게 문제시되지 않으며, 남편이 아내를 구타하는 일도 흔한 편이라고 한다. 이와 같이 북한의 가정생활은 전통사회에서와 같이 세대주 중심으로 이루어지고 있으며, 북한 문헌에서도 이를 시사하고 있다.

> 가정을 이러한 혁명화된 가정으로 꾸리는데서는 녀성들, 가정부인들의 책임이 매우 크다. ……그런데 혈육들이 모여 사는 가정생활에서는 어느 단위보다 낡은 사상과 유습이 많이 남아 있을 수 있고 생겨날 수도 있다.[88]

> 오는 정, 가는 정이라고 안해는 안해대로 남편을 잘 돕고 리

86) 위의 책, p. 208.
87) 북한은 호적제도를 폐지했으나 1990년 제정된 「가족법」 제26조에 "자녀는 아버지의 성을 따른다"고 규정하여 부성(父姓)추종의 원칙을 고수하고 있다.
88) 『조선녀성』(1999. 3), p. 15.

해하고 사업을 받들어 주어야 해. 식생활과 옷차림은 물론 남편이 가정의 사사로운 일 때문에 머리를 쓰지 않고 직장에 나가 맡은 일을 잘 하도록 힘껏 도와야 하구.[89)]

세대주 중심의 가정생활은 소설에서도 현저하게 나타난다. 아내는 남편을 '세대주' 또는 '주인'으로 호칭하며 존대어를 한다. 남편과의 언쟁도 거의 없으며 남편에 대해 순종적이고 헌신적이다.

동호의 안해나 최기사의 안해나 머리가 희어진 오늘까지 한번도 자식들에게 밥을 들려 내보낸 적이 없었다. 언제나 자기들이 따끈한 밥보자기를 들고 나와서는 ……늙으면 아마 자식들에 대한 사랑도 사랑이지만 제 남편에게 잔정이 더 많이 가는 모양이다. 하기야 녀자들에게 제 남편보다 귀한 존재가 있으랴만…….[90)]

어쩌겠수, 당신 생각이 정 그렇다면 ……따라야지요.[91)]

훌륭한 자식의 뒤에는 다심한 부모의 사랑이 있고, 성공한 남편의 뒤에는 현숙하고 충성스러운 안해의 남다른 노력이 따른다.[92)]

단편소설 「숲에 들렸다 가시라」에서는 한 젊은 주부가 모처럼 친정부모와 함께 숲으로 소풍 나가자는 애원에도 불구하고 출장을 떠나는 남편에 대해 여자이기 때문에 하고 싶은 말을 다 못한다.

"아버님이 우릴 위해 모처럼 마련한 휴식인데 그렇게 빠지면 어떻게 해요? 하루 쉬고 래일 떠나세요"하고 예명은 애원하다싶이 했었다. 하지만 고집센 남편은 부득부득 출장배낭을 꾸리면서 아무 대꾸도 없었다. "절 생각해서라도 하루 좀 바쳐 주세요." 예명

89) 『조선녀성』(1995. 4), p. 40.
90) 윤경찬(1997), pp. 58~59.
91) 김명진(1997), p. 41.
92) 김준학(1998), p. 23.

은 금시 혀끝에 매달리는 그 말을 입밖에 내지 않았다. 남자쪽에서 스스로 그렇게 생각해 주어야지 녀자쪽에서 입에 올리면 단박에 역스러워진다는 것을 모르지 않았던 것이다.[93]

또한 소설에서 북한 여성들은 남편의 뜻이 아들에게로 이어지는 것을 크게 중요시한다. 다음의 예문은 아버지의 뜻을 이어가도록 아들을 키우지 못한 데 대해 세상을 떠난 남편에게 용서를 구하는 대목이다.

여보 ……절 용서하세요. 지난날 제가 명국이를 잘 키우노라고 애써왔지만 당신의 뜻을 옳게 잇도록 잘 이끌어 주지 못했으니…….

단편소설 「삶의 향기」에서는 한 대학 교수가 가정에서의 아내의 역할에 대해 다음과 같이 말하고 있다.

도대체 녀자에게 무슨 큰 뜻이 있겠다구 ……도무지 녀인들은 생활을 모르거던. 아이들을 훌륭히 키우는 일이며 가정의 화목과 알뜰한 꾸림이 곧 녀성의 희망 중에서 큰 몫을 차지한다는 것쯤이야 알고 있어야 할게 아닌가. ……안해가 남편의 말을 잘 듣는 것이 왜 약점으로 된단 말인가……? 남편을 돕는 것을 안해로서의 본분으로 미덕으로 생각하며 살아온 안해는…….[94]

북한 소설들 가운데 수직적 부부관계와 남편 중심의 가정생활을 비판적으로 다룬 작품은 많지 않은 편이며, 그 중 하나가 단편소설 「삶의 향기」이다. 이 작품에서 새세대 청년 영호는 남편 중심의 부부관계에 대해 다음과 같이 비판하고 있다.

---

93) 김홍익(1999), p. 52.
94) 정현철(1991), pp. 42~43.

> 남편의 직위와 명예, 그리고 성과 속에 자기의 인격도 몫까지도 있는 듯이 생각하면서 사회 앞에 지닌 제 의무를 다하기 위해 애써 노력하지 않는 녀성들, 시집을 가면 남편에게 자기의 희망이며 신념까지 다 용해되고 맡겨 버리고 마는 그런 녀성들이 아직도 시대의 수치로 남아 있으니 ……더욱 유감스러운 것은 지금도 녀자에게 무조건 복종할 것을 요구하며 또 그렇게 고분고분하는 녀성을 "괜찮은 안해"라고 생각하면서 칭찬까지 하는 일부 사람들의 뿌리 깊은 관념이다. 그런 사람들의 결혼은 결합일 뿐이지, 사랑의 승화이고 열매는 아니다. 호상성이 없는 일방의 내조는 본질적으로 예속이며 불평등이다.[95]

위에서와 같이 북한의 가정생활이 수직적 부부관계에서 세대주 중심으로 이루어진다고 하는 것은 북한 사회에 전통적 유교관념인 남존여비관이 뿌리 깊게 잔존해 있음을 말해 주는 것이라 하겠다.

북한에서 남존여비사상은 "남자를 존대하고 녀자를 천대하는 착취사회의 반동적 륜리도덕관"이며 근절되어야 할 봉건유교사상의 잔재로 규정되어 있다. 또한 북한은 주장하기를 법·제도적 및 현실적으로 남녀평등이 구현되어 있다고 한다. 그러나 이러한 주장과는 달리 실제적으로는 북한 사회에 남존여비관이 강하게 남아 있는 것으로 알려지고 있으며, 이와 관련해 새터민들은 다음과 같이 전하고 있다.

> 특히, 대학생들 속에서 불쌍한 것은 여대생들이었다. 한국 대학과 같이 청소를 하는 청소부가 없는 북한의 대학에서는 교실청소를 여대생들이 일체 도맡아 해야 했다. 그리고 제대군인 학생들은 유교사상이 꽉 들어차 가지고 어린 여대생들에게 이것 가져 오라, 저거 해라 하면서 자기 종처럼 부려 먹었으며 말을 안 들으면 그녀들의 머리카락을 잡고 구타를 하곤 하여…….[96]

95) 정현철(1991), p. 45.
96) 전철우(1994), pp. 117~118.

북한 여학생들은 아직도 남존여비사상에서 헤어나지 못하고 있다. ……남자들의 입에서는 버젓이 "남녀칠세부동석"이라는 말이 나오며 여자들이 자기 앞을 지나가는 것조차 싫어한다. 한 예로 우리 학교가 남녀공학이 되었을 때 여학생들은 교실에 남학생이 한 명만 있어도 교실에 들어가지 못한 적이 있다. ……더욱 한심스러운 것은 쉬는 시간이 되어도 여학생들은 볼 일을 보러 가지 못했다. 소변을 보러 가자면 창문쪽에 앉아 있는 여학생들은 복도쪽에 앉아 있는 남학생들 앞을 지나가야 했는데 여학생들이 남학생들의 앞을 지나가는 것을 매우 꺼려했기 때문이다. ……그 당시 나도 남자들을 위대한 존재로 여겼고 응당 그렇게 하는 것이 여자로서 몸가짐을 바로 하는 것인 줄 알았다.[97]

남자들 앞에서 술을 마실 수도 없을 뿐더러 담배를 피웠다간 여지없이 비판감이 된다. 더욱이 여성으로서 동년배의 남자에게 반말을 하는 것은 어불성설이다. 또한 결혼하여 살더라도 무조건 남편에게 복종해야 한다. 남편의 잘못을 보고도 아내는 싫은 소리 한 마디커녕 불만스러운 표정 한 번 보이지도 않아야 한다.[98]

그런 거 아직도 북한은 남존사상이 많으니까요. 그저 지금 그 때 다시 사상은 뭐이냐 남자와 여자가 같이 사는 데는 여자가 남자를 먹여 살릴 수 있는 여자를 기본 택해서 가정을 묶거든요. 여자는 죽도록 벌어서 남편 먹여 살려야 되는 거예요. 남편이 가정을 먹여 살리는 것이 100% 중에 아마 20~30%밖에 안 될 거예요. 여자들은 나가서 직장일을 하고 들어와도 어쨌든 먹고 사는 데는 기본 주자로 하고 어떤 남자들이 많은가하면, 그까 여자들 몸 팔아서라도 나 맥여 살려라 그런 남자들이 절반이거든요. 막 벌어오지 못하면 막 때리고 그런 거 직접 봤어요. ……그렇게 막 때리고, 자기는 벌지 못해 있어도 막 아내를 때리고, 나가 버리고 기본이 그래요.[99]

97) 여만철 외(1996), pp. 230~231.
98) 박혜란(1997), p. 254.
99) 동국대학교 북한학연구소(2005), pp. 107~108에서 재인용.

북한 사회에 만연해 있는 남존여비관은 노동당 기관지 노동신문에서도 엿볼 수 있는바, 노동신문에 「조선 녀성의 고상한 예의범절」이라는 제목으로 실린 한 글에서는 "상대방에게 공손하고 유순하게 말하고 항상 자기를 낮추고 양보하는 말을 찾아 쓰는 것은 조선 여성들의 언어예절의 중요한 특징"이며, 여성은 "상대방에게 무엇을 요구할 때에도 직선적이 아니라 에둘러 표현해 여성다운 인간미와 부드러움을 보여 주어야 한다"고 강조하고, 또한 "무릎이 드러난 짧은 치마나 보기 흉한 치마바지, 무늬나 색깔이 지나치게 조잡하고 알락달락한 옷을 입는 것은 '우리식'이 아닐 뿐더러 사람들에게 불쾌감을 주는 비도덕적인 행위"라고 못 박음으로써 여성들로 하여금 능동적이기보다는 수동적이고, 적극적이기보다는 소극적이기를 요구하고 있다.

북한 주민들 사이에 뿌리 깊게 내재되어 있는 남존여비관은 당의 공식 가치지향을 반영하는 북한 소설에도 잘 나타나 있다.

> 결국 우리 학급은 여자학급에 우승을 양보하지 않으면 안 되였다. 경연이 끝나자 나는 비발치듯한 동무들의 비난과 원성이 두려워 꽁무니를 뺐다.[100)]

> 사실 나도 일순이가 녀자들 중에서는 리해성도 있고 그 중 괜찮다고 보아 왔어. 그런데 어제 생활총화에서 말하는 걸 보고는 손 바짝 들었어. 역시 어쩔수 없는 것이 녀자야.[101)]

> 차체에서 힝하니 뛰여 내린 진옥은 나더러 용접기를 가지러 가자고 했다. 나는 어처구니가 없었다. 처녀가 용접을 하다니……? 알지도 못하는 주제에 ……제대군인 처녀도 녀자겠지. 그래 녀자에게 무슨 뾰족한 수가 있어 하루새에 저렇듯 복잡한 기계를 척척 뜯고 붙여 낸단 말인가?[102)]

---

100) 리극(1991), p. 34.
101) 반상서(1999), p. 26.

우리 분조장의 막내딸 주순영은 몸이 뚱뚱한 처녀이다. 그는 나만 보면 조금도 어려워하지 않고 '달봉'이라고 부른다. 물론 나이가 같은 동창생이긴 하지만 기분이 나쁘다. 좀 눈물을 찔끔 짜게 강타를 먹여서 앞으로 '달봉동무'라고 부르도록 해야겠다.[103]

다음의 글은 사랑하는 남자로부터 자신의 나약함을 추궁당하자 강한 여성임을 자부하던 한 여전사가 울면서 반발하는 대목이다.

그래 어쨌다는 거예요. 약해요. 여자니까요. 내가 어떤 진통을 이겨 내고 있는지 알기나 하구 그런 소릴 해요? 어떤 몸이라는 것두! 무정해요. 정말 무정해요. 따뜻한 말 한 마디 못할망정…….[104]

일부 여성작가의 소설에서도 여성들 스스로가 자기비하적인 태도로, 또는 남자의 상대적 우월성을 인정하며 남존여비관을 드러낸다.

녀자로서 차마 어려운 말을 하지 않으면 안 되는 사정을 리해해 주길 바래요. ……그러나 헤여지더라도 이것만은 꼭 말해야겠어요. 보잘 것 없는 녀자의 말이라도 이걸 꼭 명심해 주세요.[105]

허지만 남자란 어디까지나 녀자와 달리 무게가 있고 침착해야 하지 않는가?[106]

어쩌겠니, ……녀자란 할 수 없어.[107]

"동문 앞으로 뭘 할 생각입니까?" "뭘 하다니요?" "무슨 희망

102) 장옥순(1992), pp. 40~41.
103) 김종대(1998), p. 29.
104) 조근(1996), p. 31.
105) 안선옥(1991), p. 37.
106) 변광숙(1992), p. 37.
107) 김은옥(1991), p. 98.

과 뜻을 가지고 있는가 하는……." "아이참, 녀자들이야 뭐 제가 하고 싶은들……."[108]

그런가 하면 소설에서 사랑하는 남녀 간에 주고받는 편지에서도 남자는 "아무개 보냄", 여자는 "아무개 올림"이라고 한다. 한편, 북한 여성들에게 있어 남존여비관이 뿌리 깊게 잔존해 있음은 북한 여성들에게 있어 남아선호관 역시 강하게 남아 있음을 말해 주는 것이며, 이는 소설에서도 어렵지 않게 찾아볼 수 있다.

에이참! 나도 남자랬으면 얼마나 좋을가! 녀자들이란 정말 불쌍해![109]

딸 넷에 외아들 영섭이를 막내로 두고 있어 학교일에서는 여간 열성이 아닌 영섭이 어머니는…….[110]

내 남편이 협동조합때 첫 관리위원장을 하면서 뭐라고 했는지 아나? 이제 아들이 생기면 다른 자식들이 고향을 다 뜬대두 맏아들만은 꼭 붙들어 둬야겠다구, ……그런데 내겐 그런 아들이 없었지. 딸이라두 그래주기를 바랬더니 남편따라 훌쩍 가버렸으니 어쩌겠나? 그래서 난 결심했지. 주인의 진정이랄가 넋이랄가. 그걸 이을 '맏아들'루 내가 돼야겠다구…….[111]

소설에서 위와 같은 남존여비관과 남아선호관을 비판하는 여성이 없는 것은 아니다. 단편소설 「아름다운 삶」에서 한 여성은 남성우월주의에 대해 다음과 같이 비판하고 있다.

남자들은 자기들만이 강하고 자기들만이 억세고 자기들만이

108) 정현철(1991), p. 42.
109) 남대현(1988b), p. 125.
110) 반상서(1999), p. 25.
111) 박원초(1997), p. 65.

현명한듯이 생각하는 타성적인 관념을 가지고 있다. 왜 녀성들도 강하고 어떤 경우에는 남자들보다 더 의젓하게 세상 앞에 나설 수 있다는 것을 모른단 말인가.[112)]

또한 단편소설 「녀전사의 길」에서는 한 새세대 여성이 다음과 같이 남아선호관을 비판하고 있다.

외동딸인 나 때문에 우리 아버진 무척 속을 썩였어요. 이 집 안에 나라 지킬 장부 하나 없다구요. 난 반발했어요. '녀잔 뭐 사람 아닌가, 아버지 제가 입대할래요. 아들 세몫 네몫 할래요.'[113)]

한편, 1990년대 중반 이래 식량난을 비롯한 경제난이 악화되면서 북한 주민의 가정생활에 변화가 일고 있는 것으로 알려지고 있다. 남편들이 직장에서 생활비(월급)를 받아 오지 못해 주부들이 가족의 식량문제를 해결하게 되면서부터 점차 남편들이 가장으로서의 구실을 못하고 무능력해져 가정에서의 권위가 약화되고 있다는 것이다. 이와 관련해서 대부분의 새터민 여성들은 식량난 이후 북한 여성들이 주로 장사를 통해 경제력이 강해지면서 가정에서 발언권이 다소 강해진 것은 사실이나, 여성들은 세대주를 집안의 가장으로 인정해 주는 것이 가정의 평화를 도모하는 것이라고 생각하므로 세대주 중심의 가정생활에 저항하지 않는 편이라고 한다. 그러나 1996년 이래 중국으로 탈북한 여성들 가운데 가족을 부양해 오다 남편의 학대에 못 견디어 탈북한 사례들이 많다고 하는 사실[114)]은, 식량난의 악화로 인해 적지 않은 가정에서는 오히려 가부장 문화가 더욱 심화되었음을 시사한다. 이와 관련해 새터민 여성들은 다음과 같이 전하고 있다.

112) 전명진(1992), p. 32.
113) 조근(1996), p. 30.
114) 통일연구원(2004), p. 178.

체제 자체가 불평등이라는 거는 그런 건 잘 모르겠는데 어쨌든 북한에는 대남주의가 많이 있고, 현재까지도 북한에서는 여자라고 하면 가치 없이 보고 남자들이 여자를 많이 좀 힘들게 하죠. 현 상황에서 북한에서는 여자들이 많이 움직여서 벌어 먹고 있어요. 근데 남자들은 일 안 해도 집에 들어오면 여자들을 때려요. 구박받는 일이 많고, 모든 시대들을 보면 여자들이 그렇게 남자들 때문에 제가 벌어 먹여도 남자들은 큰 소리치고, 남자들이 주권 쥐고 이렇게 살아요. 가정에서. 그래도 남자한테 그렇게 그저, 남자들은 여자는 조금 살다가 힘들면 내버리고 내버리고 하니까 그 사회가 그게 좀, 이혼해요. ……장사를 못 한다던가 가정살림이 어렵다던가 하면 여자한테 다 덮어 씌워요. 네가 살림을 잘못하기 때문에 너하고 살기 힘들다 그렇기 때문에 이혼한다는 걸 걸고, 무조건 이혼하면 여자들은 꼼짝 못하고 이혼해요.[115)]

북한에는 남자가 하는 일이 없어요. ……하다못해 북한은 다 낭구 석탄 때니까 나무 패고, 하다못해 못 박는 일도 다 여자가 해요. 남자하는 일이 없어요. ……여자들이 다 해요. 못하면 남자들이 왜 너는 못하는가, ……자꾸 자기한테 주는 게 부족하면 자꾸 여자들을 때려요. 술만 먹어도 여자들을 때리지 ……때려도 어디 가 하소연 할 데 없죠. 그런 관계를 얘기하면 여자 바람 쏟으니까 남편이 때렸겠지, 이 정도지, 남자가 여자에 대해 성폭행한다, 아니면 남자가 아내에 대해 너무 폭력이 나쁘다, 이런 걸 몰라요. 응당한 걸로, 여자는 남자에 대해 응당 맞고…….[116)]

115) 동국대학교 북한학연구소(2005), p. 108에서 재인용.
116) 위의 책, pp. 108~109에서 재인용.

4 북한 여성의 직장생활

4.1. 직업선택 및 취업

모든 폐쇄사회의 직업관이 그러하듯이 북한에서도 사회본위의 전체주의적 직업관이 지배적이며, 북한 주민의 직업선택 및 취업은 이를 잘 말해 주고 있다. 북한 주민들은 직업선택의 자유가 없으며 어떤 부문에 취업하든 당의 직접적인 통제와 지시를 받는다. 또한 직장배치는 주로 각 개인의 성분과 당성에 의해 좌우되며 취업대상자들 가운데 극소수의 일부를 제외한 나머지는 이른바 '무리배치'를 통해 집단으로 처리된다.

북한에서 군인을 제외한 생산연령인구의 절반 이상이 여성이며 여성근로자의 절대다수는 노동자와 농민이다. 1990년대의 경제난 악화로 인해 공장이 가동되지 않는 등 여성 노동력의 필요성이 줄어듦에 따라 여성들이 가정으로 돌아감으로써 여성의 노동참가율이 크게 떨어졌을 것으로 추정되나, 경제난 악화 이전까지는 북한 미혼여성의 90% 이상, 기혼여성의 30~40% 이상이 노동에 참가해 온 것으로 알려져 있으며,[117] 이러한 수치는 북한에서 여성 노동력의 비중이 절대적임을 시사하고 있다.

그러나 북한에서의 일반적인 취업실태를 살펴보면 남성들은 중요하고 힘들고 어려운 부문에, 여성들은 상대적으로 비중과 임금이 낮은 직종에 배치되고 있으며, 이로써 보건, 상업, 보육, 교양, 교육, 체신, 문화 등 상대적으로 '여성 특성'이 요구되는 특정 부문에 여

117) 식량배급제에 의존하던 당시 북한의 미혼여성들은 식량배급을 받기 위해 취업이 필수적이었다. 또한 북한 여성들은 결혼 후 직장을 그만두더라도 「노동법」에 따라 가사 외에 가내작업반, 편의 봉사, 경제선동대 등 비공식적인 사회노동에 종사하게 된다.

성들이 편중되는 현상을 가져왔다. 북한의 공식 발표에 따르면, 특히 보건, 상업, 보육, 교양분야 전체 공무원의 70%가 여성이다.[118] 북한 경제활동인구의 절반을 차지하고 있는 대부분의 여성들은 사회적으로 저평가되는 특정 부문의 노동자로 일하고 있다. 육체노동자로 분류될 수 있는 노동자와 농민 중 여성이 차지하는 비율은 남성보다 높으며, 구체적 실례로 북한의 대표적 방직업체인 평양방직공장의 경우, 종업원의 75%가 여성이다.[119]

소설을 통해 보면 북한 여성들은 자유로이 직업을 선택하며 직업선택의 결정적 동기는 당과 수령의 뜻 관철, 국가와 사회에 대한 헌신이다. 특히, 긍정인물로 그려진 여성들은 한결같이 탄광, 산촌, 농촌 등으로 '탄원'해 나가 당과 수령의 뜻을 관철하기 위해 자긍심 높게 기쁜 마음으로 일한다.

> 그는 도시의 번화가에 자리잡은 양복점에서 재단사로 일하였다. 처녀는 자기 직업을 그지없이 사랑했으나 시간이 흐름에 따라 점차 그 어떤 불만을 느꼈다. 그것은 청춘의 지향과 현실의 불일치가 가져다 주는 것인지도 몰랐다. ……온 나라에 '90년대 속도' 창조운동의 불길이 세차게 타 번지기 시작한 때였다. 이 벅찬 시대에 자기도 사회와 인민을 위해 무엇인가 유익한 일을 하고 싶었다. 그래 시작한 일이 가을이면 탄광지원을 가군하는 것이였다.[120]

> 명숙은 원래 공예전문학교를 졸업하고 도자기 공예기술의 최첨단을 걸어보리라는 푸른꿈을 키워 가고 있었다. ……그런데 오늘은 온실 남새농사를 잘 지어 근로자들에게 사시절 신선한 남새까지 먹이시려고 사랑의 교시를 주시는 어버이 수령님의 끝없는 은덕에 목이 메여 명숙은 자기의 꿈과 희망을 뒤로 미루고 수령님께서 심려하시는 문제를 풀어 드리려고 온실분장으로 탄원해 온 것이다.[121]

118) 통일연구원(2004), p. 175.
119) 위의 글.
120) 손광영(1994), p. 63.

그런가 하면 한 소설에서는 도로관리원으로 일하는 어머니가 대학추천을 받아 기뻐하는 딸에게 대학에 가기보다는 김일성과 김정일이 넘나드는 고갯길을 잘 관리하며 나라의 은덕에 보답하기를 권유하며, 이와 같은 권유를 딸이 기꺼이 받아들이고 있다.

> "저 아래를 내려다 보아라. 이 령길은 평양과 곧바로 이어져 있는 길이다. 어버이 수령님께서와 경애하는 장군님께서 우리 도를 찾으실 때는 이 령길을 넘어 오시지 않느냐. 그러지 않아도 높고 험한 령인데……." 어머니의 절절한 토로에 딸의 머리는 점점 수그러졌다. ……"네 아버지는 이 삽을 만들어 주면서 나에게 큰 당부를 남겼다. 도로를 잘 관리하고 어버이 수령님과 경애하는 장군님을 잘 모셔 달라구 ……그런데 나는 그렇게 일하지 못했구나. 나라의 은덕에 보답하기에는 내 힘만으로는 부족한 것 같구나. 나는 우리 모녀가 이 삽을 잡고 령길을 지켜 갔으면 하는 생각이다." ……경실이는 어머니의 그 소원을 가슴에 새겨 안고 령길에 나섰다.[122)]

또한 소설에서 북한 여성들은 매우 다양하게 직업을 선택한다. 예를 들면, 의사, 작곡가, 화가, 교원, 연구사, 공장 현장기사, 산림지도원, 유치원·인민학교 교원, 악기연주가, 농촌작업반장, 방직노동자 등이 여성들의 직업이다. 소설에서 중노동을 하거나 당·정·군의 고위직을 수행하는 여성들은 찾아볼 수 없다.

4.2. 선호하는 직업

노동자계급을 영도적인 계급으로 찬양하며 노동자 천국임을 내세우는 북한 사회에도 육체노동에 대한 직업적 차별의식이 만연해 있는 것으로 알려져 있다. 북한은 그 동안 계급 없는 사회를 지향

121) 김은석(1991), pp. 40~41.
122) 김명진(2002), pp. 20~21.

하며 이른바 '온 사회의 인텔리화'를 통해 정신노동과 육체노동의 차이를 해소하려 했으나, 현실적으로는 여전히 육체노동에 대한 차별의식이 뿌리 깊게 남아 있다는 것이다. 이러한 사실은 북한 소설 작품을 통해서도 잘 확인된다. 특히, 여성들의 육체노동에 대한 차별의식과 관련하여 북한 소설에서 특기할 만한 것의 하나는 소설에 중심인물로 등장하는 여성의 대부분이 대학졸업자이며, 그들이 선망하는 직업은 정규 대학과정을 마쳐야 하는 의사, 과학자, 기사, 연구사, 교수 등이라는 점이다. 또한 그들의 부모들도 대부분이 교수, 연구사, 화가, 의학박사 등 육체노동보다는 정신노동의 직업을 가지고 있다.

북한 여성들의 육체노동에 대한 직업적 차별의식은 다음의 소설 대목들에서 잘 엿볼 수 있다.

먼저, 단편소설 「제대병사」에서는 곧 연구사가 될 한 여성이 결혼을 약속한 노동자 애인을 부끄럽게 여기며 면박을 주는 태도를 통해 육체노동의 직업에 대한 차별의식을 드러내 보이고 있다. 이 대목에서는 제대군인이며 '불도저' 운전수인 남자가 '불도저'를 몰고 시내의 중심도로를 지나가는 데 갑자기 '불도저'가 고장난다.

> 나는 기름투성이가 되여가지고 수리에 달라 붙었습니다. …… 때마침 그 동무가 횡단도로로 지나가겠지요. 나는 너무 반가와 그의 이름을 부르며 그한테로 달려 갔습니다. 그와 함께 대여섯 명의 남녀들이 멈춰 섰는데 그들은 나를 놀랍게 쳐다 보더군요. 그는 ……자기와 함께 걸어가던 사람들의 눈길이 미치지 않는 곳까지 나를 데리고 가더니 이렇게 말하는 게 아니겠습니까. "저 분들은 우리 대학 교원들과 연구생들이예요. 난 정말 얼굴을 못 들겠어요. 왜 그렇게 눈치 없이 처신하세요." 그는 ……리해는 커녕 기름투성이 불도젤 운전수 애인이 나타난 것을 수치로 여기면서 발을 동동 구르기까지 하더란 말입니다.[123]

123) 정승일(1991), p. 43.

장편소설 『단발머리』에서는 한 새세대 여성이 직장후배에게 10여 년의 노동생활을 후회하며 푸념한다.

> 그 동안 나의 동창들은 대학을 졸업하구 기사가 되고 교원이 되고 또 소문난 재단사가 된 애도 있어 보란듯이 나를 찾아오더구나. 그런데 난 어떻게 되였겠니? 근 10년 동안의 로동생활에 나에게 남은 것이 도대체 뭔가 말이야. 기능? 자격? 배운 것이란 삽질뿐이고 있다면 로동경험 밖에 없는데 그게 무슨 소용이 있니? 생각해 보니 이렇게 살아온 것이 가슴아프게 후회되더구나. ……나는 시집갈 준비나 하는 처녀들을 보면 제일 경멸하는 부류에 속했더랬어. 하지만 점점 나의 생활을 돌이켜 볼 때 너무도 자기를 모르고 어리석게 남을 비웃은 것을 깨달았어. 너 지금 내 말을 리해하지 못할거다. ……인생의 출발점에서 첫걸음을 잘 내짚어야 해. 나처럼 후회 속에 살지말고.[124)]

> 내가 뭐 육체로동이 힘들어 그러는 줄 아니? 난 전망이 보이면 까짓거 정말 해 보겠어. 난 뭣 때문에 네가 이 원료작업반에 미련을 가지고 있는지 모르겠어. ……깨끗한 작업복을 입은 처녀들 앞에 먼지봉당을 쓰구 나타나는 게 부끄럽지도 않니? 나 무엇보다 이게 창피해서 그래. ……순옥언니랑 금숙언니랑 여기 로처녀들을 봐라. 몇 년 동안 일하고 남은 게 뭐니? 그들은 아직 시집도 못 갔어. 로동에서 거칠어진 성격…….[125)]

새터민 여성들에 따르면 실제로도 북한 여성들은 정신노동의 직업을 원하며 도시생활을 하면서 돈을 벌 수 있는 직업을 선호한다. 이들은 좋은 대우를 받는 가수, 배우 등 예술인, 또는 학교 교원, 탁아소 보육원, 유치원 교양원, 부기원, 상점판매원, 호텔과 식당의 접대원 등을 선호한다.

---

124) 김은옥(1991), p. 61.
125) 위의 책, p. 76.

4.3. 직업의식

소설에서 긍정인물로 형상화된 여성들은 직업의식이 강하다. 그들은 매사에 긍정적인 태도를 나타내며 적극적·능동적으로 일을 한다. 예를 들면, 단편소설 「흰 들국화」에서 사단군의소 경리간호원 여성은 직무를 성실히 수행하면서 시간이 날 때마다 병실을 찾아 다니며 환자들에게 고운 목소리로 노래를 불러 주며,[126] 단편소설 「방직공의 노래」에서 방직노동자인 한 여성은 "손은 나비 놀 듯했고 걸음걸이는 무용수처럼 가볍게, 날렵한 동작, 웃음어린 밝은 얼굴"[127]로 일을 한다. 또한 단편소설 「별들이 웃는다」에서는 담임 여교원이 산촌생활을 하며 영예군인인 아버지의 일을 돕는 "학과실력이 낮은" 한 학생을 애정어린 관심과 교사로서의 의무감·사명감을 가지고 지도해 나간다.[128] 이 외에도 단편소설 「함께 가는 사람들」에서는 일에 대한 열정이 강한 나머지 잠으로 보내는 밤 시간마저 아쉽게 생각한다.

> 은혜는 원래 밤을 싫어했다. ……모든 것을 잠재우는 듯한 그 보이지 않는 '힘'이 싫었다. 밤은 마치 '자라, 자라'하고 쉼 없이 웅얼대며 강요하는 듯 싶었다. ……사람은 무엇 때문에 잠을 자는가, 밤 때문이다. 밤이 없다면 사람은 일생 동안에 얼마나 더 많은 일을 하고 얼마나 더 많은 것을 건설할 것인가. ……밤은 어쨌든 아쉬웠다. 자연의 법칙에 순종한다는 것이 어쩐지 자기를 패배자로 인정하는 것만 같았다.[129]

단편소설 「직장장의 하루」는 방직공장에서 직장장으로 일하는 한 여성이 직장생활과 가정생활을 병행하면서 겪는 심리적 갈등과

126) 장미현(1997).
127) 류정옥(1997), p. 50.
128) 최양수(1998).
129) 리명순(1999), p. 55.

공장에서 함께 일하는 기혼여공들의 어려움을 다룬 소설이다. 이 작품에서 긍정인물로 그려진 직장장은 두 아이의 뒷바라지와 대학 강좌장의 직위에 있는 남편을 내조하며 직장장의 책무를 수행해 나간다. 그녀는 직장과 가정에서 기혼 직장여성이 겪게 되는 현실적 어려움과 갈등을 지혜롭게 극복해 나가며 강한 직업의식을 나타낸다. 이와 같은 그녀의 직업의식은 우수한 기능공이지만 가정생활과 직장생활을 병행하는 데에 몹시 힘들어 하며 직장을 그만두려고 하는 한 여성기능공에 대한 조언에서 잘 나타나고 있다.

> 탄실이, 그러고 보니 이건 남편들보다 우리 녀성들 자신의 문제가 아닐가? 집살림도 더 알뜰하고 깐지게 하고 아이도 더 잘 키우고 그러면 어느 남편이 공장에서 큰 일을 할 수 있는 혁신자를 집에 들어와 놀라고 하겠어. ……그런데 우리 스스로가 사소한 곤난을 이기지 못해서 공장을 그만둘 생각부터 하니 이건 얼마나 의지가 약한 표현이나.[130)]

그러나 소설에서 부정인물로 그려진 여성들은 수동적·소극적인 직업의식을 나타낸다. 다음의 예문에서 그러한 직업의식의 단면을 엿볼 수 있다.

> 물론 우리도 기사야. 당의 혜택으로 공부한 사람들인 것만큼 집에 앉아 놀 수는 없지. ……그래서 우리는 너나없이 깨끗하고 조용한 직업을 가지고 있지 않나. 시키는 일이나 군말없이 하고 결근하지 않으면 되지 뭐. ……무슨 일을 더 하겠다고 그러나? 어려운 일을 맡아 가지고 괜히 고생할 필요가 있을까?[131)]

새터민들에 따르면 위의 예문에서와 같이 실제로도 북한 여성

130) 강복례(1992), pp. 22~23.
131) 박혜란(1997), p. 250에서 재인용.

들의 직업의식은 강한 편이 못 되며, 이는 힘든 노동생활, 근무시간 외로 요구되는 학습 및 생활총화, 가사전담 등으로 인한 정신적·육체적 부담, 취업 및 직장생활에서의 남녀불평등 등이 원인으로 작용한 것이라고 한다.

4.4. 직장에서의 남녀불평등

북한에서는 1946년에 제정된 「남녀평등권에 관한 법령」과 1978년에 제정된 「사회주의로동법」에서 고용평등, 동일노동 및 동일임금의 원칙 등으로 취업 및 직장생활에서의 남녀평등을 보장하고 있으며, 국가기관의 인력수급계획에 따라 모든 노동능력자를 일정한 직업에 배치하기 때문에 취업 및 직업선택의 과정에서도 남녀 간 차별이 없다. 요컨대, 법·제도적으로는 남녀평등이 구현되어 있다고 볼 수 있는 것이다. 그러나 여성들은 임금이 낮은 직종에 집중되어 있으며, 이른바 '여성 특성'이 요구되는 특정 직종에 취업하고 있을 뿐만 아니라 노동체계 속에서도 남성에 비해 상대적으로 하위직을 차지하고 있는 등 남녀 간 차별이 현저하며, 여성이기 때문에 받는 불이익을 감수해야만 하는 경우도 적지 않은 것으로 알려지고 있다. 이와 관련해 새터민 여성들은 다음과 같이 전한다.

> 직장에서는요, 예를 들어 사무원이나 노동자나 같죠. 대학을 졸업했으면 똑같은 지도원이지만 여자는 간부자격도 안 해 줘요. 그것도 평등이 아니지. 남녀평등권법령이 나왔다지만, 여자도 당연히 능력 있으면 남자하고 똑같이 간부사업을 해야 되지만 그런 걸 잘 안 해요. 그렇게 하고 입당시키는 것도 남자 위주로 하지 여자는 잘 안 시켜줘요. ……여자들은 직장생활을 해도 똑같이, 예를 들어 회계사무실에서 30년을 근무해도 남자는 여기다 훈장을 다섯 개 달면 여자는 겨우 두 개밖에 못 따요. 근데 여자들이 그런 일도 그걸 당연한 거라 생각하죠. ……불평 부렸다가는 뭐 불평분자

로 낙인이 찍히니까.[132)]

또한 북한의 직장여성들 가운데, 특히 기혼여성들은 직장에서 받는 고통 내지 불이익이 적지 않은바, 이는 가정에서는 남편의 눈치를 보아야 하며 직장에서는 기혼여성들을 달가워하지 않는 상사의 눈치를 보아야 하기 때문이라고 한다. 이와 같이 기혼의 직장여성들이 겪는 어려움은 소설에서도 드물지 않게 찾아볼 수 있다. 단편소설 「기다리는 안해」에서는 남편이 친구들을 데리고 오는 날에 예정에 없는 일이 생겨 퇴근이 늦어진 아내가 남편에게 다음과 같이 어렵게 변명한다.

> "여보, 성났어요? 미안해요. 당신 친구들에게는 후날 꼭 사과하겠어요. 글쎄 래일 아침 첫 시간에 우리 학생의 론문을 올려 보내라는 련락이 갑자기……." "그래, 그게 원인이요?" 찬혁은 요포를 홱 밀어던지며 일어나 앉았다. ……안해의 눈가에 점차 이름할 수 없는 야속하고 절절한 것이 눈물로 차 올랐다.[133)]

단편소설 「직장장의 하루」에서도 기혼여성들이 직장생활에서 감수해야만 하는 고통 내지 불이익의 단면을 엿볼 수 있다.

> 김명옥은 한 작업반에 애기어머니들이 두세 명만 있어도 생산이 떨어진다고 작업반장들이 달가와 안 하고 부직장장들도 골치거리로 여긴다는 것을 알고 있다.[134)]

북한 여성들이 직장에서 당하는 고통 가운데 또 하나는 성희롱 내지 성폭행이다. 새터민들에 따르면 직장에서 여성에 대한 성희롱·성폭행은 일상적인 것이며, 주로 입당 및 직장에서의 처우개

132) 동국대학교 북한학연구소(2005), p. 106에서 재인용.
133) 정성우(1996), pp. 73~74.
134) 강복례(1992), p. 21.

선을 미끼로 한 사례가 많은 편이라고 한다.

> 북한에서는 여자들 직장 들어가잖아요. 여자들도 내가 당원이 되자, 아니면 직장에서도 어느 정도 직책을 가지면 노임이 높아진단 말예요. ……여러 사람 보는 관점도 다르단 말예요. 어쨌건 내가 당원이 되는 게 최상이니까 당에 들려고 많이 노력을 하고 일도 하는 과정에 당비서들이 그래요. 자자, 한 번 자자, 몸을 준다면 그것이 꼭 이루어진다, 실제로 그래서 당했던 사람이 많아요.[135]

북한 소설에서 직장에서의 성희롱·성폭행을 다룬 작품을 찾아내기란 쉽지 않으며, 특히 성폭행을 묘사한 작품은 찾아볼 수 없다. 그러나 1990년대 말에 발표된 단편소설 「사랑의 메아리」에서는 한 여성이 직장상사로부터 성희롱 당하는 장면이 구체적으로 묘사되어 있다. 이 작품에서는 군도서관에서 일하는 최신혜가 부주의로 인해 귀한 책들을 적지 않게 손상시키는 사고를 저지르는데, 이에 대해 그녀의 상사인 지도원이 그녀를 불러 책임면제에 상응하는 성적 대가를 요구한다.

> 마침내 허지도원이 신혜를 따로 불러들였다. 그의 얼굴은 뜻밖의 선물을 마련한 듯한 흐뭇한 미소로 빛나고 있었다. "속을 태웠지요? 나도 그랬습니다. 그래 일을 무난히 처리하도록 강하게 주장했지요. 내놓고 말할건 못 되지만 사실 우리 군도서관이야 신혜동무 얼굴 때문에 흥성거린다고 할 수 있지 않소." 그는 좁혀뜬 눈으로 신혜의 얼굴을 근질근질 더듬으며 슬쩍 덧붙였다. "미란 많은 것을 보상해 주지요." 신혜는 서서히 머리를 들었다. 스스로도 자기의 얼굴에서 피기가 싹 가셔지는 게 알렸다. ……수치감과 분노로 숨이 컥 막힌 신혜는 토막토막 끊기는 목소리로 간신히 짜냈다. "난 ……싫습니다. 그따위 용서는 싫단 말예요. 변상하고 사직서를 낼테니 ……그리 아세요."[136]

135) 동국대학교 북한학연구소(2005), p. 107에서 재인용.
136) 정영종(1999), p. 57.

5 북한 여성의 삶에 대한 올바른 이해를 위한 제언

우리가 지향하는 통일한국의 미래상은 남과 북의 마음이 하나 되어 서로를 북돋우며 밝고 건강한 삶을 살아가는 한민족 공동체이다. 그러나 통일의 그 날에 남과 북이 만났을 때 우리 모두는 예상했던 것보다 더 크고 복잡한 어려움에 직면할 수도 있으며, 내적 통합의 과정에서 장기간 시련을 겪을 수도 있다. 이는 여성들에게 있어서도 예외가 아니다. 지난 60여 년 분단의 세월 동안 남북한은 정치·경제 및 사회·문화적 이질화를 겪어 왔으며, 이질화를 겪은 만큼 남북한 여성들의 삶의 방식과 모습에 있어 크고 작은 차이가 드러나고 있다. 이와 같은 차이는 지금까지 살펴본 바와 같이 북한 소설작품에서도 잘 엿볼 수 있다.

집단 중심의 사회지향적 가치관을 형성하도록 학습, 사회화된 북한 여성들과 자아 중심의 개인지향적 가치관을 지니고 있는 남한 여성들의 화합은 상호간 갈등과 긴장의 과정을 거쳐야만 할 것이다. 그러나 남북한 여성의 가치관에는 이질적인 요소들보다 동질적인 요소들이 더 많다. 이는 곧 남북한 여성들 사이에는 보다 수월한 상호 이해와 신뢰감 형성의 소지가 마련되어 있음을 의미하며, 남북한 여성의 상호 이해와 신뢰감 형성이 남북한 내적 통합에 주요 계기로 작용할 수도 있다는 기대감을 갖게 한다.

통일의 과정에서나 통일 후 남북한 여성의 상호 이해와 신뢰감 형성을 위해서는 서로의 삶에 대한 이해가 선행되어야 한다. 또한 북한 여성의 삶에 대한 올바른 이해를 위해서는 다음과 같은 기본적인 마음자세가 필요하다.

첫째, 북한 여성들에게서 나타나는 문화적 이질성에 대해 이념적 선입관이나 편견을 배제하며 적극적으로 이해하고 포용하려는 이질성 수용의 자세이다.

둘째, 상호 문화적 이질성보다는 동질성을 강조함으로써 가능한 한 심리적인 친밀감을 도모한다.

셋째, 북한 여성들의 사고방식 내지 생활문화에 있어 남한 여성과 동질적인 것은 긍정적인 것으로 보고 이질적인 것은 부정적인 것으로 보거나 열등한 것으로 평가하려는 자기중심적, 또는 우월적 태도를 지양한다.

넷째, 단순한 호기심이나 동정심에서가 아니라 진정한 동포애적 관심과 사랑으로 북한 여성들에 대해 알려고 노력한다.

다섯째, 북한 여성들에 대한 인간적 신뢰와 존중의 자세이다. 기본적으로 북한 여성들을 내 이웃과 다름없는 보편적 인간으로서 존중하고 신뢰할 때 이들에 대한 올바른 이해의 폭을 넓힐 수 있을 것이기 때문이다.

제 2 장

식량난과 북한 여성

구소련 및 동구 사회주의권의 체제이행 과정에서의 경제위기로 인한 일차적 피해자가 여성이었듯이 1990년대 북한의 경제난으로 인한 일차적 희생자도 여성으로 나타났다. 그러나 북한의 경제위기는 동구 사회주의 국가에서의 시장개방과 그로 인한 위기와는 본질적으로 다른 성격을 지니고 있으므로 경제위기가 북한의 여성들에게 미친 영향은 상당한 차별성을 띨 수밖에 없으며, 그 희생의 내용이 동구 사회주의의 경우와 일정 정도 차이가 있다.[1] 단적으로 말해서 북한의 식량난을 비롯한 경제난은 북한 여성들의 삶의 환경을 보다 더 열악하게 만들었으며, 결과적으로 북한 여성의 삶의 질을 크게 떨어뜨렸다.

1 식량난 실태

중국 연변대학의 한 연구자에 의하면 1980년대 중반 이후부터 식량난은 줄곧 북한의 큰 문제였다고 한다.[2] 북한은 1957년 11월 내각결정 96호 및 102호에 의거해 협동농장원을 제외한 전 주민들에게 식량배급제를 실시하였으며, 1970년대까지는 평양을 제외한 기타 지방의 주민들도 쌀밥은 많이 못 먹었어도 굶는 정도는 아니었다. 그러나 1973년 이후 전쟁비축미로 매월 4일분씩 제하였고, 1987년 이후에는 절약미 공제로 3일분씩 제함으로써 실제 공급량은 규정량의 70~80% 수준으로 떨어졌다.

1980년대부터 조짐이 나타나기 시작한 식량난은 1990년대 들어 종래 북한에 대해 식량 및 연료·비료의 최대 공급국이었던 구소련의 붕괴와 중국의 대북한 정책변화로 인해 에너지와 원자재 공급에

1) 조순경(2003), pp. 32~35.
2) 최명숙(1999). p. 1.

차질이 빚어지면서 악화되었으며, 잇따라 발생한 냉해(1993, 1998), 대홍수(1995, 1996), 고온 및 해일과 가뭄(1997), 강우부족(1999) 등 자연재해로 인해 보다 더 심화되었다.[3] 식량난이 초래한 가장 비극적 현상은 기아, 곧 굶주림이다. 식량난이 심화됨에 따라 굶주림이 북한 전역으로 확산되었으며, 이러한 실태를 반영한 것은 때를 같이 하여 나타난 북한 주민들의 야생식량 구하기, 취약한 인구집단의 영양결핍 상태, 가축용 동물의 소비 증가, 가재도구와 가옥 매매, 다수 인구의 이동 등의 현상이었다.[4]

북한의 식량난은 대체적으로 1990년대 초에 그 징후를 드러냈으며, 중반에 들어서면서 점차 심화되어 1997년과 1998년에 극도에 달했던 것으로 알려져 있다. 한 예로 중국 거주 탈북난민 여성들을 대상으로 한 면담조사 결과에 따르면 1993년부터 배급이 줄어들면서 생활이 어려워지기 시작했으며, 1994년부터는 아사자가 증가했고, 가장 힘든 시기는 1997년과 1998년이었다고 한다.[5] '(사)좋은벗들'이 중국 거주 탈북난민을 대상으로 한 조사결과에서도 북한의 식량난이 1995년도 대홍수 이후 거듭되는 자연재해로 인하여 발생된 것이 아니라, 이미 1992년 이전부터 상당히 진행되어 왔으며, 보다 심화된 해가 1994년과 1995년인 것으로 나타나 있다.[6] 또한 중국에 거주하는 한 탈북난민의 증언에 의하면, 1996년과 1997년에 당 간부들이 주민들에게 고통스러운 시기에 대한 준비를 하라고 시달하였으며, 1998년에도 주민들에게 더 고통스러운 시기가 닥쳐올 것임을 알려 주고 이에 대비할 것을 시달하였다고 한다.[7]

이와 같이 1990년대 중반 이래 지속적으로 심화되어 온 북한

3) 북한의 식량난은 북한 농업구조에서 비롯된 구조적·고질적 문제이며, 기후 및 기상과 같은 자연조건과 전반적인 경제난이 주요 변수로 작용하였다.

4) 나초스 지음, 황재옥 옮김(2003), p. 66.

5) 김태현·노치영(2003), p. 65.

6) 강정구·법륜 엮음(1999), p. 195.

7) 나초스 지음, 황재옥 옮김(2003), p. 49.

의 식량난은 주민들에 대한 식량배급 실태에서도 잘 나타나 있다. 1996년 평양을 방문하여 식량배급 실태를 조사한 한 연구자에 의하면 당시 평양 주민들에 대한 식량배급량은 하루에 300g(피부양자는 100g)이었으나, 함경북도 청진, 무산 등의 지방에서는 1995년 이후 3개월분 공급을 초과하지 못하였으며, 1998년도에는 김일성·김정일 생일을 포함해 연 4회, 그것도 이틀분씩만 공급했다고 한다.[8] 이러한 실태를 반영하듯이 중국 거주 탈북난민들의 증언을 모은 책들[9]에서는 "식구들 모두가 34일씩 밥을 못 먹을 때가 보통"이었다는 내용들을 어렵지 않게 찾아볼 수 있다. 이와 같은 북한 주민들의 식생활 형편은 주식뿐만 아니라 부식구입의 어려움에서도 잘 엿볼 수 있다. 1980년대부터 북한은 주식공급문제를 해결하기 위해 수확고가 높은 옥수수 재배면적을 대폭 늘리고 콩의 재배면적을 줄였는바, 콩의 절대부족으로 식생활에서 가장 기본적인 된장, 간장, 고추장, 콩기름 등의 부식도 구하기 어려워졌으며 24가구 가운데 3~4호 가구만이 된장, 간장을 먹을 수 있을 정도였다고 한다.[10] 또한 식량배급이 중단됨에 따라 한 달에 한 번씩 배급되었던 장류 및 조미료에 대한 배급마저 중단되었으며, 다소 형편이 나은 집에서는 소금으로 일체의 간을 맞추었다고 한다.[11]

식량난 극복을 위해 북한 당국은 '죽 먹기 운동', '하루 두 끼 먹기 운동', '허리띠 졸러매기 운동' 등 각종 캠페인을 전개하는 한편, '속도전 가루', '남새밥', '김치밥', '산나물 죽' 등의 대용식품을 개발하여 적극 권장하였다. 그러나 대부분의 주민들은 풀뿌리, 벼뿌리, 드릅나무, 뽕나무, 소나무껍질, 산나물, 들풀 등을 대체식품으로

8) 최명숙(1999), pp. 2~3.
9) 강정구·법륜 엮음(1999); (사)좋은벗들(2004); (사)좋은벗들 엮음(1999); 좋은벗들 엮음(1999); 여성한국사회연구소 편저(2002); 좋은벗들 엮음(2000); 권혁(1999); 김태현·노치영(2003).
10) 최명숙(1999), p. 3.
11) 김태현·노치영(2003), p. 66.

하여 하루 한 끼 정도로 연명한 것으로 알려져 있다. '(사)좋은벗들'이 1998년 11월부터 1999년 4월까지 실시한 중국 내 탈북난민들의 실태조사 결과에 따르면, 북한 주민들은 식량배급이 중단된 후 '풀뿌리·벼뿌리·소나무껍질 등을 먹고살거나'(57.2%), '장사를 하거나'(46.0%), '가구·집기를 팔아서'(40.8%), '친지 도움을 받아서'(19.4%) 생활한 것으로 나타났다.[12] 중국 거주 탈북난민들과 국내의 새터민들이 전하는 말에 따르면 식량사정이 아주 어려웠던 북한 주민들의 대부분은 풀뿌리를 캐어다가 죽을 쑤어 먹든가, 또는 송기(소나무 어린 가지의 속껍질)를 갈아 만든 떡 등을 먹었으며, 추수 후에는 벼뿌리를 캐어다가 옥수수와 섞어 갈아서 국수를 만들어 먹기도 했고, 그 과정에서 소화장애로 인해 크게 고생하거나 심한 경우에는 사망하는 사례도 적지 않았다. 또한 북한 주민들은 주로 친척, 친구, 이웃, 또는 동료들 가운데 큰 장사를 하는 사람들로부터 약간의 물품을 도매로 받아 가지고 시골이나 다른 지방에 가서 웃돈을 조금 붙여서 팔고, 본전은 돌리고 남은 것으로 식량을 사서 하루 생계를 유지하는 하루살이 장사를 하였다.[13]

북한 주민들에게 있어 식량난으로 인한 타격은 거주지역별·직업별로 차이를 나타냈으며, 단위가족의 수 및 건강상태, 가족구성원의 노동력 내지 경제력, 친족의 지원 여부 등에 따라서도 정도를 달리하였다.

지역적으로 기근의 피해는 함경남도를 위시한 동북지역과 평안남도 등 서북지역에서 심각했던 반면, 황해남도를 포함한 서남지역과 평양 등 특별시에서는 상대적으로 그 피해가 적었다.[14] 대부분 국제사회의 지원이 평양을 중심으로 한 서부지역에 집중되어 있고 지역 간 수송체계가 미비되어 있기 때문에 북부 산간지역과 동부지

12) 강정구·법륜 엮음(1999), p. 196.
13) 림금숙(1999), pp. 24~25.
14) 이석(2004) 참조.

역의 식량난이 더욱 심각했다.[15] 그러나 북한 동북지역의 기근피해가 심각했던 것과 관련해 나초스(Andrew S. Natsios)는 그 이유들 가운데 하나로 이 지역에 대한 북한 당국의 차별적 분배정책을 지적하고 있다. 나초스는 중국 거주 탈북난민의 80% 이상이 동북지역 출신이라는 점은, 이 지역 주민들이 중국 조선족에의 접근이 가장 용이하기 때문이기도 하지만 이 지역 주민들이 북한 당국의 차별적 분배정책의 희생자들로서 가장 많이 궁핍하였기 때문이라고 한다. 북한 당국은 1990년 초 동북지역에 대한 식량배급을 감소시키고 1994년에는 완전히 식량배급을 중단하겠다는 결정을 내렸는바, 동북지역의 기아로 인한 사망률은 북한의 다른 지역에 비해 가장 높았고 가장 일찍 나타났다는 것이다.[16] 또한 북한의 기아는 농촌보다 텃밭이 없는 도시지역에서 더 심각했으며, 특히 중국으로부터의 물품입수가 어려운 동해쪽 공업도시의 노동자에게 타격이 컸던 것으로 알려져 있다. 이와 같은 지역적 차이는 중국 거주 탈북난민들을 대상으로 한 조사결과에서도 반영되고 있다. 북한 전체 인구의 25%를 농민이 차지하고 있으나 중국 거주 탈북난민들 가운데 농민은 4%에 불과하며, 조사에 응한 탈북난민들은 농촌(1.9%)보다 도시지역(70.4%)이 기아가 심각하다고 답하였다.[17] 그러나 식량난을 비롯한 경제난이 심화됨에 따라 농민들의 형편도 크게 악화되었는바, 한 조사결과에 따르면 식량난으로 인한 직업별 사망률은 전문직노동자(7.0%), 사무직노동자(11.8%), 생산직노동자(18.4%), 농민(24.0%), 무직업(45.6%) 등의 순으로 나타나 있다.[18]

15) 이금순(1997), pp. 98~99.

16) 동북지역은 다른 지역에 비해 상대적으로 추방당한 적대계층이 많이 살고 있는 곳이라고 할 때, 차별적 식량분배정책은 정치사상적 계층분류에 기초해 이루어졌음을 시사한다. 나초스 지음, 황재옥 옮김(2003), pp. 155~158 참조.

17) 위의 책, p. 140.

18) 강정구 · 법륜 엮음(1999), p. 188; 식량난을 겪는 과정에서 발생한 북한 주민의 사망원인은 기아 그 자체보다는 기아로 인한 질병의 발생 및 악화에 따른 것으로 알려지고 있다.

북한은 성분별 계층구조화된 사회이고 성분에 따라 국가공급 및 국가적 혜택의 수준을 달리한다. 따라서 식량난으로 인한 타격도 계층별로 차이가 두드러졌는바, 북한 사회의 상층부보다는 중·하층부의 생활고가 더 심했던 것으로 알려져 있다. 전문직·사무직 노동자보다도 생산직노동자와 농민의 사망률이 두 배 이상 높게 나타나 있는 위의 직업별 사망률도 이러한 실태를 잘 말해 주고 있다. 개인 직업별로 보아 특히 사무직 여성들은 식량난 해결을 위한 대안 마련에 능동적·적극적이지 못하였으며, 이는 지속적·주기적인 사상교양 학습과 획일적·계획적인 조직생활을 해 온 데 따른 것으로 지적되기도 한다.[19] 또한 학생교육, 환자진료 등을 담당하는 교사, 의사 등의 전문직은 생활이 어려워도 일상적인 교육이나 진료 등의 직무를 중단하고 부업을 할 수 없었으며, 당의 통제도 보다 엄격했으므로 다른 직업에 비해 상대적으로 식량난에 따른 생활고가 심하였다고 한다.

> 북한에는 장사 자체가 자본주의의 온상이라고 해서 반대했어요. 그러나 식량사정이 어려우니까 할 수 없이 풀어 놨어요. 풀어 놨는데도 교원은 학생들을 가르치는 교원들이기 때문에 아무래도 본인 이미지가 학생들을 교육하는 내용하고 본인들 생활하고 틀리니까 당에서 교원들 생활을 엄격하게 통제했어요. 그러니까 생활하기가 더 힘들지요.[20]

식량난을 겪는 과정에서 중국, 일본, 미국 등지에 있는 친족으로부터 경제적 지원을 받은 북한 주민들은 식량난으로 인한 타격이

19) 식량난을 겪는 동안 자살을 한 북한 주민들 가운데 인텔리들이 적지 않았는바, 북한적 상황에서 인텔리는 현실이 요구하는 '생활력'을 갖추기 어려운 사람들로서 국가의 공급이 중단되면 가장 큰 피해를 입을 수밖에 없으며, 그러다 보니 무력감과 절망에서 허덕이다 자살을 선택할 수밖에 없다는 것이다. 김승철(2000), p. 35.

20) 박현선(1999), p. 116에서 재인용.

보다 덜했으며, 특히 미국으로부터 달러를 지원받은 경우에는 비교적 풍족한 생활을 했던 것으로 나타난다.

> 생활은 그다지 나쁘지 않았어요. 미국에 계신 외할머니께서 분기에 한 번 500달러씩 보내 주셔서 괜찮았어요. 여기서 500달러는 아무 것도 아니지만 거기서는 평생 벌어도 못 만지는 돈이에요. ……4명 식구가 3,000원, 4,000원이면 충분히 살아요. ……부업은 안 했어요.[21]

중국에 친척이 있는 북한 주민들은 친척들에게 도움을 청하기 위해 편지를 보내거나 직접 국경을 넘어가기도 했으며, 또는 중국에 사는 친척들이 도움을 주기 위해 북한을 방문하기도 했다고 한다. 그러나 중국 거주 친척으로부터의 지원은 현금보다는 주로 식량과 옷 등의 물품지원이었으며, 장기간 지속되기보다는 식량난이 가장 심각했던 일정 기간의 지원이 대부분이었던 것으로 나타난다. 이는 북한 주민의 중국 거주 친척들이 대부분 연변지역의 조선족들이며, 이들 역시 장기간 지원을 할 수 있을 만큼 경제적인 여유가 없기 때문이라 하겠다. 다음의 예는 이와 같은 북·중 친족 간 지원 실상을 잘 말해 주고 있다.

> 1996년만 해도 100명에서 200명에 달하는 조선족들이 매일 이 다리를 건너갔다. 그러나 1997년 방문자수는 하루 평균 50명으로 줄어들었다. 올해(1998년)는 단 3~4명만이 매일 이 다리를 건너고 있을 뿐이다. 이러한 숫자의 감소는 북한 사람들이 다리를 건너오는 것을 그만둔 것이 아니다. 그들은 예전과 같이 변함 없이 그 자리에 그대로 있고, 단지 중국측 친척들의 숫자가 줄어들었을 뿐이다. 방문교류의 감소는 조선족 친척들이 북한 친척들의 끊임없는 요구에 지쳐 더 이상 조선족들이 오지 않기 때문이다.[22]

---

21) 박현선(1999), p. 186에서 재인용.
22) 나초스 지음, 황재옥 옮김(2003), p. 99에서 재인용.

기아로 인한 사망자수와 관련해 북한 당국은 22만 명이라고 발표한 바 있으나, 국내외 관련 단체 및 연구자들에 의한 아사자 추정치는 수십만에서 수백만에 이르고 있다. 이와 같이 다양한 수치는 사망자 추정방법과 이용자료, 추정대상과 기간을 서로 달리하고 있는 데에서 비롯된 것이라 하겠다. 예를 들면, 대북인도적 지원단체인 '(사)좋은벗들'은 식량난이 가장 극심했던 시기인 1995년 8월부터 1998년 7월 말까지 약 300만의 아사자가 발생하였고, 수십만 명이 식량을 구하기 위해 국경을 넘었다고 발표한 바 있다.[23] 북한에서 의사로 일했던 한 새터민도 약 200만 명 사망한 것으로 추정하고 있다.[24] 1997년에서 1998년에 걸쳐 역전에서 하루에 100여 명 정도의 사망자를 목격했다는 증언도 있으며,[25] 중국 거주 탈북난민들의 증언자료집에서는 이와 유사한 내용들이 드물지 않게 눈에 띈다. 그러나 북한의 기근사망자 규모와 관련한 다양한 논의들을 평가한 후 보다 신뢰성 있는 방법을 통해 기근사망자수를 추정한 한 연구자에 따르면 북한의 식량위기는 1994~2000년간 유의미한 인구변화를 수반하는 기근으로 발전했으며, 이러한 기근으로 인해 적게는 25만~69만 명, 많게는 25만~117만 명의 초과사망자가 발생한 것으로 추정된다.[26]

이와 같이 100만 명을 웃도는 북한 주민의 사망원인은 근본적으로 기아, 곧 굶주림에 있다. 그러나 사망률이 점차 급증 추세로 나타나게 된 데에는 식량부족으로 인한 영양실조와 함께 비위생적

23) (사)좋은벗들(2004), p. 29.

24) ○규○의 증언, 통일부 자료.

25) ○경○, 2004. 4. 16 면담.

26) 연구자에 따르면 북한의 기근 발생시점은 1994년이며 최소한 1998년까지 지속된 것으로 보고 있으나, 1999~2000년간에도 북한의 식량사정이 조금씩 나아지기는 했지만 기근이 완전 종식된 것은 아니라고 한다. 북한의 사망률 수준은 1999~2000년에도 크게 떨어지지 않았는바, 실제로 2000년의 사망률은 1,000명당 8.8로 1996년의 6.8을 훨씬 뛰어넘고 있으므로, 따라서 1996년 북한의 식량상황을 기근으로 정의해야만 한다면 1999~2000년의 식량상황 역시 기근으로 정의해야만 한다는 입장이다. 이석(2004), pp. 118~144 참조.

인 식수, 물 부족, 비누 부족 등 불결한 생활환경으로 인한 폐결핵, 파라티푸스, 간염, 콜레라, 장티푸스 등 각종 전염성 질병의 확산이 중대한 요인으로 작용하였다. 이러한 질병들은 현대의학으로 완치 가능한 것들이나 북한 주민들은 영양부족, 기초의약품 부족, 의료시설 미비 등으로 인해 적절한 의료지원을 받지 못하고 병세가 악화되어 사망에 이르고 만 것이다. 이와 같이 영양실조와 질병으로 인한 사망 외에도 식량난의 직·간접적 영향으로 인한 북한 주민의 사망사례는 다양하다. 예를 들면, 할아버지·할머니들이 나머지 가족의 생존을 돕기 위해 가출하여 객사, 식량약탈 강도에 의한 살해, 다른 지역을 돌아다니며 보따리장사를 하는 도중에 과로와 굶주림으로 인한 객사, 식량 및 땔감 구입 등 과도한 노동으로 인한 사망, 가족 일부 내지 가족동반 자살 등이 그것이다. 이 가운데 특히 동반자살사례는 특기할 만하다. 한국 사회에서도 경제침체에 따른 극심한 생활고에 지친 한 가족이 동반자살하는 사례가 없지 않아 있지만, 북한에서 자살은 일종의 반체제적 행위로 간주되어 비판의 대상이 되기 때문이다. 탈북난민들의 증언에 따르면, 북한의 식량난 과정에서 한 가족의 일부가 자살한 사례는 물론 가족 모두가 동반자살한 사례도 이전보다 많아진 것으로 알려지고 있다.

한 조사결과를 통해 보면 사망인구 가운데는 60세 이상의 높은 연령층과 영·유아를 포함한 어린이 사망률이 높았던 것으로 나타난다.[27] 탈북난민들은 이들의 사망률이 높게 나타난 것과 관련해 대체적으로 다음의 네 가지 요인을 지적하고 있다.

첫째, 소화기능이 약한 노인들과 어린이들이 풀뿌리를 넣어 만든 죽이나 송기떡 등 고섬유질 대체식품을 과식함으로써 극심한 소화불량에 걸려 사망했기 때문이다.

둘째, 할아버지·할머니들이 식량을 구하기 위해 고된 노동을 하면서도 손자·손녀의 생존을 위하여 의도적으로 절식 내지 금식

27) (사)좋은벗들(2004), p. 32.

을 하였기 때문이다.

셋째, 노인들과 영·유아를 포함한 어린이들의 굶주림을 방치했기 때문이다. 이와 관련해 한 북한 주민은 영양실조로 인해 "아이를 낳아도 기를 여력이 없는 어머니들이 길가나 역 대합실, 장마당 앞에 아이를 버리는 일이 많아 1996~1997년에는 아이를 데리고 있는 여성은 공민증과 여행증이 있어야만 역 기다림 칸에 들여 놓는 질서까지 나왔었다"[28]고 한다.

넷째, 임산부들이 영양부족으로 인해 유산하거나, 또는 영·유아들을 먹이지 못해 사망했기 때문이다.

28) 권혁(1999), p. 168.

2 식량난의 사회적 영향

2.1. 비공식경제의 활성화

1990년대 들어 지속적으로 심화된 식량난을 비롯한 북한의 경제난은 공식경제의 침체와 이에 따른 비공식경제[29]의 활성화를 초래하였다. 특히, 텃밭 및 소토지 경작, 장마당 등 비공식 부문의 활성화는 국가공급체계가 제대로 작동하지 못하는 상황에서 공식 부문을 대신하여 소비재 부족, 특히 식량, 의복 등 비내구소비재 부족에 따른 주민들의 불만해소에 기여한 것으로 평가되고 있다. 식량난이 심화됨에 따라 활성화된 경제에서의 비공식 부문의 실태는 다음의 네 가지로 집약된다.[30]

첫째, 소상품 생산양식과 소자본에 의한 자본주의 생산양식이 외형적으로 나타났다. 개인 미(리)용실 · 식당 개업, 리어카를 동원한 짐꾼일의 영업행위, 생일잔치나 환갑잔치에 삯일이나 품팔이 임노동 제공, 식당이나 미(리)용실 등에서의 소규모(13인 정도) 노동자 고용, 자영상업 행위 등이 그것이다. 또한 외화벌이 사업이 확산됨에 따라 급전을 필요로 하는 개인 밀무역자, 기관 · 기업소의 외화벌이 종사자들의 수요에 따라 여유자금을 가지고 있는 북송교포나 화교 등을 중심으로 고리 사채업자가 등장하였으며, 빌린 돈을 못 갚아 집이나 가구를 빼앗기게 되는 등 사적 신용시장도 등장하였다.

29) 여기에서 비공식경제는 경제활동의 합법성 여부를 떠나 직·간접적으로 사적 이익을 추구하는 생계와 관련된 경제행위라는 포괄적 개념으로 사용한다. 북한 경제의 비공식 부문 내지 제2경제의 개념에 관한 다양한 논의와 관련해서는 최수영(1997), pp. 3~8 참조.

30) 강정구 · 법륜 엮음(1999), pp. 36~42; 박형중(1997), pp. 17~24; 최수영(1997); 임강택(2004) 참조.

당국의 묵인하에 비공식적으로 이루어졌던 이와 같은 개인들의 상행위는 2002년 '7·1경제관리개선조치' 이후로 점차 공식화되는 추세를 나타내며 영역을 확대해 나갔다. 개인영업의 경우, 특히 각광을 받고 있는 업종은 음식업이며 이는 개인식당이 가격은 비싸지만 음식의 맛이나 서비스가 국가에서 운영하는 업소보다 뛰어나 호평을 받고 있다고 한다.[31] 개인들의 식당영업은 '개인식당' 형태와 '음식판매소' 형태로 이루어진다. 개인식당은 별도의 간판을 설치하지 않고 가정집을 식당처럼 꾸며 놓고 국밥과 국수, 술 등을 판매한다. 음식판매소는 빵·떡·술 등을 대량으로 생산한 후 주민들에게 판매한다. 음식판매소는 개인가정집 대문에 '떡집, 빵집, 두부'라는 글자를 적어 놓고 장사를 하는데, 장마당(시장)에서 음식을 파는 장사꾼들도 이러한 집에서 음식을 도매로 구입하여 판매하기도 한다. 또한 '7·1경제관리개선조치' 이후 북한 전역에 청량음료나 군고구마, 군밤 등을 파는 매대와 점포가 증가하였으며, 개인 서비스업 및 중개업의 조직화 등 사적인 상업활동 범위도 확대된 것으로 알려지고 있다. 평양과 같은 대도시에서는 일반주민이 국가소유의 건물을 임대하여 식당, 호텔, 상점 및 당구장과 가라오케 등을 개인업소의 형태로 운영하는 사례가 급증하고 있으며, 소규모 가족경영사업이나 공동경영을 통해서 서비스를 제공하거나 물건을 생산하는 사례도 눈에 띄게 늘고 있다고 한다.[32]

둘째, 경제운용기제로서의 상품시장이 북한 사회에서 일상화되었다. 열흘에 한 번 열리던 농민시장이 1990년대 초반 이래 상설시장화되어 갔으며, 이는 국영 수매재생산점, 8·3인민소비품직매점, 가내수공업, 개인부업 등 공적 배급망까지 포괄하고 북한 지역 전체로 확산되어 생필품의 조달처 역할을 하였다. 또한 2002년 '7·1경제관리개선조치' 이래 점차 장마당에 대한 통제가 완화되었으며,

31) 개인의 식당영업과 관련해서는 임강택(2004), pp. 5~6 참조.
32) 위의 글, p. 6.

2003년 3월에는 시장이 공식화됨으로써 장마당이 종합시장으로 확대·개편되기에 이른다. 북한 당국은 평양시를 비롯한 주요 도시를 포함한 북한 전 지역에 걸쳐 대규모 시장을 건설하고 장사를 하고자 하는 주민들에게 규격화된 매대를 제공해 주기로 하였으며, 2004년 4월 현재 평양에만 42개의 종합시장이 개설되었다.[33] 시장에서는 군수품과 마약류 등 일부 금지품목을 제외하고는 수입품을 포함해 거의 모든 품목이 판매되고 있으며, 기업소·협동단체도 제품을 판매할 수 있게 하였다.

셋째, 텃밭과 뙈기밭 및 소상품 생산양식이 장려되어 사적 이윤추구가 성행하였는바, 이로 인해 협동농장원들은 농장일보다 개인 텃밭경작에 더 많은 노력을 투입하는 현상이 심화되었다. 또한 텃밭, 뙈기밭 등에서 생산한 식량과 식료품 등에 대한 사적 거래도 급증하였다.

넷째, 비공식 부문의 활성화는 부정적 양태로도 이루어졌는바, 국가계획부문에서의 생산과 유통과정에서의 절취행위, 공급 부족 재화에 대한 투기 및 비합법적 수취와 판매, 국유자산의 절도와 판매, 재화 및 화폐의 불법 생산 또는 취득, 금지품목(음란물, 불온출판물 등)의 암거래, 북한의 특산품을 중국의 생필품과 교환하는 국경지대에서의 밀무역 등이 그것이다.

식량난의 과정에서 북한 경제의 비공식 부문이 보다 더 활성화되는 주요 계기를 이루었던 것은 1998년 9월의 북한 헌법개정이다.[34] 북한은 경제부문에서의 헌법개정을 통해 개인소유의 주체를 '근로자'에서 '공민'으로 확대하였으며(제24조), 이로써 생산에 종사하지 않는 노약자, 가정주부, 연금생활자 등을 포함한 모든 주민의 개인소유가 가능해졌고 텃밭경작이 합법화되었다. 또한 개인소유의

33) 북한 당국은 시·군별로 1~2개씩 시장을 개설해 북한 전역에 약 300여 개의 종합시장을 조성할 것으로 알려지고 있다. 임강택(2004), p. 4.

34) 최수영 외(1998) 참조.

대상에 텃밭과 개인부업에서 나오는 생산물뿐만 아니라 합법적인 경제활동을 통해 얻은 수입(소득)을 개인소유로 인정하였는바(제24조), 이는 개인상업 등과 같은 교환, 서비스 및 유통부문에서의 사적 경제활동에 대한 규제 완화 및 확대를 허용하는 조치였다. 이에 따라 단순부업 차원이 아닌 영리목적의 개인수공업, 자영업, 서비스업 등 각종 사적 경제활동이 증대되었다. 이 외에도 사회협동단체의 소유대상에서 부림짐승, 건물 등을 삭제하였는바(제22조), 이는 곧 가축, 주택, 기타 건축물 등에 대한 개인소유의 묵시적 허용을 뜻하며, 식량난·경제난에 따른 주민들의 불법적인 가축사육 및 주택거래 등의 양성화 근거이기도 하였다.

2.2. 주민의 의식변화

식량난으로 인한 사회적 파급효과와 관련해서는 식량구입을 위한 주민이동량의 급증에 따른 주민 상호간 정보유통의 증대, 장마당의 활성화에 따른 주민 간 상호 접촉 및 정보교환의 증대, 그리고 북한 주민의 의식변화 등이 지적되고 있다. 북한 주민의 의식변화는 1990년대를 통해 지속적으로 심화되어 온 식량난을 비롯한 경제난과 1980년대 말 이래 북한의 부분적 체제개방에 따른 외부 사조·문물의 침투가 주요 원인으로 작용하였으며, 식량구입을 위한 주민이동량의 급증과 장마당의 활성화는 북한 주민의 의식변화를 가속화한 요인으로서 작용하였다. 경제난으로 인한 국가공급체계의 붕괴와 경제에서의 비공식 부문의 확산, 그리고 부분적 체제개방에 따른 외부 사조·문물의 침투는 북한 주민들로 하여금 국가와 사회, 집단과 인민보다는 개인과 가족위주의 가치관, 정치·사상보다는 돈과 물질위주의 가치관을 형성하게 하였으며, 식량구입을 위한 주민이동량의 급증과 장마당의 활성화는 이러한 가치관의 확산·심화에 속도를 더했다는 것이다.[35] 또한 이와 같은 가치관 변화에 따라 북한 주민들 사이에는 식량난의 심화과정에서 북한 전역으로 확산된 사회적 일탈 내지 비사회주의적 행위에 대한 인식의 변화가 초래되었다.

이미 알려진 대로 식량난을 비롯한 경제난이 심화됨에 따라 북한 주민들 사이에 일탈 내지 비사회주의적 행위가 증가되었으며, 경제에서의 비공식 부문이 활성화됨에 따라 그 속도와 폭을 더해 갔다. 국가의 생산·공급 시스템이 제대로 작동하지 못하게 됨에 따라 종래 국가의 공급에 의존해 오던 일반주민들 사이에 조직·직장 이탈, 뇌물수수, 국가의 물자 절취·거래, 불법 의료행위, 암거래, 밀무역, 농민들의 식량전용 및 사적 거래 등이 성행하였으며, 텃밭, 부업밭, 뙈기밭(소토지) 등의 사적 경작과 개인부업·서비스업이 확대되었고, 절도와 소매치기 등의 현상이 날로 증가한 것이다. 일반적으로 사회주의 사회에서 이와 같은 추세는 기존 사회질서의 해체라는 위기감을 불러일으키게 되며, 이에 대해 북한도 예외가 아니었는바, 북한 당국은 사상교양을 비롯한 다양한 단속 및 감시체계를 통해 사회통제를 강화해 나갔다. 그러나 식량난이 심화되어 감에 따라 북한 주민들 사이에는 오히려 이러한 행위들을 인정, 수용하는 분위기가 확산되었으며, 이러한 행위들은 식량을 비롯한 생활필수품의 절대적인 부족량을 채우고 생존을 유지해 나가기 위한 불가피한 선택으로서 인식된 것이다.[36] 그러나 일반주민들의 이와 같은 인식이 모든 일탈 내지 비사회주의적 행위에 대해 일률적인 것

35) 이와 같은 북한 주민들의 가치관 변화는 단순히 사회적 병리현상이 아니라 구조적인 사회변화의 선행지표로 보아야 할 것인바, 주민들의 개인주의, 물질주의 중시의 의식변화는 제2경제를 통해 경제적 실용주의를 선택함으로써 대부분 발현되고 있으며, 따라서 제2경제의 역할이 점차 계획부문을 대체함에 따라 주민들의 의식변화는 북한 경제체제의 개혁가능성을 높여 주고 있다는 것이다. 최수영(1997), p. 59.

36) 계획중앙의 통제를 벗어난 이차경제가 일상화됨으로써 위법을 당연시하게 되고 거짓말이나 부당한 수단들을 대수롭지 않게 여기게 되는바, 시장영역의 부상으로 인한 새로운 경제관념과 행태들은 당연히 일정 부분 의식의 변화를 수반하지 않을 수 없다는 견해도 있다. 정세진(2000), p. 288.

은 아니다. 굶주림에 시달리는 일반주민들을 대상으로 한 군인, 열차안전원, 장마당안전원 등의 횡포, 또는 당·정 관료의 직권남용 등에 대해서는 비판적이다. 그러나 또다른 한편으로 북한의 일반주민들은 당·정·군 관계자 등에 대한 뇌물상납을 통한 사회 공적 연결망과의 비공식 관계형성은 생존 차원에서의 부득이한 행위로서 인식한다.

경제난의 악화로 인해 공장, 기업소가 가동을 중단함에 따라 여성들이 가족부양의 책임을 떠맡게 되었으며, 가족부양을 위한 여성들의 경제활동 가운데 하나가 성을 파는 일, 곧 매춘이다. 북한의 여성 관련 가치지향에 따르면 매춘은 용납될 수 없는 일탈행위이다. 여성에 대한 가부장적 내지 보수적 통념이 확산되어 있는 북한사회에서는 여성의 순결을 절대적으로 강조하는바, 여성의 인간적 미는 "어느 남자가 사귀고 싶어하더란 말만 들어도 처녀의 순결을 잃은 것처럼 여기며 모욕으로 받아들이는 순진성"[37]이라고 하는 정도이다. 그러나 식량난이 날로 악화됨에 따라 가족부양을 떠맡은 여성들의 생계유지를 위한 매춘에 대한 북한 주민들의 의식이 달라졌다고 한다. 생계유지를 위한 여성의 매춘에 대해 비난하기보다는 점차 이해하고 동정하는 쪽으로 의식이 바뀌었다는 것이다. 또한 매춘으로 인한 미혼모가 적지 않으나 식량문제 해결을 위한 매춘으로 인해 미혼모가 된 여성에 대해서는 크게 비난하지 않는다고 한다.

> (장마당)의 음식매대 앞에 남자가 나타나면 얼굴에 화장을 진하게 한 장사꾼 여인들이 서로 남자의 팔을 잡고 자기 매대로 들어가자고 승벽내기로 끌었다. 아마 자기 남편에게도 그렇게 하지는 않을 것이다. 살아가자니 정조고 뭐고 상관 없이 음식과 몸을 섞어 파는 그들의 모습은 혐오스럽다기보다 측은한 마음을 불러일으켰다.[38]

---

37) 김해월(1991), p. 67.
38) 권혁(1999), p. 34.

결혼하지 않고 혼자 사는 여성들을 천시하는 것은 북한의 보수적인 사회통념들 가운데 하나이다. 그러나 식량난 이후 출산 및 양육, 가족부양 등에 대한 부담을 이유로 여성들이 독신을 선호하는 경향에 대해서도 이를 비난하기보다는 이해하고 수용하는 쪽으로 주민들의 의식이 달라져 가고 있다고 한다.

체제가 정치적 순응과 물질적 만족을 교환하는 일종의 사회계약하의 의무이행을 수행해 나가는 데 있어 점점 무능해질 때 시민들은 그 수요충족을 위해 이차경제에 의존하게 되며, 이러한 경험의 전환효과는 이중규범적 시민, 즉 일상생활 속에서는 정직하고 순응적인 시민이지만 이차경제와 관련되어서는 그것의 불문율에 의해 살아가는 시민을 낳는다고 한다.[39] 다시 말해서, 이차경제라는 존재 자체가 '이차도덕성(shadow morality)'과 '이차적법성(shadow legality)'이라는 새로운 시스템을 생성시키게 된다는 것이다. 또한 불법적 경제행위들은 범죄집단뿐만 아니라 이차경제에서 적극적인 모든 다른 이들에 의해서도 수행되는바, 따라서 기존의 도덕적 경계선이 확장되어 '이차도덕성'도 일반적으로 수용하게 된다고 한다. 위에서와 같은 사회일탈 내지 비사회주의적 행위에 대한 북한 주민의 의식변화는 이와 같은 맥락에서 이해될 수 있다.

2.3. 사회질서의 혼란 및 사회통제 이완

굶주림의 고통으로 인해 사회가 분열되고 폭력, 절도, 살해 등의 일탈행위가 나타나며, 더욱 비참하게는 가족이 붕괴되는 현상까지 발생한다. 또한 범죄에 대한 저항은 점점 약해지면서 무력해지는바, 이것이 바로 '기아로 상처받은 사회'의 모습이다.[40]

탈북난민들의 증언에 따르면, 식량난이 심화된 1990년대 중반

39) 이 부분에 대해서는 정세진(2000), pp. 287~288 참조.
40) 나초스 지음, 황재옥 옮김(2003), p. 302에서 재인용.

이후의 북한 사회도 '기아로 상처받은 사회'의 모습과 유사하다. 탈북난민들은 말하기를 식량난이 심화됨에 따라, "식량공급은 중단되고 도둑이 매우 활발하였고 사람을 죽이고 뺏어 가는 물건이 많았으며 아부와 아첨이 활개를 치고 권세와 권력이 판을 쳤다. 역전마다 거리마다 거지가 배고파 쓰러져 자고 죽어서 내가고 거리에는 밥 빌러 다니는 사람이 더 많아졌다"라고 한다. 이는 곧 식량난의 악화로 인해 종래 주민통제의 효율적 기제로 작동해 온 배급제가 붕괴되고 생계문제 해결을 단위가족이 부담하게 됨에 따라, 북한 주민들 사이에 사회적 일탈 내지 비사회주의적 행위가 점차 증대되었음을 뜻한다. 예를 들면, 소속직장 및 단체의 학습, 생활총화 등에 불참하는 조직이탈,[41] 노동자의 직장이탈과 무단결근, 당·정 간부 등을 대상으로 한 뇌물수수,[42] 관료의 직권남용, 국가소유의 물자유용 및 거래,[43] 허위진단서 발급 및 개인의료영업 등의 불법 의료행위, 식량문제 해결을 위한 주택의 암거래, 중국 상인들과의 국경 밀무역, 농민들의 식량 전용 내지 국가수매 기피, 절도 등이 그것이다. 이와 같은 일탈 내지 비사회주의적 행위의 근원은 국정가격과 시장가격으로 구성되는 가격의 이중구조화에서 찾아질 수 있으며, 특히 식량가격의 이중구조화로 인해 나타난 비사회주의적 행위의 대표적인 사례 가운데 하나가 농민들이 식량의 국가수매를 기피하는 행위이다. 북한에서 식량의 사적 거래는 주로 도시지역 주민과 농촌지역 주민 간의 물물거래 형태로 이루어졌으나 식량난의

41) 당생활총화에 불참하는 경우 출당, 비판 등의 처벌이 따랐으나 1998년에 들어서는 당원들도 장사하기에 바빠 당생활총화에 나가지 않았으며, 오히려 당비서가 당원들을 찾아다니며 당비를 받아 가고 상부에 개별 보고하는 정도였다고도 한다. ○승○, 2004. 4. 29 면담.

42) 예를 들면, 여행허가증 발급, 상급학교 진학, 직장 재배치와 진급, 주택배정, 건강진단서 발급 등 이권행위와 암시장 거래, 무단 이동, 교통법규 위반 등 불법행위를 묵인하는 조건으로의 뇌물수수가 이루어진다.

43) 한 예로 제약공장은 물론 의사와 약사들이 약품의 공급·유통 단계마다 약품을 빼돌려 장마당 또는 친지에게 판매하는 등 조달약품 횡령행위도 있었다. ○규○의 증언, 통일부 자료; 권혁(1999), pp. 231~232 참조.

심화와 함께 농민시장이 보다 활성화되고, 이 곳에서의 식량가격이 매우 높게 형성됨에 따라 농민들은 국가가 수매할 식량을 몰래 저장해 두었다가 이를 적기에 농민시장에 내다 팔아 적지 않은 이득을 취한다는 것이다. 또한 이른바 '배급비리' 역시 식량가격의 이중구조화로 인해 나타나는 일탈행위 가운데 하나라고 하겠다. '배급비리'에 관해서 한 중국 거주 탈북난민은 다음과 같이 전하고 있다.

> 배급비리의 가장 흔한 방법이 지도일꾼이 다급한 일반인민들에게서 배급표를 1킬로그램당 10전 정도의 가격으로 사 모은다. 그래서 배급소에 쌀이 들어오면 우선 배급을 받고 그 배급받은 식량을 친척을 통해서 장마당에 내다 팔아 500~800배의 이윤을 얻는다. 이런 현상이 많이 일어난다. 이럴 경우 배급표상으로는 모든 인민들에게 분배되는 것으로 기록되지만 실제로는 장마당으로 나가게 되는 것이다.[44]

식량난이 심화됨에 따라 도둑·소매치기·강도 등의 일탈행위도 많아진 것으로 알려지고 있다. 특히, 장마당에서 꽃제비들이 음식을 덮쳐 먹거나 소매치기를 하며 그 대상은 대부분이 장보러 오는 여자들이나 장사하는 여자들, 또는 나이 많은 사람들이라고 한다.

절도는 일반주민들의 돈이나 식량을 비롯한 물품을 훔치는 행위와 국가소유의 물자를 훔치는 행위로 이루어지며, 특히 국가를 상대로 하는 절도는 통상 '조절(調節)'이라고 말한다. 이른바 '조절' 사업의 대상은 일반주민들에게 있어 국가재산이라고 인식되어 온 공장과 광산, 농촌의 모든 기계부품과 생산품, 자재, 원료, 알곡, 채소 등이다. 또한 이와 같은 국가재산을 횡령 내지 '조절'하는 것은 엄연한 생존수단으로 인정되며, '조절'할 줄 아는 사람이 능력 있고 현명한 사람으로 인식되고 있다고 한다.[45]

---

44) 좋은벗들 엮음(2000), p. 78.
45) 김승철(2000), pp. 36~42 참조.

식량을 얻기 위한 구걸행위도 급증하였는바, 한 조사결과에 따르면 조사에 응한 1993년 이전의 탈북주민들 가운데서는 6.9%만이 구걸을 했으나 1994년 이후의 탈북주민들 가운데서는 21.5%가 구걸행위를 한 것으로 나타났다.[46]

남성들과 마찬가지로 여성들 사이에서도 사회적 일탈 내지 비사회주의적 행위가 적지 않게 있었음은 북한의 여성단체 '조선민주녀성동맹'(이하 여맹)의 기관지인 『조선녀성』을 통해서도 잘 알 수 있다. 1990년대 말부터 『조선녀성』에는 식량난의 과정에서 여성들 사이에 일탈 내지 비사회주의적 경향이 확산·심화되었음을 다음과 같이 밝히고 있다. 한 초급여맹위원회에서 여맹원들의 조직사상 생활정형을 '개별 진단'하는 사업을 진행하였는바,

> 그 과정에 녀맹원들 속에서는 부족점이 적지 않게 나타났다. 녀맹조직에서는 녀맹원들의 결함을 부류별로 분석해 보았다. 여기서 문제점은 저 하나의 리기만을 생각하면서 생활에서 이러저러한 비사회주의적 경향이 발로 되고 있는 것이였다.[47]

라고 한다.

다음의 글에서는 여맹원들 사이에 개인 이기주의로 인해 부업에만 몰두하거나 가출하는 등 비사회주의적 행위들이 나타나고 있으며, 이러한 행위들이 조직사상 생활지도에 의해서도 통제가 잘 되지 않고 있음을 시사하고 있다.

> 사실 우리 초급녀맹위원회에도 "고난의 행군", 강행군으로 생활이 좀 어려워지자 일부 녀맹원들 속에서는 제 하나 살아 나갈 궁리를 앞세우면서 건전하게 혁명적으로 생활하지 못하는 현상들이 나타났다. ……초급녀맹위원회는 초급단체별로 문제성 있는 녀맹원들을 부류별로 장악했다. 구체적으로 료해해 보니 3초급단체

46) 박현선(1999), p. 148.
47) 『조선녀성』(1999. 3), p. 31.

와 4초급단체를 비롯한 초급단체들의 일부 녀맹원들이 조직생활을 걸써 대하며 바다에 나가 조개잡이나 텃밭농사에 신경을 쓰는 현상이 있었으며, 그전처럼 서로 돕고 이끄는 기풍도 높이 발휘되지 못하고 있었다. 더우기 3초급단체의 현동무는 별치 않은 문제로 가정을 버리고 들락날락하는 현상도 있었다. ……이로부터 초급녀맹위원회는 ……모두가 정규화 생활에 빠짐없이 참가하도록 장악과 통제를 강화하는 데 깊은 주의를 돌렸다. ……하지만 일반적 장악과 통제만으로는 결함이 단꺼번에 극복되지 않았다. 처음에는 조직생활에 잘 참가하는 것 같더니 또 낡은 생활습성이 되살아나 자유주의적 요소가 발로되였다.[48]

직장을 다니지 않는 30세 이상의 여성들이 의무적으로 가입해야 하는 여맹을 비롯한 각종 근로단체의 조직생활에도 여성들은 소극적으로 참여했던 것으로 보인다. 이와 관련해 새터민 여성들은 다음과 같이 말하고 있다.

최근에는 조직생활도 못해요. 굶어 죽는데 조직생활 하겠어요? ……옛날같이 통제하기 힘들어요. 옛날보다 많이 약화됐어요. 최근에는 많이 변질됐어요. ……거기 사람들도 다 싫어해요. 검열 들어온다고 하면 책임자가 쓱쓱해서 내고, ……조직생활 안 참여해 본 적이 꽤 되었어요. 거기 사람들도 이제는 합리주의적으로 나가거든요. 웬만하면 나도 좋고 너도 좋고 그러자 하는 거죠.[49]

아무리 힘들어도 조직생활은 열심히 했다고 말하는 여성들도 적지 않다. 특히, 인민반장과 같은 책임 있는 지위에 있는 여성들과 50대 이상의 여성들은 여맹조직생활에 충실한 다음에 부업을 했다고 말한다. 그러나 다음의 증언을 통해 보면 당조직이나 그 외 다른 근로단체조직에 비해 여맹조직생활에 대한 통제가 덜했으며, 따

48) 『조선녀성』(2000. 6), p. 34.
49) 박현선(1999), p. 196에서 재인용.

라서 여맹원들이 상대적으로 여유를 가지고 조직생활을 한 것으로 짐작된다.

> 여맹조직은 가정주부들이 참여하는 거라서 그렇게 조직이 강하지 않아요. ……그리고 웬만하면 출맹을 안 주어요. 사회에 나와서 중요하게 생각하는 것이 당에 입당하는 건데 출맹을 당하면 당에 입당을 못해요. 그러니 사회적으로 매장이 되는 거지요. 그런데 여맹조직은 집에서 노는 사람인데 출세할 일이 있겠어요. 그러니 조금 공간의 자유가, 여유가 있다고 보는 거지요.[50)]

식량난으로 인한 일반주민들의 고통을 보다 가중시킨 요인은 군인, 장마당안전원, 열차승무안전원 등에 의한 횡포였다고 한다.[51)] 이 가운데 특히 군인들의 횡포는 이른바 선군사상·선군정치의 등장에 따른 이들의 권력·권한 강화와 경제난 악화 이후의 사회체제 이완에 따른 군의 직접적인 사회통제 가담으로 인해 심화되었으며, 특히 굶주림에 시달린 일반사병들의 횡포가 심했던 것으로 알려져 있다. 관련 증언들을 종합해 보면, 군인들은 민가에 침입해 가축을 잡아가거나 돈 또는 물건을 훔쳐 가며, 장마당에서 음식을 마음대로 먹고 장사하는 여자들을 폭행하기도 한다. 또한 짐을 지고 지나가는 사람들을 때리고 돈과 물건을 빼앗아 가지고 달아나기도 하며, 열차승객들을 괴롭히기도 한다.

> 열차에서는 군인들이 창문마다 지켜 서서 돈이나 물건을 받고 사람들을 올려 주고 있었다. 여행객들은 승강기에도 못 오르고 어쩔 수 없이 창문 앞에 앉은 군인이나 다른 사람들에게 돈 아니면 술, 담배를 주고 열차에 오르고 있었다.[52)]

---

50) 박현선(1999), pp. 194~195에서 재인용.
51) 권혁(1999) 참조.
52) 권혁(1999), p. 224.

북한은 1998년 9월 헌법개정시 "공민은 거주, 려행의 자유를 가진다"(제75조)라는 조항을 신설하였으나, 2001년도 UN에 제출한 제2차 정기보고서에서는 "'여행규정' 제6조에 따라 여행을 원하는 공민은 여행증을 발급받아야 한다"라고 보고함으로써 법규정에도 불구하고 현실적으로는 여전히 이동의 자유를 통제하고 있음을 시사했다. 실제로도 북한 주민이 통행증명서 없이 장사 등을 위해 지역이동을 하다 단속에 걸리는 경우에는, 열차안전원에게 물건을 빼앗기고 벌금을 내거나 집결소에 끌려가 일정 기간 강제노동을 해야 하며 그 과정에서 심한 폭행으로 사망하는 경우도 있다고 한다. 따라서 통행증 없이 승차한 대부분의 주민들은 이를 모면하기 위해 열차안전원들에게 뇌물을 바치며, 그렇지 못한 경우에는 열차에서 쫓겨나 객사하는 사례도 적지 않다고 한다. 이와 같은 열차안전원의 횡포는 다음의 인용문에서 잘 나타나고 있다.

> 벌금을 물지 못한다고 가는 도중에 아무 역에나 내려놓습니다. 아무 역에나 내리면 아들집이나 딸집이 아직도 거리가 먼 곳에 있기 때문에 걸어서 가다가 굶어 죽고 얼어 죽은 사람이 얼마인지 헤아릴 수가 없습니다.[53]

식량난을 비롯한 경제난 악화 이후 북한 당국의 일반주민들에 대한 감시 및 단속이 강화되었으며, 인민반, 동사무소, 근로단체조직, 당조직 등과 같은 기존의 조직보다는 국가보위부 지하망을 통한 감시가 크게 강화되었다는 증언도 있다. 일종의 보위부 '앞잡이'에 의한 감시가 강화되었는바, 일정 지역 관할을 위해 파견된 보위부원이 그 지역의 인민반에 앞잡이를 두고 2~3일에 한 번씩 동향을 파악하게 하였다는 것이다.[54] 장마당에는 국가보위부, 사회안전부

53) (사)좋은벗들(2004), p. 51.
54) ○금○, 2004. 4. 29 면담.

(현 인민보안성), 청년동맹 불량소조, 9·27상무대, 시안전부 감찰과 소속 노동자규찰대 등에서 나와 불량행위와 화폐장사, 단속물건 거래 등과 같은 비사회주의적 행위를 단속하며, 식량문제 해결을 위해 국경을 넘는 탈북자가 많아짐에 따라 무산, 회령, 온성 등 국경 연선지대에서는 여행증 외에도 외출증을 소지해야 했다고 한다.[55) 그러나 이와 같이 감시 내지 단속이 강화되었음에도 불구하고 식량난의 심화과정에서 일탈 및 비사회주의적 행위들이 제대로 통제되지 않았으며 사실상 제대로 통제하지도 않았다. 단속에 적발되는 경우에는 거의 모두가 금전 및 물품 등의 뇌물로 무마되었으며, 특히 식량문제와 관련된 불법행위는 묵인되는 편이었다고 한다.

2.4. 가족해체

식량난의 악화로 인해 국가주도의 생산·분배 시스템이 정상으로 가동하지 못하고 생계문제 해결을 단위가족이 부담하게 된 이후, 초기에는 가족구성원 간 분업 및 협업을 통한 유대가 공고한 편이었다. 그러나 점차 가족 간 분업 및 협업의 의의를 상실할 만큼 가족단위의 생계유지가 어렵게 됨에 따라 가족이 해체되는 현상이 나타나기 시작하였다.

한 조사결과에 나타난 가족해체의 비율을 보면, 1993년 이전에 탈북한 조사대상자들에 있어서는 응답자의 6.9%가 가족해체를 경험하였으나, 1994년 이후에 탈북한 조사대상자들에 있어서는 응답자의 20.0%가 가족해체를 경험한 것으로 나타나 식량난 심화과정에서 가족해체현상이 크게 증가하였음을 말해 주고 있다.[56) 이를 입증하듯 중국 거주 한 탈북난민도 자기가 살고 있던 마을의 약 40%에 달하는 가정이 굶주림으로 붕괴되거나 식량을 찾아 마을을 떠나

55) ○순○, 2004. 4. 29 면담.

56) 박현선(1999), p. 174.

서 이미 자취를 감추었다고 밝혔다.[57] 또한 1990년대 말경에는 식량문제 해결을 위해 떨어져 사는 부부가 전체의 30~40% 가량 되었다는 보고도 있다.[58]

가족해체현상은 식량난이 심화됨에 따라 보다 많아졌는바, 한 새터민 여성에 의하면 가족해체는 1998년이 가장 정도가 심하였으며 당시 회령시 아파트가 거의 비어 버렸을 정도였다고 한다.[59]

한 연구결과에 따르면 가족해체는 그 성격에 따라 빈곤문제가 파생시킨 '가족문제'의 형태로 나타나거나, 빈곤문제를 해결하기 위한 '가족전략'의 형태로 나타난다.[60]

여기에서 전자는 빈곤문제가 가족에 초래하는 가장 극단적인 영향인 가족구성원의 사망 등에 의한 '수동적인' 가족해체이다. 후자는 더 이상 가족 내의 자원으로 빈곤문제를 해결할 수 없을 때 가족구성원이 살기 위해 각각 흩어지는 '능동적인' 가족해체이다. 다시 말해서, 수동적인 가족해체는 빈곤의 수동적 부산물로서 '가족문제'에 해당하고 능동적인 가족해체는 빈곤문제를 해결하기 위한 전략으로서 '가족전략'에 해당한다. 식량난으로 인해 발생한 북한의 가족해체현상과 관련해 주목할 만한 것은 능동적 형태의 가족해체인 가족전략의 구체적 내용들 가운데 하나인 '가족구조의 변화전략'이다.[61] 가족구조의 변화전략은 이동전략과 아동유기전략 등으로 구성되며, 이 전략은 가족이 자체의 자원만으로 구조적 압력에 대응할 수 없을 때 가족의 규모를 줄이는 가족구조의 변화를 통해 가족의 생존력을 높이는 방안이다. 구체적으로 이동전략은 가족의 생계유지 자체가 곤란할 때, 가족구성원의 일부가 도시로 일자리를 찾아 이주하여 부모의 부양부담을 덜면서도 그들의 임금이 가

57) 나촌스 지음, 황재옥 옮김(2003), p. 105.
58) 최명숙(1999), p. 12.
59) ○승○, 2004. 4. 29 면담.
60) 박현선(1999), p. 112 참조.
61) 위의 글, pp. 17, 20~21 참조.

족경제에 실질적인 도움을 주는 방안을 의미한다. 아동유기는 아동을 보호하지 않거나 보호가 없는 상태로 내버려 둠으로써 가족구성원의 수를 줄이거나 가족의 소비규모를 줄이는 것을 의미한다.

식량난의 과정에서 나타난 북한의 가족해체현상도 위와 같은 수동적인 형태와 능동적인 형태로 구분하여 고찰할 수도 있다. 그러나 구체적으로는 다소 유형을 달리하고 있으므로 관점을 달리하여 가족구성원이 의도하지 않은 가족해체와 가족구성원의 일부, 또는 모두가 의도한 가족해체로 나누어 논하기로 한다. 여기에서 가족구성원이 의도하지 않은 가족해체는 곧 수동적인 형태에 해당하며, 가족구성원의 일부, 또는 모두가 의도한 가족해체는 능동적인 형태에 해당하는 것이라 하겠다.

가족구성원이 의도하지 않은 가족해체는 무엇보다도 식량난에 따른 기아와 질병 등으로 인해 가족구성원이 연이어 사망함으로써 초래되거나, 아니면 가족구성원 일부의 사망을 계기로 하여 나머지 가족구성원 간 합의에 의해 발생하기도 하였다.

> 선후로 남편과 둘째 아들이 끝내 병으로 세상을 떠나갔습니다. 남은 우리 네 식구는 집을 판 돈을 나누어 가지고 두 자식과 시동생을 길주에 있는 시누이 집에 찾아가 보게 하고, 저는 중국에 있는 오빠의 집에 찾아왔습니다. 우리 가정은 끝내 이렇게 흩어지고 말았습니다.[62]

가족구성원이 의도하지 않은 가족해체는 가족구성원의 일부가 행방불명으로 처리됨으로써 초래되기도 하였다. 특히, 가족부양을 책임진 여성이 식량구입을 위해 국경을 넘어 중국에 체류하는 동안 뜻하지 않게 북한 거주 가족과 연락이 단절되거나, 또는 다른 지역으로 장사를 떠나 본의 아니게 장기간 집을 비운 동안에 가족과 연락이 단절되어 결국 행방불명자로 처리되고, 이후 남편의 사망, 자

62) 박현선(1999), p. 175에서 재인용.

녀들의 가출이 이어지면서 가족해체가 발생하였다. 중국 거주 탈북 난민을 대상으로 한 조사결과에 따르면 조사대상자의 86.0%가 식량난으로 행방불명된 가족이 있다고 답하였는바,[63] 가족구성원의 행방불명으로 인한 가족해체가 적지 않았음을 알 수 있다.

가족구성원의 일부, 또는 모두가 의도한 가족해체로는 먼저 가족단위의 생계를 유지할 수 없어 가족이 뿔뿔이 흩어진 사례를 들 수 있다.

> 우리 가정은 어머님과 안해, 딸 이렇게 네 식구가 단란하게 지냈다. 하지만 몇 해째 배고픈 고생을 하다못해 나는 안해보고, 우리 인제 더는 이렇게 견딜 수 없으니 당신은 당신대로 갈 데를 가고 아이는 어머님한테 맡기고 나는 중국으로 탈출하겠다고 말하고 이튿날 집식구들과 작별인사를 하고 여기까지 오게 되었다.[64]

부부의 이혼도 가족구성원이 의도한 가족해체의 한 원인이라 하겠다. 식량난의 직·간접적인 영향으로 인한 이혼은 배우자가 장사를 하기 위해 집을 떠나 다른 지역을 떠돌거나, 중국 등 제3국으로 탈북하여 체류하고 있는 동안에 남아 있는 배우자의 외도로 인한 이혼, 또는 남편의 경제적 무능력을 이유로 한 이혼 등이 있다. 특히, 식량난이 심화된 '고난의 행군기간'에 남편의 경제적 무능력을 이유로 한 여성에 의한 이혼제기가 적지 않았으며, 이혼율이 급증함에 따라 2002년 7·1경제관리개선조치 이후에는 이혼은 허락하되 이혼을 제기한 쪽에 벌금을 많이 부과하는 방법으로 이혼을 억제한 것으로도 알려져 있다.[65] 다음의 예는 남편의 경제적 무능력

63) 좋은벗들(2000), pp. 32~33.

64) 좋은벗들 엮음(1999), p. 128.

65) 김○욱, 2004. 1. 9 면담; 그러나 일부 북한 이탈여성들에 따르면 식량난 이후 남자의 경제적 무능력을 이유로 한 여성들의 이혼제기는 드문 편이었으며, 이혼도 잘 되지 않았으므로 아예 여성들이 가출하여 중국으로 가는 경우가 적지 않았다고 한다. ○금○, 2004. 4. 29 면담; 또한 오히려 여자가 생활력이 없다고 이혼을 제기 하는 남자가 많은 편이었으며 남자들은 이혼 후에 돈 잘 버는 여자

을 이유로 이혼을 제기한 여성의 사례이다.

> 내 힘으로 자식 셋을 먹여 살리기는 정말로 힘들었다. 그래서 남편에게 갈라지자고 말했다. ……남편은 직장에서 배급도 로임도 주지 않자 출근도 않고 방구석에 앉아 담배만 피워댔다. 집에 들어가면 담배와 석유냄새로 숨이 탁 막혔고 이런 남편이 보기 싫었다. 그러던 중 나는 리혼을 제기했고 남편은 할 수 없이 승낙하였다. 하여 딸 둘은 내가, 아들은 남편이 데리고 살기로 했다.[66]

부부의 정식 이혼 외에도 식량문제 해결을 위해 장기간 부부가 떨어져 생활하는 동안에 어느 일방이 새로운 배우자를 선택하여 사실혼의 관계를 유지해 나가고, 그 과정에서 자녀들이 가출함으로써 한 가족이 해체된 사례도 적지 않다.

식량난이 초래한 의도적 가족해체는 극단적 행위인 가족동반자살로 인해 발생하기도 하였다.[67] 대부분의 동반자살은 주로 어린아이들이 있는 젊은 부부들에 의해 행해졌는바, 생계유지에 지쳐 죽음을 계획한 부모들이 자신들의 사후에 어린자녀들이 '꽃제비'로 유랑생활할 것을 우려해 동반자살을 결행한다는 것이다. 관련 증언에 따르면, 1997년 6월경에 함흥시 병원의 내과의사 가족 6명이 "입밥과 명태국"에 약을 넣어 먹고 동반자살한 사건도 있었다고 한다.[68]

식량난의 과정에서 발생한 부모에 의한 자녀유기도 의도적 가족해체의 한 원인이 되었다. 부모에 의한 자녀유기는 무엇보다도 이혼, 또는 배우자의 사망 후 양육에 대한 부담으로 인한 사례가 많은 것으로 전해지고 있다.

와 재혼한다고 말하는 새터민 여성도 있다. ○경○, 2004. 4. 16 면담.

66) (사)좋은벗들 엮음(1999), pp. 36~37.

67) 기아로 인한 동반자살은 1942년 중국의 기근 때에도 발생하였다. 나초스 지음, 황재옥 옮김(2003), p. 112.

68) (사)좋은벗들 엮음(1999), p. 67.

무엇보다 식량난이 겹치면서 가정이 함께 살면 무리죽음을 당하기에 서로 울면서 이혼 아닌 이혼을 하는 일들이 무척 많아졌다. ……그러니 자연히 버려지는 아이들이 늘어나고 있다.[69]

세 살 먹은 남자아이와 그의 네 살짜리 누나, ……그들은 이름과 나이가 적힌 종이를 각자의 목에 걸고 있었다. 그들 부모는 자신들보다 형편이 나은 상인이 아이들을 데려가 거두어 주기를 바라면서 그들을 시장에 내다 버린 것이었다.[70]

또한 부모의 자녀유기는 식량문제 해결을 위해 중국으로의 탈북을 도모하고 이를 실행하는 과정에서 자녀로 인한 생활상 내지 안전상의 부담을 이유로도 발생하였다. 이를테면 더 이상의 생계유지가 거의 불가능해진 상황에서 오직 살길은 국경을 넘어 중국으로 가는 것뿐이라는 판단 아래 중국 생활의 어려움을 덜기 위해 아이를 버리는 부모가 있는가 하면, 국경을 넘는 과정에서 아이의 울음소리 등으로 인한 국경경비대의 추적을 우려하여 아이를 버리는 부모들도 적지 않았다.

남편과 사별한 후 돌이 채 되지 않은 자녀를 데리고 동무를 따라 중국으로 넘어가던 중에 '그런데 애기는 배가 고프다고 울기만 하는데 젖도 나지 않고 암죽도 없기에 우는 아이를 업고 보초선을 피해 도강할 수 없게 되었다. 할 수 없이 독한 마음을 먹고 애기를 한 집 문 앞에 갖다 놓고 도강하여 중국에 왔다'.[71]

매우 드물게 나타난 것이기는 하나 부모가 자녀의 생존을 위해 자녀를 인신매매한 사례도 있었다.

69) 권혁(1999), p. 168.
70) 나초스 지음, 황재옥 옮김(2003), p. 104에서 재인용.
71) 좋은벗들 엮음(1999), p. 104.

이웃집에서는 너무나 굶고 허덕이니 어떻게 하면 살 수 있겠는가! 궁리 끝에 5세 난 아들애를 장에 나가 팔려고 하였다. 굶어 죽을 바엔 차라리 잘 사는 집에 가면 그래도 살릴 수가 있지 않겠는가. ……중국 손님 한 분이 지나가다 보고 차마 눈을 뜨고 볼 수 없는 상황에 200원 주고 주인과 가만히 몇 마디 상의하고 가버렸다. 아마 저녁에 기회를 봐서 중국 땅에 데려가 달라 한 것 같다.[72]

식량난이 초래한 아동유기는 자녀양육을 포기하는 행위로도 나타났으며, 이는 북한 내에서보다 주로 중국에서 이루어졌다. 이와 관련된 예로는 남편과 사별한 후 자녀 3명을 데리고 중국으로 넘어와 아이 셋을 각각 한족과 조선족에게 주어 버린 여성의 사례가 있는가 하면, 아이를 제대로 살릴 수 없을 것 같아 중국으로 넘어가 해산한 후 즉시 남에게 주어 버린 여성의 사례도 있다.[73]

식량문제 해결을 위한 가족구조의 변화전략으로서의 아동유기는 북한만의 현상이 아니다. 아동유기는 기근을 겪는 다른 빈곤지역에서도 나타나는 현상인바,

수단 남쪽지방에 거주하는 부족은 기아에 대처하기 위한 작동체계로서 10대 소년을 내다 버렸다. 이 지역은 소년이 장가갈 때 전통적으로 혼례지참금 형식으로 소를 신부측에 주어야 하는 전통이 있다. 결과적으로 딸을 가진 신부측은 가족재산이 늘어나는 반면 아들을 가진 신랑측은 소를 잃게 되는 재산의 감소를 가져온다. 이러한 경제적 계산법은 위기가 닥쳤을 때 생존을 결정하는 주요한 요인으로 작동된다.[74]

는 것이다.

가족부양을 책임진 여성이 식량문제 해결을 위해 단기간 예정

72) 위의 책, p. 158.
73) 위의 책, pp. 116~117.
74) 나초스 지음, 황재옥 옮김(2003), p. 102.

으로 국경을 넘었다가 아예 중국에 정착함으로써 가족해체를 초래하거나 주부의 의도적 가출로 인해 가족해체를 초래한 사례들도 적지 않다. 특히, 주부의 가출현상은 주로 20·30대 젊은 기혼여성들 사이에서 나타나며 가족부양에 대한 부담, 남편의 폭력, 남편의 경제적 무능력 등이 주요 원인으로 작용하였다.

> 안해와 아들, 그렇게 세 식구가 살았다. ……살기가 점점 힘들어지자 안해는 나와 어린 아들애를 버리고 어디론가 달아나 버렸다. 나는 눈앞이 캄캄하였다. 쌀 한 톨도 없는데다가 안해까지 달아나고 없으니 기가 막혔다.[75)]

> 피나게 뛰면서 벌어도 차려지는 것은 죽물도 안 되니 남편과 자식들을 버리고 중국으로 도망쳐 왔다. ……내가 조선에 있을 때 남편이라는 사람은 매일 술을 마시고 들어와 나를 두들겨 팰 때가 한두 번이 아니었다.[76)]

> 우리 구역에서는 남성들을 '멍멍이'라고 합니다. 여성보다 악이 없고 살 의욕이 약하여 집 지키는 '멍멍이'라 부릅니다. 여성들은 이런 멍청이 '멍멍이'를 먹일 수 없으므로 여성은 하는 수 없이 아이를 데리고 살길을 떠나갑니다.[77)]

한 새터민 여성에 의하면 1990년대 말 이래 주부의 가출사례가 급증하였으며 가출한 주부들은 장마당에서 장사를 하거나, 역전에서 매춘행위를 하거나, 아니면 탈북하여 중국 조선족이나 한족과 매매혼 내지 사실혼의 관계를 맺고 살았다고 한다.[78)]

---

75) (사)좋은벗들 엮음(1999), p. 37.
76) 위의 책, pp. 40~41.
77) 박현선(1999), p. 175에서 재인용.
78) ○승○, 2004. 4. 29 면담.

3 식량난이 북한 여성에게 미친 영향

3.1. 노동부담 증대와 건강악화

3.1.1. 노동부담 증대

북한이 여성들에게 요구하는 역할은 전통적인 부덕을 지닌 주부로서의 역할과 사회주의 건설에의 적극적 참여자로서의 혁명가적인 역할이며, 이로써 북한 여성들은 사회주의 건설현장으로의 조직동원과 가사전담이라는 이중부담을 겪고 있다. 북한은 정권창립 이전부터 여성들로 하여금 가사전담이라는 전통적인 여성의 역할을 충실히 수행하도록 못 박고 동시에 건국사업에 적극적인 참여를 통한 남녀평등 구현을 내세워 여성의 노력동원을 합리화시켰는바, 이는 1946년 김일성의 한 연설을 통해서도 잘 엿볼 수 있다.

> 물론 녀성들이 가정일을 하여야 합니다. 그렇다고하여 녀성들이 가정일에만 매달려 나라일에서 제외되여서는 참말로 남성들과 평등해질 수 없는 것입니다. 자녀를 키우며 가정살림을 알뜰히 꾸릴 뿐 아니라 직접 건국사업에 로력적으로 도움을 주도록 하여야 할 것입니다.[79)]

식량난을 비롯한 경제난이 심화됨에 따라 전통적 주부로서의 역할과 혁명가로서의 역할을 병행해 나가는 데 따른 북한 여성의 이중노동부담은 보다 더 가중되어 가고 있는 것으로 알려지고 있다. 경제난이 악화됨에 따라 가사노동 및 자녀양육의 사회화 조치들이 제대로 운용되지 못함에 따라 북한 여성들이 과도한 노동부담

79) 김일성(1979), p. 217.

에 시달리고 있으며, 특히 식량문제 해결과 관련한 가사노동의 양이 크게 증가했다고 한다. 가족부양을 떠맡은 여성들은 식량을 구하기 위해, 또는 장사를 하기 위해 장거리를 오랜 시간 걸으며,[80] 대체식품 마련을 위해 산과 들에 나가 산나물, 풀뿌리, 나무껍질 등을 채취하고, 산비탈을 개간하여 뙈기밭을 만들어 농작물을 경작한다는 것이다. 특히, 뙈기밭은 단순히 황무지를 농지로 개간하는 것이 아니라 산비탈을 깎아 땅을 완전히 새로 개척해야 하는 일로 힘든 노동을 요구하는 것이라고 한다.

> 주민들은 심하면 평균 30~60도 이상의 비탈진 산기슭에 올라가 밭을 일구었다. 원래 야산이기에 각종 나무와 거친 풀들을 베어 내야 한다. 땅에 박혀 있는 돌덩어리들을 거두어 내고 바위를 치워야 한다. 이 모든 것을 단지 낡은 옛날식 연장 몇 개와 맨손으로 일군다. ……물을 끌어올 관개시설이 없기 때문에 산비탈에서 다시 가까운 강이나 저수지로 내려가 일일이 직접 물을 길어와야 한다. 만성적으로 굶주린 상태에서 땅을 개간하는 것은 그야말로 '죽을 힘'을 다하지 않으면 안 되는 것이었다.[81]

북한 여성의 가사노동부담은 전력난으로 인해 가중되기도 하였는바, 수도물 공급이 제대로 되지 않아 물을 길어 날라야 했으며, 특히 고층아파트 입주자들은 승강기가 작동하지 않아 20~30층을 오르내리며 물을 길어 날라야 하는 등 과도한 노동에 시달렸다고 한다. 또한 북한 사회에서도 가족 내의 노인이나 병약자를 돌보는 일, 그리고 가족 내의 갈등을 조절하는 역할과 같은 복지기능은 사회에

80) 장마당 등 일정한 장소에서 장사하는 사람이 대략 40%이고 나머지 60%는 배낭을 메고 시골로, 타지방으로 다니면서 장사를 하며 열차편을 이용하기도 하나, 여행증명서 발급의 어려움과 지나치게 많은 열차이용객들로 인한 탑승의 어려움 때문에 몇백 리 길을 걸어 다니며 장사하는 사람들이 많다고 한다. 림금숙(1999), p. 24.

81) (사)좋은벗들 엮음(2004), p. 63.

서 해결되기보다는 가족 내에서 여성들에 의해 수행되고 있다고 할 때,[82] 식량난의 과정에서 이와 같은 역할은 여성들의 가사노동부담을 한층 더 가중시키는 요인으로 작용했을 것이다. 그런가 하면 경제난과 함께 실직하여 가정으로 돌아온 기혼여성들은 가사노동 외에도 인민반에서 조직하는 각종 무보수노동(위생청결, 협동농장 지원 등)에 무조건 동원되었으며, 이로써 여성들의 이중노동부담을 더해주었다.

1972년 제정된「사회주의 헌법」제62조는 "녀자는 남자와 똑같은 사회적 지위와 권리를 가진다. ……국가는 녀성들을 가정일의 무거운 부담에서 해방하며 그들이 사회에 진출할 온갖 조건을 보장한다"라고 규정하고 있다. 그러나 1998년의 개정헌법 제77조에서는 "녀자는 남자와 똑같은 사회적 지위와 권리를 가진다. ……국가는 녀성들이 사회에 진출할 온갖 조건을 지어 준다"라고 명시하여 "녀성들을 가정일의 무거운 부담에서 해방하며"라는 문구를 삭제하였으며, 이로써 식량난을 비롯한 경제난 악화로 인해 가사노동의 사회화, 자녀양육의 사회화 시책이 축소 내지 약화되었음을 시사하였다. 요약하건대, 이와 같이 경제난의 과정에서 가사노동 및 자녀양육의 사회화 시책이 축소되고 가정에서 가사 및 양육분담이 이루어지지 않음으로써 북한 여성들은 과도한 노동부담에 시달리고 있으며, 이로 인해 여성들의 삶의 질이 크게 떨어지고 있다.

3.1.2. 건강악화

1990년대 중반 이래 수 년간에 걸친 북한의 기근은 적게는 수십만, 많게는 1백만 이상의 북한 주민들을 영양실조와 이로 인한 질병, 또는 비위생적 식수와 물 부족 등의 불결한 생활환경으로 인한 전염병 등으로 희생시켰으며, 그 대상은 주로 어린이와 노인, 그

82) 김경희(2001); 미래인력연구센터 편(2001), p. 168; 김영란(2001), p. 59에서 재인용.

리고 여성[83]들이었다. 다른 북한 주민 모두에게 일반적이듯 기근으로 인한 북한 여성들의 희생 역시 영양실조에서 비롯되었다.[84] 그러나 굳이 차별화한다면 북한 여성, 특히 어머니들은 나머지 가족들을 위해 음식을 먹지 않거나, 줄임으로써 상대적으로 영양실조로 인한 건강악화가 보다 심각했던 것으로 알려지고 있다. 새터민 여성들에 따르면 대부분의 어머니들은 자신을 제외한 나머지 가족들을 먼저 먹이고 음식이 남으면 겨우 한 끼니를 때우는 정도였으며, 4~5일씩 굶는 경우도 드물지 않아 영양실조로 인해 발병하는 펠라그라, 결핵 등으로 사망하는 사례가 많았으며, 특히 할머니들의 사망률이 높았다고 한다.[85] 또한 새터민 여성들은 어머니들이 "한 공기의 죽도 남편과 자식들을 위해 양보"[86]하는 이와 같은 실태가 근본적으로 남성위주의 가부장적 가정문화에서 비롯된 것임을 한결같이 전하고 있다. 이를테면 가정에서 남편과 아들은 세대주, 집안의 기둥이기 때문에 먼저 챙겼으며, 또한 응당 그래야 한다고 생각했고, 남편과 자식들을 위해 어머니 자신은 소량의 옥수수가루, 또는 밀가루를 물에 풀어 들풀을 넣고 끓인 풀죽으로 하루 한 끼를 때우거나 아예 굶는 경우가 많았다는 것이다. 식량난중에 북한에서 가장 형편이 나았다고 하는 평양에 거주했던 한 탈북난민도 "남성들은 군에 가면 배고픈 고생은 없었지만 휴가 때 집에 가면 밥상에서

83) 1997년 미국의 북한 식량난 관련 공식 평가에 따르면, "동북지역과 서북의 일부 지역에서 5%와 10%에 이르는 기아와 관련된 사망률이 나타나고 있다. 하루에 지급되는 150g의 식량은 최근에는 중노동을 하는 남자에게만 한정해서 배급하고 있다. 보고된 바에 의하면 그 지역에 거주하는 일반여성들은 전혀 배급을 받지 못하고 있다"라고 한다. 나초스 지음, 황재옥 옮김(2003), p. 207.

84) 2002년 10월 유엔아동기금(UNICEF)과 세계식량계획(WFP)이 북한 당국과 함께 전국적으로 실시한 어린이와 어머니의 영양실태 조사결과에 따르면, 조사대상 어머니의 약 1/3이 영양실조와 빈혈에 시달리고 있는 것으로 나타났으며, 이와 같은 어머니들의 영양실조가 어린이 영양실조의 주요 요인들 가운데 하나인 것으로 지적되었다. UNICEF, *Nutrition Assessment 2002 D.P.R. Korea* 참조.

85) ○주○ · ○춘○, 2004. 4. 14 면담; ○명○, 2004. 4. 29 면담.

86) 로동신문, 「당의 참된 딸로 사는 행복」, 2000. 3. 8.

늘 눈치를 보았다. 남편, 아들이 우선이다 보니 녀동생들과 어머님은 늘 제대로 잡숫지 못했을 것이다"[87]라고 말한다. 한 탈북난민 여성이 말하는 다음의 내용에서도 남성위주의 가부장적 가정문화가 식생활에서 어떻게 반영되고 있는지를 잘 엿볼 수 있다.

> 조금 여유가 있으면, 입쌀은 세대주 것이고 강냉이밥은 여자랑 아이들꺼지요. 옛날에 배급소에 아이들을 데리고 가면, 입쌀이 내려오면 아이들이 엄마 "아버지 쌀 내려온다" 그러고, 강냉이가 내려오면 "엄마 쌀 내려온다" 그랬어요. 그래 응당한 것으로 인식이 되어 있어요.[88]

기근으로 인한 북한 여성들의 영양실조가 초래한 가장 심각한 결과는 임신·출산·육아와 관련한 건강악화이다. 여성들의 영양부족으로 인해 출산력이 현저하게 떨어졌을 뿐만 아니라[89] 영양부족 상태에서 수태함으로써 유산 내지 사산, 또는 미숙아 내지 저체중아 출산 등을 초래하였으며, 이로 인해 임산부의 건강을 해치게 된 것이다.

영양결핍과 그 후유증으로 인한 불임으로 출생률이 크게 낮아졌음은 한 조사결과에 잘 나타나 있다. 이에 따르면 기아가 발생하기 전 1990년 초에는 1,000명당 21.8명의 출생률을 보였는데, 1997년에는 1,000명당 11명으로 감소함으로써 출생률이 50%나 낮아졌다.[90] 기아가 진행됨에 따라 북한 여성의 신생아 출생률이 급격하게 낮아진 것이다.

식량난을 비롯한 경제난의 악화로 인해 의료보급체계도 붕괴됨으로써 안전한 피임이 어려워졌으며, 이에 따라 임신한 여성들이

87) 최명숙(1999), p. 2.
88) 박현선(1999), p. 235에서 재인용.
89) 새터민 여성들에 따르면 식량난 이후 북한 여성들 사이에 생리불순이거나 아예 생리를 하지 않는 여성들이 많아졌다고 한다.
90) 나초스 지음, 황재옥 옮김(2003), p. 101.

잘못된 낙태를 시도하여 아이와 산모의 생명이 위협당하는 사례도 적지 않다고 한다.

> 결혼 후 저는 임신하게 되었는데 너무 힘들어 아이를 낳고 싶지 않아서 정동편(아스피린)으로 류산하려고 몇 번을 먹었습니다. 서시(두부에 간하는 간수)도 몇 차례 먹었지만 성공하지 못했습니다. 열 달이 되자 해산했는데 아이는 다섯 달이 지나도 골(머리)을 들지 못하며 온 몸이 무골(뼈가 약한 상태)이었습니다. 태반이 튼튼하여 비롯 류산이 안 되었지만 약물 과민으로 무골이 된 것이었습니다.[91]

북한에서 피임은 주로 여성들이 거주지 병원에서 무료로 배급하는 '고리(루프: loop)'를 사용해 왔으며, 이로 인해 심각한 부작용을 겪는 사례도 적지 않다고 한다. 재질도 문제이지만 3~4년마다 바꾸어 사용해야 하는 것을 10년 이상 사용함으로써 부인과 질환을 일으키기도 한다는 것이다.

> 고리는 아이를 못 배게 하는 기구이다. ……쇠라서 부작용으로 고생하는 사람이 있다. ……대체로 보면 아이를 둘까지 놓고 안 놓기 때문에 고리를 넣으면 그 뒤에 빼지 않는다.[92]

식량난이 심화된 1990년대 중반 이래 여성들이 출산을 기피함에 따라 피임용 고리의 보급이 중단되었으며, 이에 따라 여성들은 중국에서 오는 보따리장사로부터 피임기구들을 몰래 구입하여 사용하기도 하나, 이로 인한 부작용사례도 많다고 한다.

북한에서 혼전·혼외 성행위는 처벌대상이다. 그러나 1980년대 말 이래 외국 문화의 유입에 따른 성의식의 변화와 함께 생계유지

91) (사)좋은벗들(2004), p. 76.
92) 좋은벗들 엮음(2000), p. 48.

를 위한 매춘행위가 성행함에 따라 혼전·혼외 성행위가 증가하는 추세를 나타내고 있으며, 혼전·혼외 성행위에 의한 임신부들은 처벌을 피하기 위해 불법 낙태수술을 감행하는 것으로 전해지고 있다. 또한 식량난 이후 영·유아 및 어린이 사망률이 급증하고 여성들이 출산을 기피함에 따라 1998년 제2차 어머니대회를 통해 다산이 장려되고, 특히 김정일의 '아이를 낳을 데 대한 지시'가 있었기 때문에 병원에서 낙태나 피임시술이 불가능해짐에 따라 역시 불법 낙태수술이 많다고 한다. 그러나 뇌물을 주고 의사를 집으로 불러 비밀리에 중절수술을 하는 경우에는, 마취도 거의 하지 않는 시술이기 때문에 후유증이 심하여 여성건강을 크게 해치며 이로 인해 불임을 초래하는 사례도 있다고 한다. 한 예로 집에서 불에 달군 쇠젓가락만을 사용하여 중절수술을 했던 한 북한 여성은 수술 후 심한 후유증에 시달렸으며, 결국은 불임여성이 되고 말았다고 한다.[93)]

수 년간 지속된 기근에 따른 북한 여성의 건강문제는 위에서와 같은 영양실조와 이로 인한 임신·출산·육아의 어려움에서만 찾아지는 것이 아니다. 식량난 이후 북한 여성들의 대부분이 장사를 수단으로 하여 가족의 생계를 유지해 나가고 있는 실정이나, 열악한 장사환경 내지는 조건(소매치기, 강도, 인신매매, 성폭행, 열차·장마당 안전원 및 군인의 횡포 등 타인에 의한 신체적·정신적 위해에 대한 불안감과 장거리 도보, 배고픔 등)으로 인해 심신의 건강이 심각한 정도로 악화되었으며, 가족부양의 책임 증가에 따른 심리적 부담으로 인해 고통이 큰 것으로 알려지고 있다. 또한 식량난 이후 여성들 사이에 결핵을 비롯해 자궁암, 유방암, 당뇨병 등을 앓는 환자가 많아졌으며, 특히 매춘으로 인해 성병을 앓는 여성들이 적지 않으나 병원치료를 제대로 받지 못하고 장마당에서 구입한 중국의 약으로 집에서 치료하는 형편이라고 한다.[94)]

93) ○경○, 2004. 4. 16 면담.

94) ○경○·○현○, 2004. 4. 16 면담.

1989년 평양축전 이후 북한 정부의 재정사정 악화로 인해 군·도 위생방역소 및 각급 병원에 대한 의약품공급이 대폭 감소되었으며, 경제난이 심화됨에 따라 병원설비 및 의료환경이 보다 더 열악해졌다고 한다.[95] 이를테면 특수병원을 제외한 거의 모든 병원에서 약품이 부족하여 환자가 약을 사서 써야 하며, 병원에 대한 전기·난방 공급이 부실해져 입원환자가 난방은 물론 자신의 식사까지도 마련해야 하고, 방역사업이 제대로 이루어지지 않아 1990년대 중반 이후 파라티푸스, 콜레라, 장티푸스, 결핵, 말라리아 등 각종 전염병이 수시로 창궐한다는 것이다. 또한 여성과 관련해서는 부인과 질환을 전문으로 다루는 산부인과 병원이 없고 종합병원 내에 부인과가 설치되어 있는 정도이며, 위생대(생리대)가 거의 없어 생리처리가 매우 비위생적이라고 한다. 경제난 악화 이후 의류공급도 중단됨에 따라 여성들의 속옷 부족 및 불량으로 인해 부인과 질환이 확산되고 있다는 실태조사 보고도 있다.[96]

식량난이 초래한 북한 여성의 건강악화는 북한 여성들의 건강의식 내지 인식에서도 근원을 찾을 수 있다. 한 마디로 북한 여성들은 자신들의 건강에 대한 의식 내지 인식이 매우 부족하다. 본 연구자의 새터민 여성 면담결과와 중국 거주 탈북난민 여성들의 관련 증언을 종합해 보면, 북한 여성들은 부인과 질환에 대해 크게 신경 쓰지 않는 편이며 부인과 질환에 대한 인식도 낮은 것으로 나타난다. 새터민 여성 면담결과를 통해 보면 이들은 부인과 질환의 병명이나 발병원인 및 확률에 대한 지식이 부족하며, 자궁암이나 유방암에 대한 진단 및 치료의 중요성을 잘 의식하지 못하고 있다. 이러한 실정은 북한 여성들이 부인과 질병에 대한 조기·정기 진단을 하지 않을 뿐만 아니라 여성들의 사인규명이 제대로 되지 않아 부인과 질병으로 인한 사망 여부를 확인할 수도 없는 데에서 비롯된

95) ○규○의 증언, 통일부 자료.
96) 최명숙(1999), p. 7.

것일 수도 있다. 그러나 북한에서는 여성의 건강과 관련한 교육·홍보가 미흡한 편이라는 데에서도 근원을 찾을 수 있다. 한 예로 북한의 유일한 여성잡지인 '조선민주녀성동맹' 기관지 『조선녀성』에서는 여성 관련 의학 및 건강에 관한 상식을 다루고 있으나 그 내용은, 「부인병과 그 치료」, 「임신부들이 알아야 할 몇 가지」, 「습관성 류산을 막는 음식료법」, 「산모에게 좋은 좁쌀」, 「산후 젖앓이 병을 미리 예방하자면」, 「갱년기 장애와 그 증상에 대하여」 등 여성 관련 질병 및 예방법, 임신·출산 등에 대해 상식수준의 해설을 하고 있으며 지면할애도 아주 적은 편이다. 또한 학교에서의 성교육도 아주 초보적인 수준에서 이루어진다.

> 달거리를 할 때 엄마한테 교육 받는 것은 없고 중학교 실습시간에 선생님께서 가르쳐 준다. 달거리가 시작되면 이제 여자로서 사람이 됐다는 것인데 위생적으로 어떻게 지켜야 되는가만 알려준다. 이 달거리가 다른 한 인간을 잉태하기 위한 시점이라는 건 안 알려 준다. 그건 말하기가 무엇 해 한다. 선생님들도 뻔히 아니까 학생들 앞에서, '자 동무들이 달거리하기 때문에 남자들과 주의하시오'라고는 하는데 왜 주의해야 하는지 구체적으로 까놓고 말하지는 않는다. 열 여섯, 그 때 쯤에 달거리에 대한 것이 책에 나온다. 아기가 잘 서는 기간, 잘 안 서는 기간, 임신을 계산하는 방법이 나오기 때문에 선생님은 '그 책을 더 읽어 보시오'라고만 한다. 우리는 그걸 다 읽어 보고 자체로 안다.[97]

그러나 또다른 관점에서 본다면 북한 여성들이 자신의 건강문제를 크게 의식하지 않는 태도는 여성들에게 내재되어 있는 남존여비 관념의 자기비하적 사고를 반영하는 것이라고도 하겠다.

> 약이라는 건 별로 못 써 봤어요. ……천하게 살아나구 또 그래서 그런지 아무리 쎄게 아파해두 생각뿐이지. ……우리 어머니

97) 좋은벗들 엮음(2000), pp. 50~51.

랑 정말 그렇게 아프면서두 참드라구요.[98]

3.2. 성폭력의 심화와 성의 도구화

3.2.1. 성폭력의 심화

성폭력이란 상대방의 동의 없이 강제적으로 성적인 행위를 하거나 성적인 행위를 하도록 강요하는 폭력행위이다. 여기에는 강간, 성추행, 성희롱, 아내 구타, 인신매매, 강제 매춘 등 성을 매개로 인간에게 가해지는 모든 신체적·언어적·정신적인 폭력들이 포함된다. 심지어는 성폭력에 대한 불안감이나 그것으로 인한 행동의 제약도 간접적인 성폭력에 해당된다.[99] 또한 성폭력의 피해자는 대부분 여성이며, 성폭력은 그 사회의 성문화 안에서 사회화된 결과로 나타나는 문화적이고 사회적인 현상이라고 할 때, 이에 대해 북한도 예외가 아니다. 사실상 남존여비의 관념과 가부장적 의식이 팽배해 있는 북한 사회에서 성추행 및 성희롱, 아내 구타 등 여성에 대한 성폭력은 일상화된 현상이며, 여성들 스스로가 이에 대한 문제의식이 희박한 것으로 알려져 있다. 이러한 실태는 북한 사회에 확산되어 있는 남성위주의 성에 대한 그릇된 통념과 여성에 대한 경직된 순결의식에서 비롯된 것이라 하겠으며, 학교 및 사회에서의 성교육 부재에도 근원이 있다고 하겠다. 전해지는 바에 따르면 북한 여성에 대한 성폭력은 1990년대 이래 식량난을 겪는 과정에서 보다 심화되었으며, 특히 여성 인신매매와 강간 등의 성폭행사례가 크게 증가한 것으로 알려지고 있다.

2001년 7월 북한이 제출한 제2차 국가인권보고서에 대한 유엔 인권이사회의 심의에서 북한 대표는 북한에서 여성매매는 철저히 철폐되었으며, 지난 50여 년 동안 여성매매란 존재하지 않았다고

98) 김태현·노치영(2003), p. 70.
99) 김원홍 외(2000), pp. 292~293.

답변함으로써 여성 인신매매 사실을 전면 부인하였다. 그러나 같은 보고서에서 북한은 여성 인신매매란 북한의 법·제도와 전혀 일치할 수 없는 현상이며, "국경지대에서 무슨 어떤 현상이 있었는지는 모르겠으나" 여성매매라는 것은 북한 사회에서 사회적 문제로서는 전혀 존재하지 않는다고 밝힘으로써 여성 인신매매가 법적으로는 금지되어 있으나, 실제적으로는 발생하고 있다는 것을 북한 당국도 인지하고 있음을 시사하고 있다.

사실상 북한 여성의 인신매매 실태는 중국 거주 탈북난민을 대상으로 한 조사결과에서도 잘 나타나 있다. 중국 동북부지역 2,479개 마을에 거주하는 북한 식량난민 실태조사 결과에 따르면 조사지역의 유민 중 여성비율이 75.5%를 차지하며, 탈북유민의 다수를 차지하는 여성들은 생존을 위해 불법 결혼을 하거나 인신매매를 통한 강제 결혼형태로 살아가고 있다.[100] 또한 여기에서 '결혼'은 법적으로 인정된 혼인관계가 아니라 인신매매에 의한 매매혼 또는 소개에 의한 사실혼 관계이므로 법적 보호를 받을 수 없다. 또다른 조사에서도 중국 거주 탈북난민 중 여성이 압도적으로 많은 이유들 가운데 하나는 인신매매조직이 여성들의 탈북과정에 깊이 개입되어 있기 때문인 것으로 나타나고 있다. 같은 조사에서 탈북난민 여성 응답자들은 현재의 남편과 함께 살게 된 이유를 '북에서 넘어온 후 붙잡혀 팔려 은 경우'(33.2%), '갈 곳이 없을 때 중국에 있는 주변 사람들의 소개'(26.7%), '중국으로 넘어온 후 스스로 현재의 남편을 알게 되어서'(8.4%) 등의 순으로 답하고 있다.[101]

북한 여성 인신매매는 폭력을 동원한 강제납치 인신매매와 소개인을 통한 유인 인신매매 등의 형태로 이루어지고 있다. 북한 내에서는 주로 소개인을 통한 유인 인신매매가 이루어진다. 중국의

100) 좋은벗들 엮음(1999), p. 14.

101) 1999년 7월부터 1999년 10월까지 연변지역을 중심으로 중국에 거주하고 있는 탈북여성 202명을 대상으로 한 면접조사 결과이다. 문숙재 외(2000), p. 147.

조선족 중간매개자와 북한인 중간매개자 사이의 거래에 의해 북한 여성 본인의 의사와는 무관하게 중국으로 팔려 가는 것이다. 그러나 북한 내에서도 조직적인 여성 인신매매단에 의한 여성 밀거래가 적지 않으며, 인신매매단은 남편이 있는 기혼여성들을 강제로 납치하여 팔아 넘기기도 하는 것으로 알려지고 있다.

> 단꺼번에 한 무리가 닥쳐 들어와서 남편이고 그 집 식구들이고 몽땅 이케 붙잡아 놓는단 말입니다. 대개 손에 칼 들고 들어와서 딱 붙잡고 이케 세워 놓는다 말입니다. 그래 보는 데서 자기 처가 뺏겨가도 나서지 못한다 말입니다.[102)]

또한 인신매매단은 북한 여성들이 도강하는 강변에서부터 그들이 대다수 살고 있는 전역에 포위해 있다가 여성들을 붙잡아 가는 경우가 많으며,[103)] 한 가족 모두가 범행에 가담하여 인신매매하는 경우도 있다고 한다.[104)] 중국 내에서도 소개인을 통한 유인 인신매매와 함께 폭력을 동원한 강제납치 인신매매가 이루어진다. 이를테면 탈북한 여성들에게 숙식을 제공하여 유인한 후 본인 모르게 조선족, 중국 한족 등에게 팔아 넘기거나, 중국에 와서 알게 된 사람들이 인신매매단에 알선하여 여성들을 팔아 넘기며, 일단의 인신매매조직이 탈북여성을 강제로 납치하여 다른 사람에게 돈을 받고 팔아 넘기기도 하는 것이다. 그런가 하면 탈북하여 중국 한족과 살면서 북한과 중국을 왕래하며 여성을 유인하여 인신매매를 하다가 결국은 자신도 인신매매당한 여성의 사례도 있다.

> 어떤 사나이가 청들기를 저하고 살면서 조선으로 드나들면서 처녀들을 데려오며는 1명당 500원씩 주겠다고 했습니다. ……나는

102) 김태현 · 노치영(2003), p. 105.
103) 위의 책, p. 104.
104) 심○혁, 2003. 11. 3 면담.

이 좋은 돈벌이를 어찌 하지 않겠느냐고 또 어린 아이들과 남편을 살구려면 돈을 벌어야 한다는 생각에 물고기 장사하는 체하면서 인신매매하기 시작했습니다. ……저의 죄명은 탄로되어 다시는 조선 땅에 갈 수 없는 몸이 되었습니다. ……나와 살던 그 중국 남편은 ……저도 몰래 저를 3천 원에 이름 모를 곳에 팔았습니다.[105]

한 연구자에 따르면, "식량을 얻기 위한 수단으로 가족구성원 중 여성을 매매한 사례들은 18~19세기의 유럽과 20세기의 아프리카와 남아시아에서 기아라는 위기발생시 흔히 찾아볼 수 있는 사례"이며, "북한 가정에서 먹을 입을 줄이는 방법으로 가장 흔히 목격되는 것은 딸과 부인을 '인신매매자'에게 파는 것"[106]이라고 한다. 실제로도 북한의 식량난 과정에서 부모가 딸을 팔아 넘기거나 여성 본인이 원해서 인신매매가 이루어진 사례가 적지 않은 것이 사실이다. 북한 이탈주민 증언자료집들을 통해 보면, 부모가 딸을 매매하려는 데 대해 당사자인 딸들은 대체적으로 순응하는 편이다. 이들은 식량사정의 절박함과 부모의 안타까운 심정을 이해하며 자신이 매매되는 것에 대해 저항하지 않는다. 또한 일부 여성들은 가족의 생계유지를 위해 스스로 자신이 매매되기를 청하거나, 탈북 후 중국 생활의 어려움을 덜기 위해 매매혼을 청하기도 한다.

어머니는 나를 데리고 가서 소개하는 사람에게 조선돈 10,000원을 받고 판거나 다름이 없었다. 하지만 나는 어머니를 원망하지 않았다.[107]

잘 사는 집에 시집가서 어머니와 오빠를 살리겠다는 생각을 하니 신심이 생겨 나는 당장 장사군 아주머니에게 찾아가 나도 갈 생각이 있으니 데려가 달라고 하자…….[108]

---

105) 노옥재(2003), p. 18에서 재인용.
106) 나초스 지음, 황재옥 옮김(2003), p. 105.
107) 좋은벗들 엮음(1999), p. 61.

> 1997년 1월 나는 압록강을 건너 중국 장백으로 왔다. ……우리는 그 곳에서 하루 묵고 이튿날 떠나자고 하니 목적 없이 어디로 가야할지 몰라 망설이다가 할 수 없이 집주인 보고 사정했다. 우리는 중국에 살러 왔는데 아무 곳에나 시집을 보내달라고 말하였다.[109)]

한 북한 이탈여성에 따르면 1990년대 말 이래에는 적지 않은 10대 소녀들까지 인신매매 되었는바, 자신의 친척인 16세 된 여성의 어머니가 "팔려 가더라도 잘 먹고 잘 살라고" 딸을 중국으로 보냈으며, 그 여성은 북한인 중간매개자와 중국 조선족 중간매개자에 의해 한족에게 팔아 넘겨졌다고 한다.[110)]

북한 여성의 인신매매는 식량난으로 인한 생계유지의 어려움에서 일차적인 원인을 찾을 수 있다. 1999년의 한 조사결과에서도 중국 거주 북한 여성들의 탈북동기는 '배가 고파 먹고 살기 위해서'(81.7%), '중국에서 일을 하면 돈을 잘 벌 수 있다고 해서'(75.2%), '북조선에 있는 가족원들을 지원하기 위해서'(50.5%), '같이 탈북할 사람들이 있어서'(37.1%), '중국 사람과 결혼하기 위해서'(15.8%), '부모나 형제, 주변 사람들의 권유에 의해'(8.4%) 등의 순으로 나타나고 있다(복수응답).[111)] 그러나 북한 여성의 인신매매는 중국 내 수요와도 맞물려 급증 추세를 나타내었는바,[112)] 부부당 한 자녀 이상을 금지하는 중국의 인구정책으로 인해 중국 남녀인구의 심각한 성비 불균형이 초래됨으로써 중국 내에 신부 부족 사태가 초래된 것이다.

---

108) 좋은벗들 엮음(1999), p. 64.

109) 위의 책, pp. 66~67.

110) ○경○, 2004. 4. 16 면담.

111) 1999년 7월부터 1999년 10월까지 연변지역을 중심으로 중국에 거주하고 있는 탈북여성 202명을 대상으로 한 면접조사 결과이다. 문숙재 외(2000), p. 145.

112) 중국 내에서 북한 여성에 대한 수요가 증가하고 지속적인 기근에 따른 탈북여성들의 자의, 또는 타의에 의한 인신매매가 성행함에 따라 최근 일부에서는 북한 여성 인신매매를 성폭력의 하나로 인식하면서도 관점을 달리하여 일종의 밀매매(smuggling)현상으로 파악하는 경향도 있다.

중국의 성비 불균형은 1990년대 말 결혼 적령기의 신부 부족 사태를 초래하였으며 신부 부족현상은 도시보다 지방에서 더욱 심각하였다. 이러한 중국의 농촌 사정은 북한의 어린 소녀들로 하여금 선택할 여지없이 중국 농부들의 결혼 '제의'를 절망적으로 받아들이게 만들었다. 이러한 상황하에서 북한 어린 소녀들은 노예신분보다 더 나을 것이 없이 취급되었다.[113)]

중국으로 인신매매된 여성들은 강제 결혼, 성폭행, 원치 않는 임신과 부인과 질병, 노동착취, 유흥가 매춘강요 등으로 고통을 당하고 있으며, 특히 결혼한 여성들의 대부분은 남편과 시댁식구들의 무시와 구타, 경제적 어려움, 북한 거주 가족에 대한 그리움, 불법체류 신고 협박 등에 시달리고 있는 것으로 알려지고 있다.[114)]

종래 북한에서 여성에 대한 성폭행은 주로 입당 및 직장에서의 처우개선을 미끼로 하여 발생하였다. 당간부들이 입당을 미끼로, 또는 직장에서 편한 자리에 배치해 주겠다는 것을 미끼로 성폭행하며, 특히 미혼여성이 입당하는 경우에 성폭행사례가 많은 편이었다고 한다.[115)] 또한 군부대 내에서 남자군관들에 의해 여자군인들이 성폭행 당하는 사례도 많으며,[116)] 거리에서 단속에 걸려 벌금을 내야 했으나 돈이 없어 내지 못해 단속원의 집으로 끌려가 성폭행 당하였다는 사례도 있다.[117)] 그러나 북한 사회에서 여성에 대한 성폭행은 문제시되지 않는 편이다. 대부분의 일반주민들은 성폭행에 대한 문제의식조차 없으며, 여성들을 하대하는 전반적인 사회 분위기로 인해 여성들은 남성들의 성폭행을 감수할 수밖에 없는 실정이라고 한다. 직장 내에서의 성폭행 사실이 알려질 경우에는 오히려 피해자인 여성이 수모 내지는 불이익을 당하게 되므로 여성 스스로가

113) 나초스 지은, 황재옥 옮김(2003), p. 105.
114) 김태현·노치영(2003) 참조.
115) ○재○, 2004. 1. 7 면담.
116) ○경○, 2004. 4. 16 면담.
117) 이○희, 2002. 11. 16 면담.

침묵하며 사실이 알려지지 않기를 바란다는 것이다.

북한 여성에 대한 성폭행은 식량난을 비롯한 경제난의 악화로 인해 여성들이 가족부양을 떠맡게 된 이후로 보다 더 심화된 것으로 알려지고 있다. 또한 이전과는 달리 입당이나 직장에서의 처우개선을 미끼로 한 성폭행보다는 장삿길에서 마주치게 되는 장마당 안전원, 열차승무안전원, 군인 등이 단속을 이유로 성폭행하는 사례가 많다고 한다. 그런가 하면 식량난 이후 장사를 위해 지역이동을 하는 여성들이 많아지면서 불이 꺼진 밤기차나, 자동차에서 군인들의 성폭행도 많아졌다고 한다. 식량난 이후 발생한 성폭행사례들 가운데 특기할 만한 것은 국경을 넘어 중국에 갔다가 강제송환되어 온 북한 여성에 대한 성폭행이다. 식량난 이후 중국에 식량을 구하러 갔다가 강제송환되어 구속되면 당국으로부터 가혹행위나 고문을 당하게 되는데, 여성들의 경우에는 돈이나 비밀편지, 비밀문건을 찾기 위한 몸수색 과정에서 자궁검사를 하기도 하며, 심문이라는 구실 아래 여성의 옷을 다 벗기고 몸의 특정 부위에 전기형을 가하는 등 성폭행을 가한다는 것이다.[118)]

그러나 북한 여성에 대한 성폭력문제를 논하는 데 있어 감안해야 할 것은 다른 사회에서와 마찬가지로 북한에서도 생존을 위해 여성 스스로 성을 상납하는 사례가 적지 않다는 것이다. 알려진 바에 따르면 식량난 이전에는 주로 입당이나 직장에서의 승진, 또는 좋은 자리배치를 위해 여성들이 당간부에게 성을 상납했다고 한다. 그러나 식량난 이후에는, 특히 미혼의 젊은 여성들이 여행증명서 없이 식량을 구하러 다니거나, 장사를 다닐 때에 열차안전원에게 성을 상납하며, 또는 장마당 단속에 걸리지 않기 위해 성을 상납하기도 한다. 이 밖에도 장사를 하기 위해 다른 지역으로 이동하는 과정에서 교통편의를 제공받기 위해 운전수에게 성을 상납하는 사례도 적지 않게 알려지고 있다.

118) (사)좋은벗들(2004), pp. 102~105.

돈이 적은 여자들은 몸치장을 잘하고 운전수를 사귀어 장사 물건을 운반하는데 장사를 갔다 오는 동안 운전수의 담배, 술, 도중식사를 대접하며 심지어는 몸까지 준다.[119)]

북한 여성에 대한 성폭력과 관련해서는 인신매매와 성폭행 외에 남편의 아내 구타, 곧 가정폭력의 심각성도 제기되고 있다. 북한에서는 가정폭력을 문제시하지 않으며, 가정에서 일어나는 여성폭력에 대해 여맹이 개입하는 경우에도 이를 법에 따라 처리하기보다는 인민반회의 또는 여맹회의에서 한두 차례 사건관련 남성을 비난하고는 단순 가정사로 사건을 종결짓는다.[120)] 따라서 가정마다 차이는 있겠지만 남편의 아내 구타가 거의 일상화되어 있으며 이는 식량난 이후에도 달라지지 않았다고 한다. 새터민 여성들에 의하면 주부들이 장사를 통해 식량문제를 해결함에 따라 오히려 남편의 음주와 구타가 심화되는 경향을 보인 가정들이 적지 않으며, 남편의 심한 구타로 인해 부인이 가출하는 경우도 많아졌다고 한다.

성폭력은 그 사회의 성문화와 여성의 지위를 반영하는 문화적이고 사회적인 현상이라고 할 때,[121)] 북한에서 식량난과 함께 나타난 여성에 대한 성폭력의 심화현상은 식량난이 초래한 북한 사회의 성문화 왜곡과 보다 열악해진 여성지위의 실태를 반영하는 것이라 하겠다.

3.2.2. 성의 도구화

북한에서 식량난 이후 국정가격과 시장가격으로 구성되는 가격의 이중구조화로 인해 발생한 또 하나의 비사회주의적 행위가 매춘이다. 국정가격과 시장가격의 큰 차이는 북한 주민들로 하여금 돈

119) 권혁(1999), p. 22.
120) ○정○, 2003. 10. 20 면담.
121) 김원홍 외(2000), p. 317.

의 가치를 최우선시하게 하였으며, 생계유지문제 해결이 절박한 여성들에게 있어 가장 쉽고도 빠르게 돈을 마련할 수 있는 방법은 매춘이었기 때문이다. 그러나 매춘이 북한 여성들에게 있어서만 생계유지를 위한 대안은 아니다. 1945년 해방 이후 일부 한국 여성들에게 있어서도 매춘은 생계유지를 위한 대안으로서 인식되었으며, 1970년대 말부터는 절대적 빈곤으로 인한 '전통적 매춘'이 퇴조하고 쉽게 돈을 벌거나 쾌락을 얻기 위해 향락업소를 매개로 하여 성을 파는 '산업형 매춘', 또는 '겸업 매춘'현상이 크게 늘어났음은 주지하는 대로이다.[122] 사회 전반에 걸친 경제위기 상황에서 여성에 대한 고용기회가 제한적이고 자신 또는 가족의 생계문제를 해결하기 위한 대안모색이 극히 어려울 때, 매춘은 이념이나 제도를 뛰어넘어 여성들에게 있어서는 유용한 대안으로 선택될 수도 있다는 것이다.

이미 알려진 대로 식량난 이후 북한 여성들 사이에 결혼 여부에 관계 없이 생계유지를 위한 매춘이 성행하였으며, 조직적으로 사업화된 여성 매춘도 있다고 한다.[123] 여대생의 매춘도 적지 않았는바, 특히 평양에서는 외국인, 부유층, 군인 등을 상대로 한 여대생들의 생계유지를 위한 매춘행위가 많았으며,[124] 다른 지역으로 장사하러 나간 여성들의 매춘사례도 적지 않다고 한다.

> 또한 시내에서 농촌으로 장사하러 온 여자들이나 처녀들도 가을철을 놓치지 않고 자기들의 솜씨를 발휘했다고 한다. 그 솜씨란 밤에 경비를 서는 군인들에게 몸을 주거나 또 처녀들인 경우 사랑한다고 거짓말을 하면서 몸을 주고 그 대가로 식량을 받는 것을 말하는 것이라고 한다.[125]

122) 위의 책, pp. 116~117.
123) 40~50대 여성들이 장마당, 사람의 왕래가 많은 길목, 여관 등지에서 포주노릇을 하기도 한다. ○정○, 2003. 10. 27 면담; ○정○, 2003. 10. 20 면담.
124) ○명○, 2004. 4. 29 면담.
125) 권혁(1999), p. 136.

심지어는 부모가 딸에게, 또는 남편이 부인에게 매춘을 종용하는 경우도 있으며, 미성년 여자아이들의 매춘사례도 적지 않은 것으로 알려지고 있다.[126]

식량난이 심화되고 생계유지를 위한 매춘여성에 대한 사회적 인식이 달라짐에 따라 북한 여성들 사이에서도 생계유지형 매춘과 함께 부의 축적과 일신의 안락을 위해 성을 상품화하는 여성들이 점차 많아지는 추세이며, 특히 장마당에는 돈 있는 장사꾼들을 대상으로 하여 매춘을 전업으로 하는 여자들이 많은 편이라고 한다. 매춘은 대개 역전의 대기숙박소[127] 등의 시설을 이용하며 20~30대 과부들의 경우에는 집에서 술과 음식을 팔며 여행자나 출장원, 군인 등을 대기숙박시키면서 매춘을 하기도 한다.

매춘을 전업으로 하는 여성들 가운데는 매춘상대의 돈과 물건을 훔치거나 약탈하는 사례도 드물지 않게 발생하는 것으로 나타난다.

> 사리원의 매음하는 여자들은 강도질하는 것으로 특히 유명하다. 그들은 남자들하고 짜고 출장원이나 돈 있는 사람들을 유혹해서 집으로 데리고 간다. 그러면 ……남자들이 들어와서 그 사람을 두들기고 돈과 짐을 빼앗는다. 그렇게 하지 못하는 여자들은 남자들과 술을 같이 마시자고 하고는 남자가 깊이 잠든 사이에 옷을 뒤져 돈과 귀중품, 짐을 도적질해 가지고 도망친다.[128]

한 새터민 여성은 1998년까지만 해도 매춘행위가 발각되면 체포되어 총살당하였다고 하나,[129] 대체적으로는 매춘여성이 단속에 걸리면 노동단련대에 3개월에서 6개월 정도 수용되었다가 풀려 나

---

126) 위의 책 참조.
127) 대기숙박소는 열차를 이용하는 사람들을 대상으로 개인집에서 돈을 받고 숙식을 제공하는 곳이다.
128) 권혁(1999), p. 88.
129) ○순○, 2004. 4. 29 면담.

오는 것으로 알려져 있다. 특히, 생계유지를 위한 주부의 매춘행위일 경우에는 정상을 참작하여 면제해 주거나 수용기간을 보다 단축시키며, 미혼여성일 경우에도 신분이 확실하면 수용기간이 단축된다고 한다. 그러나 가정을 버리고 매춘행위를 한 경우에는 최장기간 수용당하는 처벌을 받는다고 한다.[130]

3.3. 성역할 분담성 및 고정성 강화

식량난으로 인해 가족단위로 생계문제를 해결할 수밖에 없게 됨에 따라 종래 북한의 가부장적 가정생활에서 일단의 변화의 징후들이 나타나고 있다. 예를 들면, 경제난이 심화되고 공장, 기업소의 가동이 중단됨에 따라 남편들도 부인을 따라 장사에 나서는가 하면,[131] 여성들이 밖에 나가 장사를 하는 동안 밥짓기, 청소, 아이돌보기 등의 집안일을 남편 스스로 하고 있다는 것이다.

> 이전에는 여자가 집에 들어와서 밥도 짓고 가정일도 하고 그랬는데, 이제는 남자들이 나가서 자기네 역할을 못하니까, 본인들 잘못은 아니고 국가적 사정 때문이지만, 여자가 시장에 나가서 장사를 하든 산에 가서 산나물을 뜯어 오든 이젠 여자가 세대주 역할을 하니까, 남자가 밥도 해 주게 되고 청소도 해 주게 되고 하는 추세예요. 예전에는 남자가 그런 일을 하면 부끄러워했는데 이제는 크게 부끄럽지 않은 일로, 할 수 있는 일로 생각하더라구요.[132]

또한 식량난 이후 여성들에 의해 생계유지가 가능해짐에 따라 이전과는 달리 가정에서 여성들의 목소리가 점차 커지고 있음을 시

130) ○주○ · ○춘○, 2004. 4. 14 면담.
131) 식량난이 심화됨에 따라 직장생활에 대한 통제가 느슨해진 이후로는 남자들도 단독 또는 부인과 함께 장사 등 생계유지를 위한 경제활동에 적극 나섰다고 한다.
132) 박현선(1999), pp. 245~246에서 재인용.

사하는 증언들도 적지 않다.

> 그래도 남편들이 뒷받침을 해 주는 거니까. 밥을 해 주거나 아이들 봐주거나 그러니까 여자가 벌어도 같이 협력해서 한거지 여자 혼자 한 것은 아니지. ……지금은 좀 여자 목소리가 나오기는 했어도 그래도 완전히 변화하지 않고 남편에 대한 그런 것은 있지.[133)]

그러나 식량난 이후 북한의 가정에서 장사와 같은 부부간 협업 내지 남성의 가사돕기현상이 증가하고 여성의 발언권이 보다 강화되었다고는 하나, 기본적으로 북한 사회 전반에 만연해 있는 남성중심의 가부장적 생활의식이 달라진 것은 아니며 성별 역할분담의식도 달라지지 않았다. 다시 말해서, 여성이 식량과 생활비를 조달하는 등 가정경제를 주도하고 남성(남편)이 가사와 양육의 일부를 담당 또는 보조함에 따라 전통적인 성역할 분업구조에 가시적인 변화가 생기기는 했으나 이로 인해 기존의 가부장적 생활의식과 성역할 분담의식이 달라지지는 않았다는 것이다. 한 조사결과에서도 경제난 이후 북한의 가정생활에서 엄격한 성별 분업현상은 깨어졌지만 가부장제 질서의 와해를 의미할 정도는 아니며, 여성의 의식변화도 가부장제의 부정을 의미하는 것은 아니라고 한다. 북한 여성들은 이전처럼 성별 역할분담 자체에 대한 고정관념은 버렸지만, 가정의 일은 여전히 여성의 책임이 크다는 인식과 함께 남편에 대해서도 더 이상 섬김과 복종의 대상으로는 아니지만 가부장으로서의 존재와 권위 자체를 부정하지는 않는다는 것이다.[134)] 이는 위에서의 인용문들에서도 잘 반영되고 있다. 북한 여성들은 가장인 남편이 이전과 같이 생계유지 전담자로서의 역할을 해 나가지 못하는데 대해 "본인들 잘못은 아니고 국가적 사정 때문"이라고 이해한

133) 위의 글, p. 241에서 재인용.
134) 구수미 · 이미경(2004), p. 95.

다. 또한 남편이 집안일을 하는 것에 대해서도 가사분담 차원에서 수용하기보다는 남편이 자신을 대신해 식량문제를 해결하는 여성에 대한 배려 차원에서 행하는 '고마운 조력자'의 도움이라고 인식한다. 이와 같은 남성 중심의 가부장적 가정생활문화는 관련 조사결과들에서도 잘 엿볼 수 있다. 한 조사결과에 따르면 북한 주민들은 성역할 고정성에 대한 수준이 매우 높은바, 가족의 주인은 가장이며, 남편에게 순종해야 하고, 가정과 사회에서 남성과 여성에 따라 역할이 다르다는 등의 의식에 대해 80~94%의 높은 지지율을 나타내고 있다.[135] 또다른 조사결과에서도 북한 가정에서 자녀수 결정문제, 자녀교육방법, 휴일이나 휴가일정 결정문제, 집안 세간구입문제, 여가생활문제 등과 관련한 결정을 하는 데 있어 남편 의견이 절대적이거나 큰 편이며, 저축이나 보험을 드는 문제와 생활비 관리문제에 한해서만 부인 의견이 절대적이거나 큰 편인 것으로 나타났다.[136] 중국 거주 탈북여성의 약 61%가 보수적·가부장적 성의식을 지지하고 있는 것으로 나타난 조사결과도 있다.[137] 그런가 하면 한 조사결과에서 북한 여성들에게 있어 이상적인 여성상은 어른이나 집안에서 인정받는 며느리, 남편에 대한 내조를 잘하는 아내인 것으로 나타났는바, 이는 북한 여성들에게 있어 전통적 성역할 논리에 따른 여성이미지가 강하게 고착되어 있음을 시사하고 있다.[138]

이와 같은 조사결과들은 식량난 이후 북한 여성들이 생계를 유지해 나감에 따라 표면적으로는 가장권의 약화와 함께 여성의 권한 및 지위가 높아진 것으로 보이나, 실질적으로는 종래의 가부장적 의식을 바탕으로 성역할 분담성 및 고정성이 보다 강화되고 있음을 시사하며, 다음의 인용문들은 이를 뒷받침하고 있다.

135) 박현선(1999), p. 84.
136) 박미석 · 장진경(2000), pp. 201~202.
137) 김영란 · 김혜영(2000) 참조.
138) 김영란 · 김혜영(2000), pp. 236~238.

여자들은 아무리 일을 많이 해도 가정일도 많이 하고, 나가서 일을 해도 자기를 내세워서 하는 법이 없어요. '무조건 이건 내가 하는 거다. 내가 순종하고 사는 거다' 그렇게 생각하지. 남편한테 재세(연구자 주: 유세)하거나 싸우다가도 대들거나 하는 것 없어요.[139)]

본 연구자가 면담한 새터민 여성들에 따르면 식량난 이후 북한 여성들이 장사를 통해 경제력이 강해지면서 가정에서의 발언권이 강해진 것은 사실이나, 여성들은 세대주를 집안의 가장으로서 인정해 주는 것이 가정의 평화를 도모하는 것이라고 생각하므로 가부장 중심의 가정생활에 저항하지 않는 편이라고 한다. 또한 생계유지 등 가정생활 관련문제는 여성의 몫이라고 생각하는 사회적 통념에 대해서도 여성들은 부정 내지 저항하기보다는 당연한 것으로 여기고 순응하는 편이라고 한다.

식량난 이후 가족의 생계유지와 관련해 가장의 역할이 축소되고 여성이 실질적인 가장역할을 해 나갔음에도 불구하고, 오히려 전통적인 가부장적 의식을 바탕으로 한 성역할 분담성 및 고정성이 강화되고 있음은 북한 사회에 만연해 있는 남존여비사상에 근원이 있다고 하겠다. 북한은 남존여비사상을 "착취사회의 반동적 륜리도덕관"이며, "근절되어야 할 봉건유교사상의 잔재"로 규정하고 있다. 그러나 이러한 공식 입장과는 달리 북한 주민들의 남존여비관은 강한 편이며, 이와 같은 관념은 전통적인 가부장제와 함께 북한 여성의 삶을 제약하는 요소로 작용하고 있다. 이와 관련해 식량난 이전과 마찬가지로 남성 중심의 가부장적 가정생활을 하고 있는 북한 여성에 대해 중국 연변대학의 한 연구자는 다음과 같이 전하고 있다.

조선의 일상생활에서도 가부장적인 남녀불평등이 상당히 나타나고 있다. '자신의 전부를 가정살림과 식구들의 치닥거리에 바치

139) 박현선(1999), pp. 240~241에서 재인용.

는 바로 거기에서 삶의 보람을 느끼는 시어머니', '일터에서는 훌륭한 녀성, 가정에서는 현모량처인 아내' 등 녀성의 참모습을 보여주며, 남편들은 무조건 녀성들이 자기를 따를 것만 강조하고 여자니깐 참아야만 하고 불평도 하지 말아야 하며 부모부양에서도 아들의 강력한 의무가 유지되어 있기에 녀성은 며느리로서의 역할을 해야 하며, '가정의 화목은 며느리에게 달렸다'고 하면서 가정불안의 원인은 모두 녀성에게만 돌린다. 남성들은 으례 가사로동을 하지 않는 것이 습관이 되어 현재도 녀성이 밖에 나가 식량을 구입하여 밥상을 차릴 때까지 남성들은 팔짱만 끼고 있다고 한다.[140)]

그러나 새터민 여성들과의 면담결과에 따르면 북한 여성의 대부분은 사회 전반에 남존여비사상이 만연해 있음을 알고는 있으나 그에 대해 문제의식을 갖지 않으며, 남존여비사상 자체를 의식하지 않는다고 한다. 다시 말해서, 남녀평등은 노동생활에서만 구현되고 있으며 가정과 직장에서의 여성의 삶은 남녀불평등하고 남성에 대해 종속적이라는 것을 알고는 있으나 굳이 저항해야 할 이유도 모르겠고 필요성도 느끼지 못한다는 것이다. 또한 북한 여성들은 결혼생활에서 "남자는 하늘", "세대주는 그저 섬겨야 되는 존재"로서 공대하는 것을 당연시하며, 이와 같이 세대주의 권위를 높여 주고 공대함으로써 가정의 평화가 유지된다고 믿는다고 한다. 이와 관련해 한 새터민 여성은 "세대주가 바로 서야 가정이 평화롭고, 그래야만 나라가 평안하고 시대가 건전해지는 것이니, 따라서 세대주의 권위를 높여 주어야 한다고 생각하며, 이는 사회도덕생활에서 전통적으로 내려온 것일 뿐만 아니라 당의 방침이기도 하다"[141)]라고 말한다.

140) 최명숙(1999), p. 11.
141) ○순○, 2004. 4. 29 면담.

4 식량난 이후 북한 여성의 역할 및 의식변화

4.1. 가족부양 책임증대

수많은 아사자를 발생시킨 식량난을 겪으면서 북한 여성들은 가족의 생계유지를 위해 이전의 보조적 역할이 아닌 주도적 역할을 담당하게 되었으며, 따라서 가족부양의 책임도 크게 증대되었다.

> 조선 전체는 녀성이 애써 벌어서 산다. 생계유지를 하는 것도 녀성이 주력군이다. ……녀성이 없으면 남성은 가정을 꾸려 나갈 수가 없다. 엄마 있는 아이는 아빠가 없어도 꽃제비가 되지 않지만 엄마가 죽고 아빠만 있는 아이들은 대부분 꽃제비가 된다.[142)]

식량난으로 인해 여성들의 가족부양 책임이 커진 데 대해서는 북한 당국도 인정하고 있는바, 1990년대 말 이래 노동당 기관지 노동신문에 생계를 떠맡은 여성들을 격려하는 글들이 여러 편 게재되기도 하였다.

> 뜻밖에 들이닥친 식량, 전기, 땔감 등의 부족으로 인한 어려움은 우리 녀성들에게 먼저 미쳐 왔다.[143)]

> 돌이켜 보면 몇 년째 이 땅을 뒤덮었던 고난과 시련의 검은 구름은 이 나라 녀성들의 가슴 속에 먼저 그늘을 드리웠었다.[144)]

142) (사)좋은벗들 엮음(1999), p. 56.
143) 로동신문, 「당의 참된 딸로 사는 행복」, 2000. 3. 8.
144) 로동신문, 「조선녀성의 힘은 강하다」, 2000. 7. 30.

여맹 기관지인 『조선녀성』에서도,

> ……"고난의 행군", 강행군의 준엄한 나날이 막아섰다. 처절한 그 시련, 더욱이 생활난은 가정의 주부들인 우리 녀성들에게 더 먼저 찾아들었다고도 할 수 있다. 그러나 우리 녀성들은 난관 앞에 주저앉지 않았고 눈물을 보이지 않았다.[145]

새터민 여성들은 남자들이 일을 하지 않는 이유들 가운데 하나가 여성들이 생계유지를 위해 능동적·적극적으로 열심히 일을 하기 때문이라는 말이 나올 만큼 여성들은 가족부양을 위해 억척스럽게 일하며, 이러한 처지를 빗대어 여성들 사이에서는 「녀성은 꽃이라네」라는 노래가 「녀성은 황소라네」라는 가사로 바뀌어 불리기도 했다고 한다.[146]

식량난 이후 가족부양의 책임이 북한 여성들에게 떠맡겨진 데에는 기본적으로 생계유지와 같은 가정생활 관련문제는 여성이 해결해야 한다는 사회적 통념이 작용한 것이라 하겠다. 북한 여성 스스로도 여자는 시집가서 남편을 섬기고 자식을 돌보는 게 당연하고도 기본적인 의무라고 생각하여 남편을 비롯한 가족의 생계유지에 대한 책임감에서 장사 등의 경제활동에 나선다고 한다. 또한 대부분의 북한 주민들에게 있어 장사는 거의 유일한 생계유지 수단이었음에도 불구하고, 남자들의 대부분이 장사하는 것을 수치로 여겼으므로 그만큼 여성들의 가족부양 부담이 컸다고 한다.

> 뭐를 팔던지 여자들이 팔지 남자들은 못 판다. 북한에서 남자들이 장사하는 것을 제일 수치로 여긴다. 남자들은 장마당가서 장사하는 것을 다 질색한다.[147]

145) 『조선녀성』(2005. 2), p. 6.
146) ○주○ · ○춘○, 2004. 4. 14 면담.
147) 구수미 · 이미경(2004), p. 93에서 재인용.

그러나 여성들의 생계유지 부담이 가중된 보다 현실적인 요인은 경제난의 악화로 인한 기업소, 공장 등의 가동중단이라 하겠다. 기업소와 공장에서의 작업이 중단됨으로써 직장에서 일거리가 없어지고 노임도 받을 수 없게 되었지만 엄격한 「노동법」 규정[148)]에 따라 남자들은 직장에 나가야 했으며, 따라서 여성들이 가장을 대신하여 생계를 꾸려 나갈 수밖에 없게 된 것이다. 북한 이탈여성들은 본래부터 북한 여성이 지니고 있는 가족에 대한 희생정신과 생계유지에 대한 의무감으로 인해 북한 여성의 가족부양 부담이 더 커졌다고도 말한다.

> 북한 여성들은 가정을 위해 봉사하고 희생하는 것을 최우선으로 여기며 산다. ……북한 여성의 경우 가정을 유지시키려는 책임감은 남성에 비해 훨씬 강하다. 의무감과 희생정신이 강하기 때문에 경제적 어려움이 심화될수록 더 많은 짐을 지게 되었다.[149)]

식량난을 겪는 과정에서 가족부양을 위하여 북한 여성들이 한 일은 다양하나 가장 보편화된 경제활동은 장사인 것으로 나타난다. 한 조사결과에 따르면, 1993년 이전에 탈북한 응답자들의 44.8%가 식량구입을 위하여 장사를 했다고 답하였으나, 1994년 이후에 탈북한 응답자의 경우에는 81.3%가 장사를 했다고 답하고 있다.[150)] 또 다른 연구보고서에서도 소수의 전문직 여성들(의사, 교원, 국가기관 임원 등)과 환자를 제외한 거의 70%의 여성들이 장사를 주 업종으로 하고 있는 것으로 나타났다.[151)] 극심한 식량난 속에서 가족부양을 위해 북한 여성들은 텃밭 경작물이나 간단한 먹을거리를 장마당

---

148) 북한 「사회주의노동법」 제18조는 "……근로자들은 사회주의 로동규률과 로동시간을 엄격히 지켜야 하며 제정된 절차를 밟지 않고 마음대로 직장을 리탈할 수 없다"라고 규정하고 있다.
149) 「탈북인사대담: 북한 여성 농장원의 생활」, 『통일한국』(2000. 2), pp. 40~41.
150) 박현선(1999), p. 148.
151) 최명숙(1999), p. 10.

에 내다 팔거나, 접경지역에서 중국 동포 보따리장사로부터 물건을 사들여 높은 가격으로 판매하는 되거리장사[152]를 하거나, 아니면 생필품 등을 싸들고 북한 전역을 돌아다니며 보따리장사를 하였다. 또한 그 과정에서 북한 여성들은 가재도구를 내다 팔거나 이웃 또는 친척에게서 돈을 빌려 '자본'을 마련하기도 하고, 장마당·열차 단속원을 무마하기 위해 뇌물을 바치는 등 나름대로의 수완을 동원하였다.

여성들이 가족부양을 위해 장사 다음으로 힘쓴 경제활동은 가내작업반과 가내편의봉사업 활동, 가정에서 집짐승 기르기, 텃밭·뙈기밭 경작 등의 부업이다.

북한의 사전적 정의에 따르면 가내작업반[153]은 부양가족들이 공장에서 예비로 탐구된 원료, 자재, 반제품, 폐설물들을 가져다가 가공하여 제품을 생산하는 생산조직 형태이며, 특히 직장이 없는 기혼여성들로 구성되는 인민소비품 생산조직이다.

> 가내작업반은 도시와 로동자구 로동자, 사무원 부양가족, 주로 가정부인들로써 조직된다. 가내작업반의 로동수단은 개인들이 가지고 있는 간단한 도구들이 기본으로 되고 있으나 공장에서 대여하여다 쓰는 경우도 있다. 가내작업반원들은 일정한 공동작업장을 정하여 놓고 일하거나 혹은 개별적으로 일하기도 한다. ……가내작업반을 많이 조직하고 발전시키는 것은 도시와 로동자구의 가정부인을 비롯한 유휴로력을 생산에 적극 참가시킴으로써 로력예비를 남김 없이 동원하여 인민소비품 생산을 늘이는 데 기여한다.[154]

가내작업반은 1984년 '8·3인민소비품 생산확대운동'의 일환으로 주로 기혼여성들의 유휴노동력을 흡수하여 인민소비품 생산증대

152) '되거리'란 "어떤 상품을 사서는 다른 사람에게 다시 비싸게 팔아 넘기는 일"을 뜻한다. 사회과학원 언어학연구소(1992), p. 902.

153) '가내작업반'의 실태와 특성에 대해서는 고미라 외(1993) 참조.

154) 사회과학출판사(1995), p. 61.

를 도모한 생산조직이다.[155] 공장이나 인민반에서는 근로자들이 부업으로 가내작업반에 참여하기도 하나, 구역별로 직장이 없는 70~80%의 기혼여성들과 노인들을 대거 흡수하여 전적으로 생산에 종사하게 한다. 가내작업반에서는 지방특산물뿐만 아니라 지역적 특성에 따라 탄광 같은 곳에서는 갱내 안전모, 채반 등을 생산하고, 농촌지역에서는 밭을 개간하거나 닭, 돼지, 염소 등을 사육하여 콩나물, 도라지, 두부, 염소젖, 고기가공품 등과 같은 부식을 공급하기도 한다. 도시의 백화점이나 종합상점 내의 가내작업반에서는 거의 모든 생필품을 생산하며, 협동조합이나 공장 내의 가내작업반에서는 그 공장의 폐설물과 부산물 또는 유휴자재 등을 이용하여 옷가지, 편물, 일용잡화, 단추, 신발 등을 생산한다.

가내작업반은 특히 직장을 나가지 않는 기혼여성들에게는 수입원으로서 의의가 적지 않으며, 따라서 가내작업반이 활성화되면서부터는 결혼과 함께 직장을 그만두는 여성들이 많아졌다고도 한다. 또한 동에서 운영하는 가내작업반은 사회동원을 빼는 데에도 활용되었는바, 가내작업반에 일정액의 돈을 바치면 사회동원에서 빠지고 장마당에 나가 돈을 벌 수도 있다는 것이다.[156]

가내편의봉사업은 "가정부인들과 년로자들, 사회보장자들이 인민들의 생활상 편의를 보장하면서 부수입을 얻을 목적으로 조직·운영하는 개인부업경리의 한 형태"[157]를 말하며, "폐기폐설물, 유휴자재, 농토산물로 세소일용품과 부식물들을 만들어 공급하는 가공편의업, 일용필수품을 수리해 주는 수리수선편의사업, 미용, 빨래를 해 주는 것과 같은 위생편의업" 등으로 구분되며 사진촬영도 가내편의봉사업에 해당한다.

위에서와 같이 식량난 이후 북한 여성들은 가내작업반 활동과

155) 김애실(1991), pp. 211~215.
156) 구수미 · 이미경(2004), pp. 98~99.
157) 백과사전출판사(1995), p. 62.

미용, 옷수선, 사진촬영 등의 가내편의봉사업을 통해 가족의 생계유지를 도모하는 한편, 하루 삯일이나 품팔이 임노동, 또는 산나물 채취나 술 등 음식물 제조·판매, 일용수제품 판매 등의 개인상업행위를 통해서도 가족부양에 힘쓰고 있다. 다음의 인용문은 직장을 다니면서 개인상업행위를 통해 돈을 모았다는 한 북한 여성의 사례이다.

> 직장 다니면서 중국 실을 갖다 떴어요. 그게 아주 장사가 잘 되더라구요. 직장 다니는 날은 수건을 하루에 2개씩 뜨고 노는 날은 4개씩 떴어요. ……대여섯 달 동안 떴는데 한 6, 7천 원을 벌었어요. 월급하고 상대도 안 되죠.[158]

북한 여성들은 가족부양을 위해 가정에서 염소, 토끼, 닭, 개 등의 집짐승을 기르는 일에도 적극적이었으며, 텃밭·뙈기밭에 감자, 강냉이, 채소 등을 경작하여 가족의 식량으로 조달하거나 농민시장에 내다 팔아 생활비를 마련하기도 하였다.

> 월급에서 부족한 나머지는 부업한 것으로 채웠구요. 부업은 우리가 아파트집이 아니고 독집이었으니까 개도 기르고, 토끼도 기르고, 그것은 일 다니면서도 할 수 있으니까요. 부업을 많이 해요. 집에서 가축부업을 했는데 거기는 그것이 수입이 높아요. 나가서 일하는 것 못지않게 수입이 좋아요. ……식량난이 어려워서 부업을 한 거지요.[159]

> 식량은 우리가 조금 터전밭이 있어서 40~50평 정도의 밭이 있었는데 봄철에는 감자, 강냉이 또 가을에는 채소 삼모작을 하는 거예요. 거기서 한두 달 넘는 식량이 나와요.[160]

158) 여성한국사회연구소 편저(2002), p. 254.
159) 박현선(1999), p. 153에서 재인용.
160) 위의 글, p. 167에서 재인용.

외화벌이도 생계유지를 위한 여성들의 부업 가운데 하나이다. 북한 여성들은 단체에 소속된 외화벌이 기구에 참여하거나 개인적으로 직접 중국 상인과 접촉하여 거래하기도 한다. 특히, 지리적 특성상 신의주는 중국과의 무역이 용이하여 거래가 활성화되면서 외화벌이를 위한 해산물 채취작업에 많은 부양여성이 동원되기도 하였으며, 이에 따라 경제난 이후 다른 지역에 비해 외화벌이가 신의주 여성들의 생계유지방식의 하나가 되기도 하였다.[161)]

가족부양을 위해 북한 여성이 선택한 또다른 방법은 매춘이다. 북한 이탈주민에 따르면 북한에서 여성의 매춘은 1989년 제13차 평양 세계청년학생축전 때에 생겨났다고 한다.

> 몸 파는 여자들은 1989년 제13차 청년학생축전 때 생겨났다. 외국인들이 처음으로 많았다. 청년학생축전 때 온 외국인들은 달러를 많이 가지고 와서 그 돈으로 동방의 여자들과 자보겠다고 했다. 그 때 여자들이 하룻밤 자고 달러를 몇 푼 받은 것 같은데 ……안내원들이라든가 외국인과 가까이 한 여자들이 순간, 달러에 매혹되어서였다. 그 때부터 여자들이 몸을 팔기 시작했고 살기 힘든 여자들은 몸이라도 팔아서 생계를 유지하겠다고 말하기도 했다.[162)]

이와 같이 1990년대를 통해 여성들의 생계유지형 매춘이 성행하게 된 데에는 식량난이 심화됨에 따라 가족부양을 위한 여성들의 매춘행위에 대해 사회적인 인식이 달라진 것도 주된 요인으로 작용하였다. 식량난을 겪으면서 북한 여성들 사이에서는 생계유지를 위한 절도행위도 드물지 않게 발생하였다. 여성들의 절도행위는 주로 밤에 기차가 들어오면 꽃제비들의 도움을 받기도 해 가며 쌀이나 석탄을 훔치는 정도이나, 여성에 따라서는 남자들이 조직한 '갱단'에 들어가 보다 규모가 큰 절도나 강도행위에 가담하는 사례도 있

161) 구수미 · 이미경(2004), p. 96.
162) 좋은벗들 엮음(2000), p. 46.

다고 한다. 또한 앞에서 밝혔듯이 매춘행위를 하는 여성들이 남자들과 함께 매춘상대를 대상으로 하여 절도행위를 하는 사례도 적지 않았다.

> 우리는 비록 시내생활을 하고 있지만 공장이 다 문을 닫고 로임도 없고 배급도 주지 않다 보니 하는 일이라는 것이 역전 부근에 언니와 내가 가서 기차 빵통의 쌀이나 석탄을 훔쳐서는 개인집에서 두부하는 집에다 팔아서 옥수수가루, 옥수수국수 같은 것을 장마당에 가서 사서는 먹고 사는 것이었습니다.[163)]

> 북한에는 현재 많은 갱단조직이 있다. ……갱단에 여자들이 포함되어 있기도 하다.[164)]

4.2. 경제적 자립능력 제고

대체적으로 북한 여성들은 결혼을 하게 되면 직장을 그만두는 편이라고 한다. 이는 직장에서 기혼여성을 그다지 달가워하지 않을 뿐만 아니라 남편도 원하고, 특히 여성 자신이 원하기 때문이다. 대부분의 북한 여성들은 좋은 직장보다는 좋은 남편을 만나서 가정에 안주하고 싶어한다는 것이다.

> 북한에서는 결혼하면 더 다닐려고 하는 사람이 별로 없어요. 직장이 맘에 없으니까요. 혹시 이득이 있는 직장이라면 결혼을 해도 미련이 있어서 다니기도 해요. 이득이 있는 직장이란 대개 생활에 도움이 되는 직장이죠. 예를 들면, 생활에 필요한 비누, 소래(플라스틱 바구니나 그릇) 등 일용품 같은 것을 생산하는 직장이죠. 그런 직장에서는 명절 때에 그런 일용품이 상품으로 나오기도 하는데 자기가 쓸 수도 있고 남한테 팔 수도 있으니까 생활에 보탬이 되죠.[165)]

163) (사)좋은벗들(2004), p. 94.
164) 나촌스 지음, 황재옥 옮김(2003), p. 293.

중국 연변대학의 한 연구자 역시 여성의 취직률이 높았던 1980년대 중반에도 북한의 미혼여성들은 대부분이 취직을 하였으나 기혼여성들의 취직률은 30~40% 정도였으며,[166] 전문기술직과 체력노동업종을 제외한 상업, 복무업 및 일반사무직종에 종사하는 여성들은 결혼하고 해산하는 것이 곧 실직을 의미하는 것이라고 한다. 이 연구자는 또한 이와 같은 현상이 나타나는 것은 중공업 위주의 산업구조로 인해 여성들에게 적합한 일자리가 상대적으로 적었기 때문이기도 하지만, 여성은 결혼하면 가정에서 남편을 섬기고 아이들을 돌보는 것이 '천직'이라는 고정관념이 잔존해 있기 때문이라고 한다.

그러나 식량난이 악화되고 국가적 생산·공급 시스템이 제 기능을 하지 못함에 따라 여성들이 생계유지를 담당하게 되었으며, 이로써 가족부양을 위한 여성들의 경제활동이 본격화되기에 이른다. 여성들의 경제활동은 장사, 가내작업반 부업과 수선, 세탁, 이·미용 등의 편의봉사업, 가축사육, 텃밭·뙈기밭 경작 등의 비공식 부문에서 이루어졌으며, 특히 장사를 주 업종으로 하면서 여성들의 경제적 자립능력이 높아져 갔다. 식량난 악화 이후 가족의 생계유지를 위해 시작한 장사가 부의 축적을 가능하게 하는 등 점차 여성들의 경제적 자립능력을 높인 것이다. 여기에서 특히 장사를 통한 여성들의 경제적 자립 제고가 의미하는 바는 다음의 세 가지로 집약할 수 있다.

첫째, 여성들이 장사로 생계를 이어가는 과정에서 나름대로의 장사수완 내지 요령을 터득하였다는 것을 뜻한다. 여기에서 말하는 장사수완 내지 요령이란 장사와 관련해 편의를 제공받기 위한 사회의 공적·사적 연결망 활용, 자금조달, 이윤배가, 수지타산에 따른

165) 홍욱화(2003), p. 47에서 재인용.

166) 미혼여성일 경우 직업이 없으면 양식배급관계가 곧 취소되나 기혼여성의 경우에는 아이를 기르기 위해 직장을 그만두어도 양식관계를 남편의 직장에로 옮길 수 있다(출근은 하루 700g, 이직은 하루 300g). 림금숙(1999), pp. 20~21.

상품선택 등과 관련된 것이다.

> 장사를 하면 조직에서 찾는데 그러면 그 사람들에게 물질을 고여야 해요. 나를 찾는 사람들, 즉 청년사령총위원장이라던가, 보위부라던가 하는 사람들한테 그만한 물건이나 돈을 주고 나는 장사를 시작했어요. ……북한에서도 수완이 좋아 군인들과 짜고 장사하는 사람들은 다 잘 살아요. ……무엇을 하면 수지가 맞겠는가를 재깍 간파해서 그때그때 바꾸는 거예요. 양잿물, 쌀, 콩기름장사 중에서 기름장사할 때 제일 돈을 잘 벌었어요. 북한은 먹고 살기가 힘드니까 먹는 장사가 제일 낫겠다고 생각했던 거죠.[167)]

> 저희는 부업이라는 것을 어떻게 했나 하면 물건이 쌀 때 사놓았다가 물건값이 올라갈 때 팔아서 그런 것을 했지요. 시장 장사는 안 하고 저희는 돈이 있어서. ……앉은 장소에서 이윤은 배로 남아요.[168)]

둘째, 여성들의 경제적 자립능력 제고란 장사품목의 다양화와 질적 향상을 통해 보다 높은 수입을 도모하였다는 것을 뜻한다.

> 술도 해서 팔아 보고 중국 물건도 사서 넘겨도 보고 달러도 팔아 보고 해삼장사도 해 보고 하여튼 장사라고 하는 것은 다 해본 것 같아요. 중국 장사꾼들이 물건을 가지고 넘어오면 물건을 사서 넘기지요. 품목은 생활필수품이지요. 일용잡화, 식품, 옷, 화장품, 잡화, 라이터니 전등알 같은 거요.[169)]

셋째, 장사를 통해 여성들의 경제적 자립능력이 높아졌다는 것은 여성들이 국경지역을 포함한 북한 전역을 다니며 북한인, 중국인 모두를 상대로 장사를 함으로써 대담성을 키웠을 뿐만 아니라,

167) 여성한국사회연구소 편저(2002), pp. 48~51 참조.
168) 박현선(1999), p. 152에서 재인용.
169) 위의 글, p. 151에서 재인용.

지역이동과 외국인 상대로 인해 북한 내·외의 사정에 밝아졌다는 것을 의미한다.

> 우리는 국경지대에 살았는데 중국 동포들이 보따리장사를 많이 오거든요. 그런 사람들에게서 물건을 해서 팔면 돈이 떨어지고 그러니깐 재미도 있고 돈도 벌고 그러니깐 직장을 관두고 장사했어요. ……나중에는 중국 사람들을 많이 알게 되니깐 물건 먼저 대주고 나중에 팔아 와서 갚아라 하는 식으로 해서 중국도 왔다 가고 그랬어요. 중국 사람들하고 많이 오고가다 보니깐 바깥 일에 대해서 많이 알게 되고…….[170)]

한 새터민도 장마당에서 잡화, 재생품, 기계류, 자전거 부속 등을 파는 것은 남자이고 외지로 차를 타고 장사하러 나가는 사람들은 여자가 많았다고 하며, 혜산의 여성들 가운데는 강둑에서 밤에 중국 사람들과 몰래 돈 같은 것을 거래하거나 역전 외화상점 앞에서 돈장사(달러장사)를 하는 여자들도 많았다고 한다.[171)]

가족부양을 위한 적극적인 경제활동에 따른 북한 여성들의 경제적 자립능력 제고는 장사 외에도 가내작업반 부업활동과 편의봉사업, 가축사육, 텃밭·뙈기밭 경작 등 비공식 부문에서의 다양한 경제활동을 통해 이루어졌다. 또한 바람직한 현상은 아니지만 식량난이 장기화됨에 따라 북한 여성들 사이에 성행한 매춘 역시 여성들의 경제적 자립능력을 높인 요인들 가운데 하나이다. 이는 식량난이 장기화되고 매춘이 성행함에 따라 여성들에게 있어 매춘은 생계유지를 위한 수단으로서만이 아니라, 부의 축적을 통한 경제적 자립을 위한 주요 수단으로 인식된 데 따른 것이라 하겠다.

그러나 식량난 이후 북한 여성의 경제적 자립능력 제고와 관련한 평가에 있어서는 몇 가지 감안해야 할 점들이 있다.

---

170) 박현선(1999), p. 151에서 재인용.
171) 구수미 · 이미경(2004), p. 100.

첫째, 장사를 비롯한 여성들의 경제활동량이 증대한 것만을 가지고 경제적 자립능력이 높아졌다고 평가할 수는 없다는 것이다.

둘째, 경제활동량도 중요하나 활동의 내용을 주목해야 하는바, 특히 매춘행위와 같은 경제활동은 오히려 북한 여성들로 하여금 왜곡된 직업의식을 형성하게 하는 결과를 초래하며, 장사과정에서의 부당한 거래나 이윤추구 역시 식량난 이전에 여성들이 지녔던 직업의식을 왜곡시킬 수도 있다는 것이다.

셋째, 대부분의 북한 여성들에게 있어 가족부양을 위한 장사는 농산물이나 단순한 물품거래에 불과했으며, 장사 외의 부업 역시 전문지식이나 세련된 기술 내지 오랜 숙련을 바탕으로 한 경제활동이 아니었으므로 결과적으로 종래 북한 여성들이 지녀 온 직업수행능력을 저하시킬 수도 있다는 것이다.

넷째, 경제적 자립능력 제고를 논하기에는 북한 여성들이 가족부양을 위한 비공식 부문의 경제활동을 하는 과정에서 겪은 과도한 노동과 성폭력의 경험, 이로 인한 정신적·신체적 고통이 너무 심각한 정도라는 것이다.

다섯째, 기본적으로 북한 여성의 비공식 부문의 경제활동은 가족의 생계유지라는 부담을 안고 시작되었으며, 여성 자신의 의지로서 중단할 수도 없었다는 것이다.[172)]

4.3. 자아의식의 변화

북한 주민 모두에게 일반적이듯 북한 여성들은 인생의 주체로서의 '개성 있는 자아'를 의식하기보다는 '집단 속에 매몰된 획일화된 자아'를 의식해 왔으며, 이는 북한 당국의 집단주의를 기초로 한

172) 본 연구자와 면담한 새터민 여성들에 따르면, 북한 여성들은 경제적 자립능력 자체에 대한 의식 내지 인식이 희박하며 단지 남편을 비롯한 가족의 생계유지에 대한 책임감에서 장사에 나설 뿐이라고 한다.

의도적·획일적 사회화에 따른 결과이다. '집단에 속한 나'를 의식한다는 것은 곧 국가와 사회를 위해 존재하는 '나'를 의식한다는 것을 의미한다. 또한 오직 국가와 사회를 위해 존재하는 개인에게는 의무와 책임만이 요구될 뿐이며, 이러한 자아의식은 어떤 대의나 국가에 대한 광신과 맹목적인 헌신을 낳게 한다. 따라서 식량난이라는 심각한 상황에 놓이기 전까지 북한 여성들은 자신의 권리를 요구하기보다는 의무수행에 충실하고자 노력했으며, 자신과 가족보다는 국가와 사회, 집단을 위한 삶을 지향하였다. 또한 가요 「녀성은 꽃이라네」에서처럼 북한에서 여성은 "생활의 꽃, 행복의 꽃, 나라의 꽃"으로 상징·인식되고 있으며, 이와 같이 자신들이 대상화된 데 대하여 북한 여성들은 별다른 거부감이나 저항감 없이 이를 받아들였다. 가정에서 여성의 역할 내지 임무와 관련해 북한은,

> 녀성은 가정의 주부이며 온 가정에 건전하고 화목한 분위기가 차 넘치게 하는 꽃이다. 늙은 부모들이 여생을 값있게 보내도록 잘 돌봐 주는 것도 녀성들이며 남편이 혁명사업을 잘하도록 적극 도와 주고 받들어 주는 것도 안해이며 혁명동지인 녀성들이다. 아들딸들을 낳아 키우는 것도 녀성들이며 그들을 혁명위업의 미더운 계승자로 준비시키는 첫째가는 교양자도 녀성들이다.[173]

라고 한다.

실제로도 북한 여성들은 현모양처로서 희생적·헌신적 뒷바라지를 한 남편과 자식의 성공에서 자신의 정체성을 찾고자 하며, 헌신적인 아내의 삶, 모성애 강한 어머니로서의 삶을 추구해 왔음이 사실이다. 한 연구결과에 따르면, 1990년대를 통해 북한이 공식 지향한 여성상은 '대지의 어머니', '자아희생의 화신', '충효일심의 효녀' 등으로 개념화된다.[174] 이는 곧 북한이 여성들에 대해 대지와도

173) 박영숙(1999), p. 15.
174) 채미화(1999), pp. 30~43.

같이 모든 것을 품는 어머니로서의 존재, 자아희생적인 삶, 그리고 당과 국가에 대한 충실성을 지향할 것을 요구하고 있음을 말한다. 1990년대라는 시기를 감안할 때, 보다 구체적으로는 식량난을 비롯한 경제난 위기극복을 위해 여성들이 가정과 사회에서 일정 부분 역할을 담당해 주기를 바라고 있음을 시사하고 있다고 하겠다. 요약하건대, 위에서와 같이 북한이 공식 지향하는 여성의 자아의식은 집단주의적 자아, 대상화된 자아, 희생적·헌신적 삶 속의 자아 등에 대한 의식 내지 인식이다.

그러나 1990년대를 통해 식량난을 겪는 과정에서 북한 여성들의 자아의식은 크고 작은 변화를 나타내고 있다. 점차 인생의 주체로서 개성 있는 자아를 지향하고 있으며, 우선적으로는 가족을 위한 삶을 살아가면서도 맹목적으로 가족을 위한 희생적·헌신적 삶에 자신을 매몰시키려 하지 않는다는 것이다. 본 장의 2.2항 '주민의 의식변화'에서 논하였듯이 이와 같이 북한 여성의 자아의식에 있어 변화를 초래한 근원은 식량난을 비롯한 경제난과 부분적 체제개방으로 인한 외부 사조 및 문물의 침투이며, 이러한 변화를 가속화한 것은 여성들에 의한 가족부양이다. 식량난 속에서 여성에 의해 생계유지가 가능해짐에 따라 여성들은 점차 자신의 존재 의의 및 가치, 자신을 위한 삶 등에 대해 의식하게 된 것이다. 이와 관련해 중국에 거주하는 한 탈북난민 여성은,

> 자기 자신을 많이 발달시켜 주는 그런 감이 들어요. 지금 힘들고 이럴 때도 있지만은 어딘가 모르게 자신을 많이 키워 주잖아요. ……조선에 있을 때는 다 똑같은 사람이고 똑같은 그런 환경에서 살았으니까 몰랐는데 여기 오니까 나하고 다른 사람들하고 내가 어울려서 이렇게 살 수 있는 것은 내가 그만한 능력이 있으니까 내가 이 땅에서 발 붙이고 사는구나 라고 느끼죠. ……자기도 모르게 어떨 때는 기쁘지요.[175]

175) 김태현·노치영(2003), p. 187.

라고 말한다.

식량난 이후 가족부양의 책임증대로 인해 초래되었다고 볼 수 있는 북한 여성의 자아의식의 변화는 가출, 이혼, 출산·육아 기피, 독신 선호 등으로 반영되고 있다. 가출은 만성적인 굶주림과 과도한 노동, 남편의 구타 등으로 인한 가출과 남편, 자녀 등의 생계유지보다는 자신만의 안락한 삶을 위해 가정을 버린 가출 등 두 가지 유형으로 이루어졌으며, 전자의 경우를 외적 요인에 의한 수동적·비의도적 가출이라고 한다면 후자의 경우는 내적 요인에 의한 능동적·의도적 가출이라 하겠다. 이와 같이 가출의 유형을 구분한다면 후자의 경우만이 북한 여성의 자아의식의 변화를 반영하는 것이라고 할 수도 있다. 그러나 전자의 경우 역시 여성 스스로가 '자아'를 의식한 가출이라고 할 때, 수동적·비의도적 가출 또한 달라진 자아의식의 일단을 내비치고 있다.

북한에서는 재판에 의한 이혼만이 가능하며[176] 이혼절차가 복잡하고, 특히 여성의 이혼 및 재혼에 대한 사회적 편견이 심하다. 이를테면 남편의 잘못으로 인한 이혼이라 해도 여성을 비난하며, 사유를 불문하고 딸의 이혼 자체에 대해 친정부모가 큰 수치로 여긴다. 그러나 식량난을 겪는 과정에서 이혼율이 급증하였으며, 특히 고난의 행군기간에 남편의 무능한 경제력을 이유로 한 여성들의 이혼제기가 많아졌다고도 한다.

> 조선에서는 이혼이라는 것이 노래소리다. 원래 결혼을 해도 2~3년간은 결혼등록하지 않는 것이 추세이므로 따로 이혼절차를 밟을 필요도 없다. 지금 조선에서는 남녀 간에 같이 살면서도 몇 년간은 실험한다는 말들을 한다. 그리고 같이 살다가 마음이 맞지 않으면 쉽게 서로 갈라진다.[177]

---

176) 1956년 3월, '내각결정 제24호'에 따라 합의이혼을 폐지, 재판상의 이혼만 허용하고 있다; 북한의 「가족법」은 "리혼은 재판에 의해서만 할 수 있다"(제20조 2항)라고 규정하고 있다.

식량난의 과정에서 여성에 의해 제기된 이혼사유는 남편의 경제적 무능력과 구타, 여성이 다른 지역으로 장사를 다니는 동안에 발생한 남편의 외도 등으로 알려지고 있다.

북한 여성의 자아의식의 변화는 출산·육아 기피경향에서도 엿볼 수 있다. 식량난이 초래한 기근으로 인해 출산율이 크게 떨어짐에 따라 북한은 1998년 9월 제2차 전국어머니대회를 개최하고 국가적으로 다산을 장려하기도 했으나[178] 여성들은 생활고를 이유로 출산을 기피하였다. 또한 식량난 이후 사실혼의 관계가 많아졌는바, 여성들이 불안정한 사실혼 관계를 이유로 출산을 기피하기도 하였다. 극단적인 사례로는 가정에서 출산 후 고의적으로 신생아를 일주일 정도 방치해 놓아 그로 인해 신생아가 사망한 경우도 있었다고 한다.[179] 그런가 하면 가장을 대신해 가족부양의 책임을 진 여성들 가운데 부담을 견디지 못해 자녀들을 집 밖으로 내보내 각자 능력껏 끼니를 해결하도록 하는 여성들도 적지 않았다고 한다.[180]

식량난 이후 북한 여성들 사이에 독신을 선호하는 경향이 확산되어 갔으며, 이는 자녀양육과 가족부양에 대한 부담이 주 요인으로 작용하였다고 한다. 식량난 이후 여성의 독신생활이 하나의 풍조로 되어 간 것은[181] "장사하여 내가 벌어 내가 살자는 사고방식"[182]에서 비롯된 것이라는 지적이다. 또한 식량난 이후 여성의 독신생활이 많아진 데에는 독신여성에 대한 사회적 인식의 변화도 적지 않게 작용하였다고 한다. 북한 사회의 통념상 독신여성은 매춘하는 여자로 간주되어 천시하는 경향이 있었으나 식량난이 심화되고 여성이 가족부양을 떠맡게 됨에 따라 점차 독신여성을 이해하고 인정

177) 권혁(1999), p. 168.
178) 2002년부터는 아이가 3명이면 동사무소에서 지원금을 지급하고 5명이면 모성영웅 칭호를 수여했다고 한다. ○금○, 2004. 4. 29 면담.
179) ○주○·○춘○, 2004. 4. 14 면담.
180) ○명○, 2004. 4. 29 면담.
181) ○정○, 2003. 10. 27 면담.
182) ○경○, 2004. 4. 16 면담.

하는 등 사회적 인식이 달라졌다는 것이다.

4.4. 성의식의 변화

식량난이 초래한 북한 여성의 의식변화 가운데 또 하나는 성의식의 변화이다. 한 마디로 말해서 북한 여성들 사이에 종래의 순결의식이 크게 약화되었으며, 성을 생계유지 또는 부의 축적과 안락한 생활을 위한 도구로서 인식하는 경향이 확산·심화되어 갔다는 것이다. 이와 같은 성의식의 변화는 식량난 이후 급증한 여성의 매춘, 동거 내지 사실혼의 관계 등으로 반영되고 있다. 북한 여성들은 식량난이 심화되고 가족부양의 부담을 떠맡게 됨에 따라 순결을 지키는 것보다 먹고사는 문제를 더 중요하게 여겼으며, 성을 도구로 하여 생계유지를 도모하였다. 그러나 이와 같이 생계유지 수단으로서 시작된 매춘은 점차 부의 축적과 안락한 생활을 위한 수단으로서 도구화되었으며, 이는 북한 여성들로 하여금 성에 대한 왜곡된 의식을 형성하게 하였다.

> 음식을 먹으면서 처녀보고 결혼했는가고 물으니 그는 대뜸 요즘 같은 시기에 시집가는 여자는 머저리라고 하였다. 시집가지 않고 장사만 잘 하면 돈도 벌고 편안하게 지낼 수 있다는 것이었다. 그가 말하는 장사란 몸을 파는 장사였다.[183]

식량난 이후 급증한 북한 여성의 일시적 동거 내지 사실혼 관계는 생활상 편의 또는 성적 쾌락을 위해 이루어진 경우도 적지 않다.[184]

---

183) 권혁(1999), p. 189.
184) 위의 책 참조.

4.5. 경제의식의 변화

식량난 이후 가족부양을 위해 장사 등 비공식 부문에서의 경제활동을 해 나감에 따라 북한 여성들의 경제의식에 있어 변화가 일고 있는 것으로 알려지고 있다. 생존을 위해 장사 등의 경제활동을 해 나감에 따라 자본주의에 대한 거부감이 완화되고 있다는 것이다. 이와 관련해 연변대학의 한 연구자는 다음과 같이 전하고 있다.

> 장시기간 계획경제체제 속에서 상품경제는 자본주의라는 관념하에 장사하는 사람은 무조건 사상이 나쁜 사람으로만 보던 인식이 점차 변화하기 시작하였다고 한다. 물론 지역에 따른 차이로 중국과 린접한 변강지역과 내지사람들의 관념에는 아직도 차이가 크지만 장사해야만 생계를 유지할 수 있는 현실은 사람들로 하여금 상품경제에 대한 새로운 인식을 가져오게 하였다. 현재는 장사하는 사람이 머리 좋은 사람으로 인정되고 있다. 장사를 자주하니 의력이 터서 장사비결도 늘었다고 한다. 현재 장마당에 가면 각종 식품, 음식들이 과거보다 질과 모양이 매우 제고되였다고 한다.[185]

본 연구자가 면담한 새터민 여성들에 따르면, 이들은 장사를 하면서 자신들이 자본주의적 행위를 하고 있다고 의식하거나 자책하지 않았으며, "그저 먹고 살기 위해서 장사를 했을 뿐"이라고 한다. 사실상 이들에게 있어 자본주의에 대한 이해는 매우 부족하며 그나마 이념적으로 편향되어 있다. 이들은 학교와 사회교육 과정에서 자본주의를 제국주의, 착취계급 등의 개념과 같이 적대적이고 해악적인 것으로 인식하는 정도일 뿐 객관적·체계적인 이해나 평가는 없다. 새터민 여성들에 따르면 북한이 경제운용에서 자본주의 요소를 가미한 것으로 평가되는 '7·1경제관리개선조치' 이후에도 종래 자신들이 갖고 있던 자본주의에 대한 인식은 달라지지 않았다고

185) 권혁(1999), p. 25.

한다. 자신들은 이 조치가 자본주의적 개혁이라기보다는 경제가 어려워짐에 따라 북한 당국이 어쩔 수 없이 행한 경제조치라고 이해했을 뿐이라고 한다.[186)]

위의 내용들을 종합해 보건대, 종래 북한 여성들에게 있어 자본주의는 제국주의의 해악적 요소이며 장사는 자본주의적 행위로서 각인되어 있다. 그러나 식량난에 따른 생계유지의 어려움은 가족부양의 책임을 떠맡은 여성들로 하여금 이념적 판단을 배제 내지 유보한 채 장사에 나서도록 하였으며, 북한 여성들은 장사를 하는 동안 자신도 의식하지 못하는 사이에 자본주의에 대한 부정적 인식 내지 거부감이 점차 희석되어 갔다. 북한 여성들은 자본주의를 이념적·객관적으로 이해하고 수용했다기보다는 장사를 통해 체득함으로써 자연스럽게 수용했다는 것이다.

북한 여성들의 자본주의에 대한 의식변화는 시장기능에 대한 긍정적 평가에서도 엿볼 수 있다. 북한에서는 시장을 열지 않으면 단 하루도 먹고 살 수 없는 형편이었는바,

> 식량은 시장에 가서 구입했는데 시장에 가면 없는 것이 없어요. ……우리가 나오기 전에는 없는 것이 없어서 홍콩시장 같다고 했어요. 자본주의나 똑같아서 명칭만 사회주의고 운영되는 방식은 자본주의와 똑같이 되고 있어요.[187)]

라고 한다.

북한 여성의 경제의식 변화는 사유재산 및 돈과 관련해서도 나타난다. 주지하는 대로 북한에서는 사유재산을 인정하지 않으며 모든 재화가 국유 또는 공유로 되어 있다. 또한 모든 생산과 분배는 국가주도의 시스템에 따라 이루어진다. 따라서 북한 여성들의 사유

186) ○순○, 2004. 7. 29 면담.
187) 박현선(1999), p. 166에서 재인용.

재산 및 돈의 가치에 대한 의식은 희박한 편이었다. 그러나 식량난을 비롯한 경제난 악화 이후 북한 여성들 사이에 사유재산 및 돈의 가치에 대한 의식이 높아졌다고 한다. 이러한 현상은 텃밭이 허용되고, 개인 간 매매를 통한 집과 가전제품 등의 구입 및 소유가 가능해짐에 따른 것이며, 또한 국정가격과 시장가격으로 구성되는 가격의 이중구조화에 따른 결과라 하겠다. 장마당에는 식량을 비롯해 거의 모든 생활용품이 구비되어 있으나 필요한 물품을 구입하기 위해서는 많은 돈이 필요한 바, 이로써 돈의 중요성을 느끼게 되었다는 것이다. 이와 같은 돈에 대한 인식의 변화는 2002년 '7·1경제관리개선조치' 이후의 물가 급등, 종합시장 설치, 시장에서의 생필품 구입 등으로 인해 보다 더 심화되는 추세이다.

5 맺음말

일반적으로 빈곤지역의 기근으로 인한 일차적 희생자는 여성이다.[188] 이에 대해 북한도 예외가 아닌바, 수 년간 지속된 북한의 기근에 따른 일차적 희생자도 여성이다. 식량난은 북한 여성들에게 가족부양의 책임을 떠맡겼으며, 이로 인해 여성들은 과도한 노동과 건강악화, 성폭력 등에 시달릴 뿐만 아니라 생계유지 수단으로서 자신의 몸을 도구화하는 상황에까지 놓여졌다. 또한 식량 및 생활비 조달을 위해 경제활동이 크게 증대되었음에도 불구하고 사회 전반에 만연해 있는 남성 중심의 가부장적 의식으로 인해 종래와 마찬가지로 가사노동까지 전담함으로써 이중부담이 보다 더 가중되었다. 식량난을 비롯한 경제난의 악화로 인해 보다 열악해진 생활환경에서 생계부양자로서의 과도한 역할부담으로 인해 북한 여성들의 삶의 질이 크게 저하되고 있는 것이다. 그러나 다른 한편으로 식량난은 북한 여성들로 하여금 자아와 자신의 삶을 의식하게 하였으며, 정치·체제 및 상품경제에 대한 의식에 있어서도 변화를 야기하였다. 또한 북한 여성들은 가족부양을 위한 경제활동을 통해 경제적 자립능력을 높이는 계기도 마련하였다. 그러나 이와 같은 의식변화와 경제적 자립능력 제고에도 불구하고 북한 여성들은 북한 사회에 잔존해 있는 뿌리 깊은 남성 중심의 가부장적 의식으로 인해 종래의 성역할을 강요당하고 있으며, 이에 대해 북한 여성들은 저항하기보다는 순응하는 편이다. 이러한 현실은 남성 중심의 가부장적 의식이 여성들에게도 뿌리 깊게 내재되어 있음을 말해 주는 것이라 하겠다. 그러나 여성들의 경제적 자립능력 내지 독립성 강화와 인생의 주체, 독립적 개체로서의 자아에 대한 의식, 그리고 여성

188) 베일리스·스티브 스미스 편저, 하영선 외 옮김(2004), p. 574.

들의 경제활동으로 인한 가정 내 성역할 분업구조에서의 변화 등은 중·장기적으로 남성 중심의 가부장적 의식의 약화와 함께 북한 여성들의 역할 및 지위 향상을 전망하는 데 있어 시사하는 바가 적지 않다.

이 연구는 식량난이 북한 여성에 대해 어떠한 영향을 미쳤으며, 이로 인해 북한 여성의 역할 및 의식에 있어 어떠한 변화가 초래되었는가를 밝혀 논하고자 시도된 것이며, 연구결과로서 위와 같은 결론을 도출해 내었다. 그러나 위의 분석결과들이 북한 여성들에게 있어 일반적인 것이라고 단정하여 말할 수는 없다. 이 연구결과를 일반화하는 데 있어 한계는 분석자료의 성격에서부터 비롯된다.

이 연구는 주로 국내외 거주 북한 이탈여성들을 대상으로 한 설문·면접 조사결과와 이들의 증언자료집을 주요 분석자료로 활용하였다. 북한 체제의 폐쇄성으로 인해 현지에서의 설문·면접조사를 통한 실증자료 수집이 가능하지 않기 때문에, 차선책으로 증언자료집을 비롯한 관련문헌과 본 연구자가 10여 명의 새터민 여성을 대상으로 한 심층면접 결과를 중심으로 분석을 시도한 것이다. 그러나 이와 같은 방법의 연구는 근본적으로 연구결과의 일반화에 있어 한계를 지닐 수밖에 없는바, 북한 이탈여성은 특수한 신분일 뿐만 아니라 대표성에 있어서도 회의적이기 때문이다. 이를테면 탈북한 여성들의 대부분은 식량난이 극심했던 동북부지역 출신이며, 탈북을 결행할 만큼 생활환경 및 조건이 보다 열악했고, 또한 탈북 체험으로 인해 북한에 살고 있는 여성들과는 다소 다른 심리 또는 정서를 지니고 있어 이들의 증언을 북한에 살고 있는 여성들 모두에게 일반화할 수는 없다는 것이다. 이 연구결과를 일반화하는 데 있어서의 한계는 북한의 식량난이 여성들에게 미친 영향이 이들 각 개인의 생활환경 및 조건에 따라 다소 다르며, 정도를 달리한다는 데에서도 비롯된다. 북한 여성들에게 있어 식량난의 영향은 거주지역, 직업, 연령, 교육수준, 가족구조 및 가족구성원의 노동력, 사회

연결망 활용 여부, 경제력 등에 따라 양상이 다르며, 그 정도를 달리한다는 것이다.

위와 같은 일반화의 한계는 관련 선행연구 결과물들에서도 마찬가지이다. 선행연구 거의 모두가 북한 이탈여성을 대상으로 한 설문 및 면접조사 결과를 주요 분석자료로 활용하고 있기 때문이다. 그러나 이 연구결과를 선행연구 결과물들과 비교해 보면 주요 논지는 거의 같다. 각 논문마다 일반화의 한계를 지니고는 있으나 모두가 거의 같은 분석결과를 밝히고 있다는 것이며, 이로써 이 연구결과는 식량난이 북한 여성들에게 미친 영향과 이로 인한 역할 및 의식의 변화를 파악, 이해하는 데 있어 나름대로의 유용성 있는 자료로 활용될 수 있으리라 기대한다.

제 3 장

『조선녀성』 내용분석

1 '조선민주녀성동맹'

『조선녀성』은 조선노동당의 외곽단체인 '조선민주녀성동맹'(이하 여맹)의 기관잡지이다. 따라서 『조선녀성』을 분석하기에 앞서 여맹에 관해 개괄적으로 살펴보기로 한다.

북한의 사전적 정의에 따르면, 근로단체는 근로자들의 대중적 정치조직이며 당을 옹호·보위하고 방조하는 당의 외곽단체이다. 또한 근로단체는 당과 대중을 연결시키는 인전대로서 각계각층의 광범한 군중을 교양하여 당과 수령의 두리에 묶어 세우며 그들을 당 정책 관철에로 조직동원하는 임무를 수행한다.[1] 다시 말해서, 근로단체는 당에 의하여 조직되고 당의 영도 밑에 자기의 조직체계를 가지고 동맹원들과의 사업을 하는 정치조직이며, "근로단체조직들은 당과 대중을 련결시키는 인전대로서 군중을 교양개조하여 당의 두리에 튼튼히 묶어 세우며, 당은 근로단체를 통하여 대중과의 련계를 실현하고 군중 속에서 핵심을 키워 자기 대렬을 끊임없이 보충해 나간다"[2]는 것이다.

북한 문헌을 통해 보면 근로단체의 주요 임무와 과업은 사상교양사업, 동맹대열의 정치사상적 정비 강화, 동맹조직생활 강화, 그리고 노동계급과 동맹원들을 사회주의 경제건설에 적극 조직동원하는 것 등 네 가지로 집약되며, 이 가운데 가장 중점을 두는 것은 사상교양사업이다. 또한 북한은 근로단체들이 이와 같은 임무 및 과업을 성과적으로 수행하기 위해서는 이른바 당적지도를 강화하는 것이 필수적이라고 한다. 북한의 근로단체는 '조선민주녀성동맹'을 비롯해 '조선직업총동맹', '조선농업근로자동맹', '김일성사회주의청

1) 백과사전출판사(1996), p. 427.
2) 김정일(1998), pp. 200~201.

년동맹' 등으로 구성되어 있다.

여맹은 1945년 11월 18일 '북조선민주녀성동맹'으로 창립되었으며, 1951년 1월 20일 '남북조선'의 여성동맹이 통합되면서 '조선민주녀성동맹'으로 개칭되어 오늘에 이르고 있다. 여맹 역시 다른 근로단체와 마찬가지로 김일성이 창건한 "우리 나라 녀성들의 대중적인 정치조직"이며, "조선로동당의 믿음직한 방조자, 당과 녀성들을 련결시키는 인전대"이고, "녀맹원들을 참다운 주체형의 공산주의 혁명가로 키우는 사상교양단체이다".[3] 또한 여맹의 주요 임무 및 과업에 있어 가장 중점적인 것도 다른 근로단체와 마찬가지로 사상교양사업이며, 사상교양사업의 궁극적인 목적은 여맹원들을 김일성과 김정일에게 충실한 주체형의 공산주의 혁명가로 키우는 데에 있다. 이와 관련해 『조선녀성』은,

> 녀맹이 녀맹원들에 대한 사상교양단체라는 것은, 사상교양사업을 가장 중요한 과업으로 틀어 쥐고 녀맹원들의 사상을 공산주의적으로 개조하고 그들의 사상의식을 적극 발동하는 방법으로 동맹건설활동을 벌려 나가는 대중단체라는 것을 말한다. 녀맹이 녀맹원들에 대한 사상교양단체로 되는 것은 무엇보다 먼저 녀맹이 광범한 녀맹원들과의 사업을 하는 대중정치조직이기 때문이다. ……녀맹원들과의 사업은 그들을 위대한 수령님께와 친애하는 지도자 동지께 끝없이 충실한 주체형의 공산주의 혁명가로 키우며 그들의 혁명적 열의와 창조적 적극성을 혁명과 건설에로 불러일으키는 사업으로 된다. ……녀맹은 사상교양사업을 가장 중요한 과업으로 틀어 쥐고 끊임없이 심화·발전시켜야 한다. ……모든 녀맹원들은 사상교양사업의 중요성을 똑똑히 알고 ……신념화, 량심화, 도덕화, 생활화된 충실성을 지니고 위대한 수령님과 친애하는 지도자 동지를 대를 이어 받들어 나가야 하며 충성과 효성을 다하여야 한다.[4]

3) 백과사전출판사(2000), p. 671.
4) 『조선녀성』(1992. 5), pp. 30~31.

라고 밝히고 있다.

또한 2000년도에 발간된 『조선대백과사전』에서도 여맹의 가장 중요한 사업은 모든 여맹원들을 김정일에게 충실한 주체형의 공산주의 혁명가, 참된 충신으로 키우는 데 있다고 밝히고 있는바,

> 김정일 동지께서 제시하신 온 사회의 주체사상화 강령에 따라 녀맹은 모든 녀맹원들을 경애하는 장군님께 무한히 충실한 주체형의 공산주의 혁명가, 참된 충신으로 키우고 동맹 안에 당의 령도를 충성으로 받들어 나가도록 하는 것을 가장 중요한 사업으로 틀어 쥐고 나가고 있다. 조선민주녀성동맹은 모든 녀맹원들을 위대한 령도자 김정일 동지의 두리에 일심단결시켜 우리 혁명대오를 더욱 반석같이 다지는 데 적극 이바지하고 있다.[5]

라고 한다.

또한 여맹은 사상교양사업을 통한 여성의 혁명화, 노동계급화를 지향하고 있으며, 여성의 혁명화, 노동계급화 사업을 강화하는 것은 여맹의 주요 임무 가운데 하나이다. 이 밖에도 여맹은 다른 근로단체와 마찬가지로 동맹대열의 정치사상적 정비 강화, 동맹조직생활 강화, 노동계급과 동맹원들을 사회주의 경제건설에로 적극 조직동원 등의 임무 및 과업을 수행하며, "공화국 북반부에서 사회주의의 완전한 승리를 이룩하고 전국적 범위에서 민족해방인민민주주의 혁명과업을 수행하며 나아가서 온 사회를 주체사상화하고 공산주의 사회를 건설하기 위하여 투쟁"[6]한다.

북한은 여맹이 김일성과 김정일, 그리고 김정숙의 현명한 영도와 보살핌 속에서 자랑찬 승리의 길을 걸어왔으며, 특히 "갓 창립된 녀성동맹은 위대한 공산주의 혁명투사 김정숙 동지의 세심한 지도와 가르치심을 받으며, ……녀성들의 문화수준과 정치사상수준을

5) 백과사전출판사(2000), p. 670.
6) 위의 글.

높여 나갔으며, 그들을 반제반봉건민주주의 혁명과업 수행에로 적극 조직동원하였다"[7]라고 하여 김정숙의 역할 및 업적을 크게 강조한다.[8] 여맹과 관련해 김정숙의 역할 및 업적이 점차 부각되기 시작한 것은 1980년 제6차 노동당대회에서 후계자 김정일이 공식화된 때를 전후해서이며, 그 이후로 여맹과 관련한 김정숙의 업적은 『조선녀성』을 통해 꾸준히 소개·선전되고 있다. 북한은 특히 김정숙이 여맹 기관지인 『조선녀성』의 창간을 직접 지도하였으며, 여맹 조직들에 대해서는 사상교양사업을 실속 있게 진행할 것, 모든 여성들이 자녀교양을 잘 하도록 지도할 것, 여성들의 문맹퇴치와 미신타파를 위한 계몽사업을 강화할 것 등을 강조하였고, 탁아소사업에도 주력하였다고 한다.

7) 백과사전출판사(2000).

8) 이는 김정일 후계체제가 공고해짐에 따라 여맹과 관련해 강반석보다는 김정숙의 역할 및 업적을 보다 더 크게 부각시키고 있음을 말해 주는바, 1983년에 발간된 『백과전서』 제4권에서는 여맹 결성 및 발전과 관련해 "강반석 녀사께서 1926년 12월 우리 나라에서의 첫 혁명적 녀성조직인 반일부녀회를 조직하신 때로부터 조선민주녀성운동의 력사적 뿌리가 내리기 시작하였다"라고 밝히고, 여맹과 관련한 강반석의 역할 및 업적을 강조하였다. 과학백과사전출판사(1983), p. 519 참조.

2 『조선녀성』의 특성과 기능

『조선녀성』은 '조선민주녀성동맹 중앙위원회'의 기관잡지[9]로서 1946년 9월 6일에 창간되어, 2003년 10월에 '주체92(2003)년 제10호(루계 제545호)'를 기록하고 있다. 『조선녀성』은 1982년 6호까지는 월간으로 발행되었으나 그 후로부터 2000년 6호까지는 격월간으로 발행되었으며, 2001년 1호부터 다시 월간으로 발행되고 있다. 또한 이 글에서 분석자료로 활용한 1979년 1호부터 1982년 6호까지의 『조선녀성』은 각호 56쪽으로 발행되었으나, 그 후로부터 2002년 12호까지는 각호 40쪽으로 축소하여 발행되었으며, 2003년 1호부터 다시 각호 56쪽의 4.6배판 월간으로 근로단체출판사에서 발행되고 있다.

여맹원들을 비롯해 전체 여성들을 독자대상으로 하는 『조선녀성』은 북한 잡지의 일반적 성격 및 기능과 함께 여성잡지로서의 특성과 기능을 지니고 있는바, 먼저 북한 잡지의 일반적 성격 및 기능을 살펴보면 다음과 같다.

첫째, 모든 잡지는 공통적인 기본 편집방향 내지 지침에 따라 발행된다. 북한은 "우리 나라 잡지들은 수령님과 혁명사상, 주체사상과 당의 방침을 체계적으로 해설·선전하고, 사회주의 혁명과 건설에서 이룩한 성과와 경험들을 소개하여 일반화하며, 근로자들의 정치이론수준과 기술실무수준 및 일반상식과 문화적 소양을 높이는

9) 북한의 잡지는 대부분이 기관잡지로 발행된다. 예를 들면, 『조선문학』과 『청년문학』은 '조선작가동맹 중앙위원회'의 기관잡지이며, 『근로자』는 '조선로동당 중앙위원회'의 기관잡지이고, 『청년생활』은 '김일성사회주의청년동맹 중앙위원회'의 기관잡지로 발행된다. 일반대중 교양잡지로는 유일하게 '문학예술종합출판사 천리마편집위원회'가 발행하는 『천리마』가 있으나 잡지의 성격 및 기능에 있어서는 기관잡지와 별다른 차이가 없다.

데 필요한 다양한 자료들을 편집함으로써 온 사회의 주체사상화를 다그치기 위한 3대혁명 수행에 적극 이바지한다"[10]라고 하여, 모든 잡지에 공통적으로 편집되어야 하는 내용들을 공식적으로 지정해 놓고 있다.

둘째, 북한의 잡지는 독자인 대중의 여론에 대해 폐쇄적이다. 북한의 잡지는 당 및 해당 기관이 하달한 편집의 기본 방향 및 지침에 따라 일방적으로 제작·배포될 뿐 잡지편집과 관련해 독자인 대중의 여론을 수용하기보다는 배제하는 편이다.

셋째, 북한의 잡지는 북한 주민의 정치사회화의 주요 매체로서 지배가치의 정당성 지지와 대중선동 및 대중동원의 수단으로서 기능한다. 이와 같은 기능은 위에서 밝힌 잡지편집의 기본 방향 내지 지침에서뿐만 아니라 출판보도물의 역할에서도 잘 나타나고 있는 바, 북한은

> 신문, 통신, 방송을 비롯한 출판보도물은 광범한 대중을 혁명적으로 교양하고 당정책 관철에로 조직동원하는 우리 당의 위력한 사상적 무기입니다. 출판보도물을 통하여 당의 사상과 의도가 대중 속에 침투되고 국내외 정세와 사회주의 건설소식이 널리 알려지게 됩니다. 출판보도물이 없이는 광범한 대중을 교양하고 당정책 관철에로 조직동원하는 사업을 잘 할 수 없습니다.[11]

라고 강조한다.

넷째, 북한의 잡지는 정치사상교양의 수단으로서 기능한다. 이는 위에서와 같은 출판보도물의 역할에서뿐만 아니라 출판보도물을 담당하는 기자의 의의 및 역할에서도 잘 엿볼 수 있다. 북한은 "사회혁명과 건설에서 선진사상의 옹호자이며 전파자이며 사회여론의 대변자이며 조직자"인 "기자들은 위대한 수령님과 당중앙에 대한

10) 과학백과사전출판사(1983), p. 219.
11) 김정일(1992b), p. 167.

충실성을 제일생명으로 하고 수령님과 당중앙을 정치사상적으로 리론적으로 견결히 옹호·보위하는 친위대, 근위대이며, 온 사회의 주체사상화를 위하여 몸바쳐 싸워 나가는 당사상전선의 주공을 담당한 주력부대이며, 수령님의 교시와 당정책을 견결히 옹호하고 널리 해설·선전하며 그 관철에로 대중을 힘있게 조직동원하는 정치활동가이다"[12]라고 규정하고 있다. 또한 북한의 잡지는 대부분이 기관잡지로 발행되며, 기관잡지를 발행하는 동맹조직들의 가장 중요한 과업은 사상교양사업이라고 할 때, 북한의 잡지가 정치사상교양의 수단으로서 기능하는 것은 당위적인 것이기도 하다.

이와 같은 북한 잡지의 일반적 성격 및 기능과 함께 『조선녀성』이 지니고 있는 여성잡지로서의 특성 및 기능은 다음의 네 가지로 집약된다.

첫째, 『조선녀성』은 여성들을 대상으로 한 대중정치잡지로 되어 있으나 내용상으로는 대중교양종합잡지로서의 특성도 지니고 있다. 이는 『조선녀성』 편집의 기본 방향 및 지침에서 잘 나타나고 있다.[13] 먼저 『조선녀성』은 대중정치잡지의 성격에 맞게 여성들을 당의 혁명사상으로 무장시키기 위해 김일성과 김정일의 '고전적 로작'들과 여성운동 발전 및 여성문제 해결에 관한 당의 방침들을 해설·선전하는 글들을 비롯해 혁명전통교양·혁명교양·계급교양·사회주의적 애국주의 교양관련 자료들을 다양하게 편집해야 한다. 또한 『조선녀성』은 '인민대중 중심의 우리식 사회주의 제도'에서 행복한 생활을 누리며 당과 수령의 은덕에 충성으로 보답해 나가고 있는 여성들의 긍정적 모범을 널리 소개·선전하며, 이 밖에도 여맹조직들의 사업경험을 일반화하는 글들과 여러 가지 과학문화상식들, 문예작품들, 남조선 및 국제문제들에 대한 자료들도 편집해야 한다.

---

12) 과학백과사전출판사(1982), p. 670.

13) 백과사전출판사(2000), p. 567.

둘째, 『조선녀성』은 편집내용의 구성상으로 보아 대중교양종합 잡지로 분류되는 『천리마』[14)]와 유사하나, 광범한 대중을 독자대상으로 하는 『천리마』와는 달리 여맹의 기관지로서 여맹원을 비롯해 전체 여성을 독자대상으로 하고 있으므로, 편집되는 내용들 가운데 여맹조직 및 여맹원 관련 글과 여성 관련 상식 및 자료들이 비교적 많은 편이다.

셋째, 『조선녀성』은 다른 잡지들과 마찬가지로 북한 여성의 정치사회화의 주요 매체로서 지배가치의 정당성 지지와 대중선동 및 대중동원의 수단으로서 기능하며, 정치사상교양의 수단으로서도 크게 활용된다. 이와 같은 기능은 『조선녀성』의 기본 사명에서 잘 나타나는바, 『조선녀성』은

> 녀성들을 영생불멸의 주체사상으로 튼튼히 무장시키고 혁명화, 로동계급화하여 그들을 당과 수령에게 끝없이 충실한 충신으로 준비시키며 사회주의 건설투쟁에로 힘있게 불러 일으키는 데 이바지하는 것을 기본 사명으로 하고 있다.[15)]

라고 한다. 또한 이와 같은 『조선녀성』의 기능은, 특히 김일성과 김정일에 대한 충실성 강화에서 집중적으로 구현되는바, 『조선녀성』은

> 경애하는 장군님께서는 ……녀성출판물에서 당과 수령에 대한 충실성 교양을 강화하도록 현명하게 이끌어 주시였다. ……지난날과 마찬가지로 앞으로도 우리는 어떤 역경 속에서도 일편단심 위대한 령도자 김정일 동지의 사상과 령도를 충성으로 받들어 나가며 위대한 수령님과 경애하는 장군님의 위대성에 대한 출판보도

---

14) 1959년 1월 창간된 『천리마』는 4.6배판 월간으로 발행되고 있으며 잡지에는 김일성·김정일 관련 글을 비롯하여 사상교양자료, 일반상식, 문예작품 등 『조선녀성』에 수록된 글들과 거의 같은 내용의 글들이 게재된다. 『천리마』는 노동자, 농민, 지식인, 군인, 청소년 등 광범한 대중을 독자대상으로 한다.

15) 백과사전출판사(2000), p. 567.

> 선전을 강화함으로써 당적출판보도물로서의 녀성출판물의 혁명적 성격을 변함 없이 고수하고 우리 녀성출판물이 녀성대중의 참다운 교양자가 되도록 할 것이다.[16)]

라고 밝히고 있다.

넷째, 『조선녀성』은 북한 여성들의 계몽과 발전을 위한 지침서로서의 역할을 한다. 『조선녀성』 창간에 즈음해 김일성은 "잡지 『조선녀성』은 우리 녀성들의 계몽과 발전을 위한 친절하고도 옳바른 지침"[17)]이 되리라고 믿는다는 내용의 창간 축하문을 발표한 바 있다. 이에 따라 『조선녀성』은 일반상식 및 공산주의 도덕 해설, 문예작품 등을 수록함으로써 사상교양 외에 여성들을 대상으로 한 문화적 계몽과 교양에도 비중을 두어 잡지를 편집한다.

16) 『조선녀성』(1996. 5), pp. 20~21.
17) 백과사전출판사(2000), p. 566.

3 주제별 내용분석[18)]

3.1. 김일성·김정일·김정숙 찬양 및 우상화

3.1.1. 김일성

1979년 1호부터 2003년 10호까지 『조선녀성』은 김정일의 생일이 있는 2월에 발간되는 것을 제외하고는 매호마다 대체적으로 김일성의 업적 및 위대성을 찬양하는 내용의 글을 첫 번째로 게재하고 있다.[19)] 『조선녀성』 창간호의 맨 앞에도 「김일성 장군의 노래」가 수록되어 있으며, 이는 김일성의 부인이며 '충직한 친위전사'라고 하는 김정숙의 제의에 따른 것이라고 한다.[20)]

김일성 생전에는 「위대한 수령, 자애로운 어버이」, 「위대한 사랑의 일지」, 「우리 수령님과 녀성들」, 「녀성해방위업을 위하여」, 「인류의 위대한 태양」, 「불멸의 력사를 더듬어」 등의 큰 제목 아래 다양한 작은 제목들로 김일성의 업적과 위대성을 찬양하는 글들이 게재되었으며, 사후에는 「영원한 태양」, 「세기의 위인, 불멸의 력사」, 「회고록을 펼치고」, 「위대한 수령 김일성 동지는 영원히 우리와 함께 계신다」, 「영원한 우리 수령」, 「태양은 영원히 빛난다」, 「천세만세 높이 받들어 모시리」, 「항일빨찌산 참가자들의 회상기」 등의 큰 제목 아래 여러 가지 작은 제목들로 김일성을 추모하며 그의 업적과 위대성을 찬양하는 글들이 수 편씩 게재되고 있다. 『조선녀성』은 목차 다음에 특정 주제와 관련한 김일성의 교시를 게재하거나

18) 이 글의 분석자료로 활용된 『조선녀성』은 1979년 1호부터 2005년 6호까지이다.
19) 1980년 10월 제6차 노동당대회에서 후계자 김정일이 공식화되는 때를 전후해서는 김정일 찬양 및 우상화 관련 글이 맨 앞부분에 수록되기도 하였다.
20) 『조선녀성』(1996. 5), p. 19.

그의 노작에 대한 해설·선전을 통해 '위대한 사상이론가', '위대한 정치적 영도자'로서의 김일성의 위대성을 찬양하며, 김일성을 찬양한 노래, 국내외의 시, 김일성의 위대성을 형상한 「수령형상창조」 단편소설 작품 등을 게재하기도 한다. 또한 전설적인 이야기를 통해 김일성을 우상화하기도 하는바, 예를 들면 「혁명설화」, 또는 「백두산 전설」이라는 난에서는 「천기를 내다보시다」, 「김일성 장군님은 천지만물을 다 헤아리시는 분이시다」 등의 작은 제목으로 김일성의 신통력을 과시하고 찬양하는 글들을 게재하였다.

『조선녀성』에서는 주로 항일유격전 회고와 현지지도 관련 글을 통해 김일성의 업적 및 위대성을 찬양하며, 특히 현지지도와 관련해서는 다음과 같이 밝히고 있다.

> 위대한 수령님께서는 일찌기 "이민위천"을 좌우명으로 삼으시고 인민들 속으로 들어가시는 것으로부터 혁명활동을 시작하시였으며, 인민들을 찾아 현지지도의 길을 걸으시면서 혁명활동을 계속하시고 빛나는 생애를 총화하시였다. ……위대한 수령님께서는 나라를 해방하시고 조국땅에 개선하시여 건당, 건국, 건군 위업수행에 분망하시였던 나날 그리운 고향집에도 들리지 않으시고 강선의 로동계급을 찾으신 그 날로부터 위대한 심장이 고동을 멈춘 1994년 7월 8일까지 1만 7,800여 일의 장구한 기간 1만 8,000여개 단위들을 현지지도하시였다. ……인민을 위한 멀고 험한 길을 걷고 걸으신 위대한 수령님께서는 명절날, 휴식일, 자신의 생신날마저도 현지지도로 보내시였다. 위대한 수령님께서는 전쟁이 승리한 후의 첫 생신날인 1954년 4월 15일도 어느 한 농촌마을에 대한 현지지도로 보내시였다.[21)]

김일성 생전에 발간된 『조선녀성』에서는 김일성을 "위대한 사상의 창시자", "한 세대에 두 제국주의를 타승한 강철의 령장", "혁명과 건설의 탁월한 령도자", "인민의 어버이" 등으로 찬양하고 있

21) 『조선녀성』(1996. 3), p. 3.

다. 그러나 김일성 사후에는 이에 더해 김일성을 “사회주의 조선의 시조”로서 숭앙하고 있다.

> 우리 수령님께서 탄생하신 주체1(1912)년은 김일성민족, 태양민족의 원년이며 새로운 사회주의 조선의 원년, 인류력사상 가장 높고 빛나는 영원불멸의 주체시대, 자주시대의 위대한 원년이다. ……위대한 김일성 동지의 탄생으로부터 우리 조선의 새 력사, 우리 민족의 새 력사가 시작되였다. ……조선민족의 원시조는 단군이지만 사회주의 조선의 시조는 위대한 김일성 동지이시며 우리는 영광스러운 김일성민족, 태양민족이다.[22]

1994년 7월 김일성 사망 이래 김정일의 업적과 위대성을 찬양하는 글들에 비해 김일성을 찬양하는 글들이 상대적으로 점차 적어지는 추세를 나타내고 있다. 또한 김일성을 찬양하는 글들의 대부분은 그 내용에 있어 김일성의 업적을 회고하며 그를 추모하는 한편, 오직 김정일에 대한 충성을 다짐하는 것으로 글을 끝맺는 것이 거의 공식화되어 있다. 그러나 김일성 사후에도 그의 생일이 있는 달에 발간되는 『조선녀성』은 김일성 관련 글들을 게재하는 데에 많은 지면을 할애하고 있다. 한 예로 2001년 4월호는 화보를 포함해 총 40쪽 가운데 16쪽이 김일성을 찬양하는 글들로 채워져 있다.

『조선녀성』에서는 김일성 찬양과 관련해, 특히 그의 ‘위대한 인간적 풍모’를 찬양한 글과 여성해방 및 여성의 지위향상 관련 업적을 찬양한 글, ‘남조선 인민’들의 흠숭과 찬양에 관한 글들을 비중 있게 싣고 있다.[23]

---

22) 『조선녀성』(1998. 2), p. 11.

23) 김일성을 찬양한 글들은 위의 세 가지 외에도 여러 가지로 그 주제를 구분할 수 있으며, 특히 『조선녀성』에서는 항일유격전 당시의 숱한 일화와 관련자들이 회고하는 글들을 통해 김일성을 탁월한 전략가, 강철의 영장 등으로 찬양하고 있다. 그러나 여기에서는 1979년 1호부터 2005년 6호까지의 『조선녀성』에서 가장 비중 있게 다룬 주제라고 평가되는 것만을 논하기로 한다.

(1) '위대한 인간적 풍모' 찬양

김일성의 '위대한 인간적 풍모'를 찬양하는 글들은, 김일성이 여성들에 대해 따뜻한 배려와 은정을 베푼 일화를 소개하는 형식으로 쓰여 있으며 그 내용이 거의 유사한 것이 특징적이다. 한동안 고정적으로 편집되었던 「위대한 사랑의 일지」 난에서는 현지지도 등 김일성의 행적과 관련된 일화를 통해 김일성의 소탈하고 자애로운 인간적 풍모를 찬양하고 있다. 예를 들면, 김일성은 일반노동자의 집에 들러 메밀망질도 하고, 인민들과 꼭같이 수수한 옷을 입고, 나라 일에 바쁜 중에도 은인 찾기를 마음 급해 하고, 아이들 옷의 단추를 단단히 달아 주어야 할 것을 당부하고, 그런가 하면 한 발전소사업 현지지도 후 수령을 환영하는 연회장에 여성일군이 한 명도 보이지 않자 굳이 발전소 여맹위원장을 데려올 것을 지시하고는 올 때까지 연회시작을 미루는 등 소탈하고 자상하며 자애로운 인간적 풍모를 보여 준다.[24] 또한 김일성은 월남자 가족도 따뜻하게 배려하며 은정을 베푼다. 월남자 가족임을 숨기고 살던 한 여인이 김일성에게 자신의 남편이 월남했음을 울며 고백하자, 김일성은 "씻을 수 없는 과오를 범한 그를 책망할 대신 자식을 차별하지 않는 어머니의 심정으로 넓으신 품에 따뜻이 안아 주시며" 못내 가슴아파 하였으며, 그 후에도 계속 그 여인을 따뜻이 보살펴 주고 그녀에게 조선노동당원의 영예까지 안겨 준다.[25] 그런가 하면 김일성은 사전 통보도 없이 새 집들이를 한 가정을 방문하여 방바닥을 짚어보고, 옷장 위치를 바로잡아 주며, 미닫이의 규격을 정해 주고, 부엌과 위생실(화장실)을 돌아보는 등 친아버지와 같은 모습을 보였다는 일화[26]는 유사하게 여러 차례 게재된 내용이다. 김일성의 '위대한 인간적 풍모'를 찬양한 글들 가운데는, 특히 김일성이 어린이와

24) 『조선녀성』(1979. 1~3, 6) 참조.
25) 『조선녀성』(1980. 5), p. 11.
26) 『조선녀성』(1998. 1), p. 11.

어머니들에 대해 베푼 은정 및 배려에 관한 내용들도 적지 않다.

(2) 여성해방 및 여성의 지위향상 관련 업적 찬양

『조선녀성』을 통해 보면, 북한 여성들에게 있어 김일성은 독창적인 여성해방에 관한 사상을 제시하고 현명하게 영도한 여성해방의 위대한 은인이며 은혜로운 태양이다. 또한 김일성은 여성들에게 나라의 주인이라는 높은 지위와 혁명가의 고귀한 삶을 주고, 여성들을 '주체형의 공산주의 혁명가'로 키워 준 자애로운 어버이이며 여맹의 창건자, 영도자이기도 하다. 『조선녀성』에는 김일성이 여성의 지위향상에 지대한 관심을 가지고 이를 위해 많은 노력을 기울였음을 다양한 일화를 통해 강조하고 있다. 예를 들면, 한 과수종합농장을 찾아 노력혁신자들과 함께 기념사진을 찍는 자리에서 김일성은 그 자리에 여성이 한 명밖에 없는 것을 보고, "초급일군들을 남자들로만 꾸린 것은 잘못되었다"고 하면서 "농사는 남자들보다 녀성들이 더 잘한다. 그러니 관리일군들과 초급일군들을 꾸리는 데 남자들과 녀성들의 비률을 잘 맞추어야 한다"고 말하였다고 한다.[27] 또한 김일성은 "우리 일군들 속에는 아직도 녀성들을 업신여기는 낡은 사상관점과 그릇된 사업태도가 남아 있다. ……녀성들을 무시하고 녀성들의 힘을 믿지 않으면 사회주의를 건설할 수 없다. …… 앞으로 녀성들을 대담하게 간부로 등용하여 쓰며 모든 사업에서 녀성들을 적극 내세워 주어야 한다. 녀성들을 꽃이라고 노래만 부를 것이 아니라 혁명의 꽃을 피워 나가도록 도와 주어야 한다"고 말함으로써 여성인력 존중과 활용도 제고를 통해 여성의 사회적 지위를 향상시킬 것을 강조했음을 소개·선전하고 있다.[28]

김일성의 여맹관련 업적에 대해서도 『조선녀성』은 김일성이 "지난날 봉건적 구속과 일제의 식민지통치 밑에서 민족적으로, 계급적

27) 『조선녀성』(1996. 3), pp. 6~7.
28) 『조선녀성』(1996. 3), p. 7.

으로, 인신적으로 2중 3중의 억압과 착취를 당하며 인간 이하의 고통 속에 헤매이던 우리 녀성들을 혁명의 한쪽 수레바퀴를 떠밀고 나가는 큰 힘으로 보시고, 하나의 정치조직에 묶어 세워 주신 조선민주녀성동맹의 창건자이시며 령도자이시였다"[29]라고 밝히고 있다. 또한 김일성은 여맹 기관지의 제호를 "온 세상에 이름을 떨칠 조선녀성들의 출판물"[30]이라는 뜻에서 『조선녀성』이라고 달아 주었다고 한다.

『조선녀성』은 위에서와 같은 김일성의 여성해방 및 여성의 지위향상 관련 업적에 대해 매호마다 여러 편에 달하는 찬양과 감사의 글을 게재하고 있다. 김일성 생전에는 그 내용들이 "수령님께서는 이르시는 곳마다, 찾으시는 곳마다에서 어떻게 하면 우리 녀성들에게 지워지는 고되고 힘든 일을 덜어 주겠는가 념려하시며 크나큰 사랑과 은정을 베풀어 주신다."[31] 또는 "번영하는 주체조국의 품속에서 이 세상 그 어디에도 없는 복된 삶을 누리고 있는 우리 녀성들은 녀성해방위업을 위하여 끝없는 은정을 베풀어 주시는 위대한 수령님과 친애하는 지도자 동지의 은덕을 길이길이 전하며 대를 이어 충성과 효성을 다해 갈 것이다"[32]라는 말들로 전형화되어 있다. 김일성 사후에는 거의 대개가 "우리 녀성들과 녀맹원들은 녀성운동의 강화·발전을 위하여 불면불휴의 로고를 바치신 어버이수령님의 불멸의 령도업적을 가슴 깊이 간직하고 경애하는 장군님의 두리에 일심단결하여 녀성동맹을 명실공히 당의 사상과 령도를 충성으로 받들어 나가는 충성의 대오로 더욱 강화해 나가야 할 것이다"[33]라는 말로 끝을 맺는다.

---

29) 『조선녀성』(1996. 2), p. 11.
30) 『조선녀성』(2003. 3), p. 4.
31) 『조선녀성』(1989. 4), p. 4.
32) 『조선녀성』(1991. 4), p. 7.
33) 『조선녀성』(2001. 11), p. 5.

(3) '남조선 인민'들의 흠숭과 찬양

『조선녀성』에 수록된 글들 가운데는 "남녘동포들을 생각하는 수령"을 형상한 글들이 많다. "남녘동포들을 생각하는 수령"에 대해 쓴 대부분의 글들은 그 누구도 김일성이 "미제의 군화 밑에 짓밟혀 몸부림치는 나라의 절반 땅과 헐벗고 굶주리는 사랑하는 겨레들을 두고 얼마나 마음쓰고 계시는가를 모를 것이다"[34]라고 한다. 또한 『조선녀성』에는 이와 같은 수령을 남조선 인민들이 끝없이 흠숭·찬양하고 있다는 내용의 글들이 많이 수록되어 있다. 이러한 글들은 한결같이 남조선 어디에서 사는 누가, 언제, 어느 곳에서, 어떻게 김일성을 흠숭·찬양했다는 식으로 공식화되어 있다.

> 서울에 사는 가수 최희영은 지난 해 4월 동료들 앞에서 위대한 수령님의 탄생일을 축하하면서 영생불멸의 혁명송가 "김일성 장군의 노래"와 "수령님의 만수무강 축원합니다"를 흠모의 마음을 담아 불렀다. 이에 감동된 동료가수들은 그와 함께 노래를 부르면서 "어서 빨리 분단의 장벽이 무너져 우리 연예인들도 자유로이 남북을 오가며 "김일성 장군의 노래"를 목청껏 부를 날이 와야 한다"고 말하였다. ……몇 해 전 8월 15일 광주에 있는 한 고등학교의 최 아무개 교원은 학생들을 데리고 무등산으로 올라갔다. 그는 학생들에게 "오늘은 광복의 날이다. 김일성 장군님은 광복의 은인이시다. 이 뜻깊은 날에 "김일성 장군의 노래"를 부르는 것은 영광스러운 일이다"라고 하면서 "김일성 장군의 노래"를 불렀다. 이 날 학생들은 그토록 부르고 싶어하면서도 마음 놓고 부르지 못하는 아버지, 어머니, 형님, 누나들의 마음까지 합쳐, 자주, 민주, 통일의 성전에 한몸 바친 선배들의 몫까지 합쳐 "김일성 장군의 노래"를 힘껏 불렀다."[35]

34) 『조선녀성』(1984. 6), p. 4.
35) 『조선녀성』(1992. 2), p. 22.

3.1.2. 김정일

1979년 1호부터 2005년 6호까지 『조선녀성』은 김일성을 찬양하는 글들과 함께 김정일을 찬양하는 글들을 가장 비중 있게 수록하고 있다. 김정일의 업적 및 위대성을 찬양하는 글들은, 특히 1980년 제6차 노동당대회에서 김정일이 후계자로 공식화된 때를 전후하여 급증하였으며, 이후 지속적으로 지면할애가 확대되는 추세를 나타내고 있다.

주지하듯이 김정일의 권력계승을 위한 사전작업은 비밀스러운 방식으로 진행되었으며, 그 과정에서 김정일은 '당중앙'이라는 신비화된 호칭을 사용하기도 했다. 또한 이에 따라 한동안 김정일은 '당중앙'이라는 암호명으로 북한의 간행물에 등장하였으며, 잡지 『조선녀성』도 예외가 아니다.

『조선녀성』 1980년 1호에는 "당의 문예방침", "당의 세심한 지도", "당의 현명한 령도" 등으로 김정일을 찬양하는 글들이 게재되어 있으며, 같은 해 2호의 표지 2면에는 「위대한 당을 생각할 때」라는 제목으로 김정일을 찬양하는 시가 수록되어 있다.

> 상략
>
> 빛나는 해와 달 흘러흐르고
> 낮에 밤을 이어 새벽이 와도
> 당중앙의 창문가에 비치는 불빛
> 그 불빛 숭엄하게 우러를 때
> 눈덮인 백두의 밀영이 떠올라라
>
> 중략
>
> 우리 바치는 평범한 로력도

위대한 수령님의 기쁨 되게 하고
우리 흘리는 작은 땀방울도
주체의 위업을 빛내이게 하는
은혜로운 향도의 해발이여

중략

당을 생각할 때
가슴속엔 불타는 충성의 한마음
해와 달이 다하도록
위대한 수령님을 따라
향도의 빛발을 따라
주체의 한 길을 가고가리라

또한 김정일이 김일성의 후계자로 대를 이어 혁명위업을 계승할 것임을 시사한 김정일 자작 가사 「조선아, 너를 빛내리」가 1980년대 이래 여러 차례에 걸쳐 『조선녀성』에 수록되어 있다.

『조선녀성』에 게재된 김정일을 찬양하는 글들은 김일성 찬양 관련 글들과 거의 형식을 같이 한다. 김정일의 업적 및 위대성을 찬양하는 글들도 「향도의 해발 아래」, 「누리에 빛나라 향도의 해발」, 「영광스러운 당의 향도의 해발 아래」, 「주체위업의 위대한 향도자」, 「충성의 위대한 귀감」, 「자주시대의 위대한 태양」, 「위대한 유훈을 받들어」, 「21세기의 위대한 태양」 등의 큰 제목 아래 다양한 작은 제목들로 여러 편의 글이 게재되어 있다. 또한 『조선녀성』은 김정일의 노작을 해설·선전함으로써 '위대한 사상이론가', '위대한 영도자'로서의 그의 위대성을 찬양한다. 이와 같은 글들에서 김정일은, 특히 "김일성주의를 완벽하게 체현하신 탁월한 사상리론가",[36] "수령의 혁명사상, 주체사상을 시대의 지도사상으로 정식화"[37]한 사상

36) 『조선녀성』(1982. 1), p. 29.
37) 『조선녀성』(1995. 1), pp. 11~12.

이론가, 사회주의 사상이론의 위대한 거장 등으로 찬양된다.

1984년 1호부터는 이른바 "지도자 김정일 동지께서 주신 말씀"이 김일성의 교시와 마찬가지의 형식으로 잡지의 맨 앞에 여러 차례 수록되었다. 예를 들면, "당의 유일사상체계를 튼튼히 세울 데 대하여 주신 말씀(발취)"이라고 하여 김정일이 발표한 문헌들에서 관련 문구들을 발췌하여 게재한 것들이다.

김정일의 '가르치심'과 '말씀'은 「명제해설」, 「투쟁과 생활의 지침」, 「명언해설」 등의 고정란을 통해서도 해설·선전한다. 한 예로 「명언해설」 난에서는 김정일의 '명언'들 가운데 하나를 선정하여 이를 불멸의 진리로써 해설·선전하며, 이와 같은 '명언해설'을 통해 사상이론가로서 김정일의 위대성을 찬양한다. 또한 『조선녀성』은 「백두광명성전설」이라는 난을 편집하여 김일성과 마찬가지로 전설적인 이야기를 통해 김정일을 우상화하며, 김정일의 탄생지라고 하는 '백두밀영'과 '정일봉' 관련 화보를 반복적으로 수록하기도 한다.

김일성 사망 이래 김정일을 찬양, 우상화하는 글들이 현저하게 많아졌으며 김정일을 '위대한 성인'으로까지 추앙하는 글이 수록되어 있다. 『조선녀성』에 게재된바,

> 한 철학자는 "김일성 주석과 김정일 각하는 일찍이 타고르가 예언한 바로 그 동방의 밝은 빛이시다"라고 하면서, 그처럼 력사적인 시기에 그처럼 력사적인 사명을 지니고 태양처럼 솟아오르신 김정일 각하는 만민을 위하여 하늘이 낸 희세의 위인이시라고 말하였다. 위대한 령도자 김정일 동지는 ……력사가 일찍이 알지 못하는 사랑과 믿음의 인덕정치를 펼치시며 가장 자주적이고 행복한 삶을 꽃피워 주시는 위대한 인간, 위대한 성인이시다.[38)]

라는 것이다.

또한 김일성 사망 이래 『조선녀성』에 수록되는 김정일 찬양관

38) 『조선녀성』(1998. 1), p. 14.

련 글들은 그 내용에 있어 한결같이 김일성 생전의 뜻을 높이 받들어 김정일에게 충성, 효성을 다할 것이며, 김정일을 결사옹위하는 '총폭탄'이 되겠다는 결의를 다짐하는 것으로 끝맺는다.

김정일에 대한 찬양의 글들은 김정일을 김일성과 동일시하여 업적 및 위대성을 찬양하며, 특히 김정일의 숭고한 인간애, 인민에 대한 믿음과 사랑, 여성들에 대한 은덕과 배려, 김일성에 대한 충성과 효성 등을 크게 강조한다. 이와 같이 김정일의 업적 및 위대성을 찬양한 글들은 다음의 여덟 가지 주제로 집약할 수 있다.[39)]

(1) 하늘이 낸 위인

북한의 월간 문학잡지 『조선문학』에는 김일성과 김정일에 관한 전설 같은 이야기를 담은 「백두산전설」과 「백두광명성전설」이라는 난이 고정적으로 편집되어 있다. 이와 마찬가지로 『조선녀성』에도 매호마다 연재되지는 않으나 김일성에 관한 "백두산전설"과 함께 김정일에 관한 "백두광명성전설"이 수록된다. 김정일을 우상화하기 위한 "백두광명성전설"의 내용은 김일성에 관한 "백두산전설"의 내용과 거의 같다. 김정일 역시 김일성과 마찬가지로 신통력을 지니고 천지조화와 풍운조화를 일으키는 하늘이 낸 위인으로 형상된다. 그러나 "백두광명성전설"에서는 김정일의 탄생과 관련해 전설 같은 이야기를 소개·선전한다는 데에 특징이 있다. 이와 관련해 한 예를 들면 다음과 같다. 백두산의 장수봉이 하늘의 계시를 받아 또 한 분의 새 장수를 모시게 되었는바, 2월 16일에 '리명수마을' 사람들

39) 김일성 찬양관련 글들의 주제에 비해 김정일 찬양관련 글들의 주제가 많은 것은, 이 논문이 분석대상으로 한 『조선녀성』이 후계자 김정일이 공식화되기 직전인 1979년 1호부터 김정일 후계체제가 구축·유지되고 있는 2005년 6호까지의 것인 데에서 비롯된 것이다. 김정일이 후계자로 공식화된 이래 후계자 김정일의 이미지 형성을 위한 의도에서 『조선녀성』은 다양한 시각 내지 관점에서 김정일을 찬양, 우상화하는 글들을 지속적으로 게재해 오고 있으며, 내용상으로도 김일성과 동일시하는 한편 김일성과의 차별화를 꾀하고 있는바, 김정일의 업적 및 위대성을 찬양하는 글들은 여러 가지 주제로 나누어진다.

이 백두산이 보이는 높은 등판에 올라 보니,

> 갑자기 천고의 숲이 뒤설레이며 광풍이 일더니 장수봉 부근이 희붐히 밝아지는 것이였다. 순간 장수봉에서 청색의 불찌가 벙끗 피여오르더니 장군별 곁에 또 하나의 별이 솟아 백광을 뿌리였다. “백두광명성이다!” 사람들은 한결같이 이것은 나라가 광복되고 백의민족이 홍할 징조라고 하였다.[40)]

는 것이다.

다음의 예는 「백두광명성전설」 난에서 소개되지는 않았으나 역시 『조선녀성』에 게재된 김정일의 탄생과 관련된 전설 같은 이야기로 제목은 「하늘에서 내려온 열여섯 신선」이다. 이 글에서는 김정일이 태어나던 날, 하늘에서 열여섯의 신선이 내려와 한 귀틀집을 향해 큰 절을 드리고 “조선아, 백두광명성 솟았음을 알리노라. 이 땅에 영원한 복이 내렸도다”라고 알리었다고 한다.[41)] 이와 동일한 제목의 이야기는 『조선문학』의 「백두광명성전설」에서도 같은 내용으로 여러 차례 게재된 바 있다. 또한 『조선녀성』의 「백두광명성전설」에는 천지조화, 풍운조화를 일으키는 등 천기를 다스리는 김정일에 관한 이야기가 다음과 같이 실려 있다. 김정일이 백두영봉에 오를 때에는 궂었던 날씨가 일시에 맑아지고 신기하고도 기상천외한 현상들이 나타나는바,

> 백두산에 오르시던 친애하는 지도자 동지께서 비오는 차창 밖을 한참 내다보시다가 눈을 감으셨는데 그 순간 “꽈릉!”하고 우뢰가 치더니 구름장들이 갈라져 나가고 눈부신 해빛이 막 쏟아져 내리었다. ……친애하는 지도자 동지께서 탄생하신 2월에는 무지개가 연거푸 서고 소백수와 천지 사이에 무지개다리를 놓는다. 친애하는 지도자 동지께서 백두의 천기를 다스리심이 분명하다.[42)]

40) 『조선녀성』(1992. 1), pp. 36~37.
41) 『조선녀성』(2000. 1), p. 15.

는 것이다.

(2) 충효의 화신

김일성에 대한 찬양과는 달리 김정일의 위대성 찬양에서 또 하나의 특징적인 것은 충효의 화신으로서의 김정일의 업적 및 위대성 찬양이다. 북한의 주장에 따르면, 수령에 대한 충실성은 수령의 위업을 계승한 후계자의 기본 품성이다. 수령의 계승자는 "수령을 충성으로 높이 받드는 것을 근본사명으로, 철석 같은 의지와 신념으로 삼고 인민대중을 수령에게 끝없이 충실하도록 가르치고 이끌어주는 당과 혁명의 지도자"[43]라는 것이다. 따라서 북한 문헌을 통해 보면 수령의 후계자 김정일은 위대한 사상이론가, 혁명과 건설의 영재, 숭고한 덕성을 지닌 인민의 어버이로서 김일성을 숭앙하며, 이러한 존경심과 충성심 때문에 수령이 바라고 수령의 심려를 덜어줄 수 있는 일이라면 그것이 아무리 힘들고 어려운 일이라고 해도 그 일을 택하고 거기에서 기쁨과 보람을 찾는다고 한다.[44]

『조선녀성』에 수록된 김정일을 찬양하는 글들에서도 수령에 대한 절대적인 충실성을 김정일의 가장 큰 덕목으로 내세우고, 김정일을 '충효의 최고 화신'으로 크게 부각시켜 찬양하며 이를 따라 배울 것을 강조한다. 김정일은 "김일성 동지에 대한 충효심을 가장 숭고한 높이에서 체현하신 충효의 최고 귀감, 최고 화신"이므로 "모든 녀성들과 녀맹원들은 위대한 김정일 동지의 가장 숭고한 충효심"을 적극 따라 배워야 한다는 것이다."[45] 김일성에 대한 김정일의 충효심을 찬양하는 데서 자주 언급되는 것 가운데 하나는 송가 '수령님의 만수무강 축원합니다'에 얽힌 일화이다. 이 송가는 "수령님의 만수무강을 축원하는 노래를 창작할 데 대한 영광스러운

---

42) 『조선녀성』(1994. 2), pp. 19~20.
43) 윤기덕(1991), p. 428.
44) 한재만(1994), p. 67.
45) 『조선녀성』(1996. 2), p. 23.

당중앙의 간곡한 가르침"을 받은 데 따른 것이며, "당중앙의 발기에 의하여 충성의 송가 창작사업이 시작"되었다고 하는 것이다.[46] 이와 함께 자주 게재되는 또다른 일화는 김정숙이 사망한 1949년의 마지막 날인 12월 31일, 당시 유치원생이던 김정일이 아버지 김일성의 마음을 위로하고 기쁨을 주기 위해 주위사람들을 초청하여 설맞이모임을 가졌다는 이야기이다.[47]

(3) 위대한 영도자로서의 업적

북한은 김정일을 일컬어 '령도의 예술가'라고 한다. "령도란 민중으로 하여금 혁명과 건설의 주인으로서의 구실과 역할을 다하게 하는 것인데 민중을 조선로동당의 로선, 정책 관철에로 조직동원하는 그분의 솜씨가 재능 있는 예술가의 솜씨처럼 절묘하기 때문에"[48] 김정일을 영도의 예술가라고 한다는 것이다. 『조선녀성』에는 이른바 영도의 예술가, 위대한 영도자로서 김정일의 업적을 찬양하는 글이 빈도 높게 게재된다. 한 글에서는 위대한 영도자로서 김정일의 위대성을 김정일식·주체식 정치, 창조적 정치, 세계적 판도에서의 정치 등 세 가지의 '특이한 정치방식'에 근거하여 다음과 같이 찬양하고 있다.

> 경애하는 장군님은 특이한 정치방식, 특출한 의지와 담력, 배짱으로 우리 혁명을 이끌어 나가시는 현 시대의 위대한 령도자이시다. 우리의 사회주의 위업은 그 정당성으로 하여 반드시 승리한다. 누가 최후에 웃는가 보자, 누가 잘 사는가 보자, 이것이 경애하는 장군님의 의지이고 담력이고 배짱인 것이다. ……경애하는 장군님의 특출한 의지와 담력, 배짱은 우리 힘에 대한 확신과 락관에 기초하고 있고 혁명무력의 총대가 굳건한 이상 우리를 당할 자 이 세상에 없다는 신념으로부터 출발한 것이다. 이것이 바로

46) 『조선녀성』(1982. 1), p. 20.
47) 『조선녀성』(1983. 1), p. 17.
48) 한재만(1994), p. 268.

김정일식, 우리식, 주체식의 특이한 정치방식인 것이다. 경애하는 장군님의 정치방식에서 또한 특이한 것은 기성관례에 구애되지 않으시는 창조적인 정치방식으로 혁명의 승리를 마련해 가시는 것이다. ……장군님께서는 당사업과 국가사업, 군사사업과 대외사업도 다 이렇게 기성관례에 구애되지 않는 새로운 방식으로 령도하고 계신다. ……김정일 장군님의 정치방식에서 특이한 것은 세계적 판도에서 21세기까지 내다보시고 정치를 펴나가시는 것이다.[49]

또한 김정일은 혁명의 영도자가 지녀야 할 중요한 풍모의 하나인 "천리혜안의 과학적 예견성, 비상한 혁명적 전개력, 주체의 혁명적 신념과 강철의 의지, 비상한 조직적 수완, 왕성한 사업의욕과 지칠줄 모르는 정력"을 지니었는바, "혁명의 먼 앞날을 내다보시며 혁명과 건설을 승리의 한 길로 이끄시는 위대한 령도자"[50]라고 찬양되는가 하면, 이른바 인덕정치, 광폭정치를 펴나가는 위대한 영도자로 찬양되기도 한다.

경애하는 장군님께서는 가장 숭고한 인간애를 지니시고 인민에 대한 사랑과 믿음의 정치를 펴나가신다. ……오늘 우리 인민들은 경애하는 김정일 동지의 정치를 가리켜 사랑의 정치, 믿음의 정치, 광폭정치라고 하고 있다. ……경애하는 장군님께서는 로동계급과 농민과 함께 지식인도 굳게 믿어 주시며 사회·정치 생활경위와 가정 주위환경이 복잡한 군중도 혁명의 기본 동력으로, 일시적인 동반자가 아니라 공산주의 사회까지 같이 가야 할 혁명동지로 보시고 그들 모두에게 믿음과 사랑을 베풀어 주고 계신다.[51]

(4) 혁명무력의 최고사령관으로서의 위대성

혁명무력의 최고사령관으로서의 김정일의 위대성을 찬양하는

49) 『조선녀성』(1998. 2), p. 17.
50) 『조선녀성』(1966. 1), pp. 11~14.
51) 『조선녀성』(1996. 3), p. 8.

글들은 1992년 김정일이 국방위원장으로 추대된 때를 전후하여 급증하였으며, 이후 지속적으로 증가하는 추세를 나타낸다. 이른바 "제국주의를 타승한 강철의 령장"으로서 김일성의 업적 및 위대성은 주로 항일무장투쟁 시기에 일어난 일들에 얽힌 일화들을 소개·선전하는 글들을 통해서 찬양하고 있다. 그러나 김일성과 같은 무장투쟁의 역사에 근거할 수 없는 김정일은 주로 군사사상 및 이론가, 전략가로서의 업적 및 위대성에 근거하여 찬양한다. 이를테면 김정일은 "비범한 군사적 예지와 무비의 담력, 탁월한 령군술로 우리의 혁명무력을 필승불패의 무적의 세계적 강군으로 키우신 가장 걸출한 군사전략가이시며 강철의 령장"[52]이고, 김일성의 주체적인 군사사상과 군사이론, 군사전법을 전면적으로 심화·발전시키어 주체적 군사학의 전반적 구성체계와 내용을 발전·완성시킨 위대한 군사이론가라는 것이다. 또한 병사들에 대한 사랑과 믿음이 지극한 혁명무력의 최고사령관으로서 김정일의 위대성이 찬양되는바, 김정일은 전선 서부와 동부, 중부의 최전연고지들과 바닷가 초소도 찾아가 병사들에게 백승의 지략과 담력을 안겨 주는 최고사령관이라고 한다. 『조선녀성』에 게재된 「90년대의 전선길」이라는 제목의 글에서는 1996년에 진행된 김정일의 전선시찰에서 있었던 '전설 같은 일화'들을 소개·선전하고 있다. 이 글에서는 "적진 1,200메터앞 최전연초소에까지" 나아가 "조국과 인민의 운명과 행복을 굳건히 지켜 갈 비범한 전략전술"을 밝혀 주고, 병사와 기념사진도 찍어 주고, "친히 준비해 가지고 오신 검소하고 소박한 야전식사"를 병사들과 함께 하는 등 병사들을 사랑하는 혁명무력의 최고사령관으로서의 김정일의 위대성이 찬양되고 있다.[53]

---

52) 『조선녀성』(1998. 2), p. 21.
53) 『조선녀성』(1996. 4), pp. 12~13.

(5) 인민과 병사들에 대한 사랑과 믿음

북한은 "조국과 민족, 인민과 병사들에 대한 열렬한 사랑"은 김정일의 중요한 성격적 특질이며 김정일의 위대성의 기초라고 한다.[54] 따라서 『조선녀성』에 실린 김정일 찬양관련 글들 가운데는, 특히 "숭고한 인간애를 지닌" 김정일의 인민과 병사들에 대한 사랑과 믿음에 얽힌 일화들이 많다. 이러한 글들에서 김정일은 인민들이 설 명절을 어떻게 지내고 있는지 마음이 놓이지 않아 설날 아침에 시내를 한 바퀴 돌아보고 오는가 하면, 일요일은 물론 명절날에도 현지지도에 나서는 등, 오로지 인민을 위해 헌신하는 '사랑의 화신'으로 찬양된다. 또한 1980년대의 『조선녀성』에 한동안 연재되었던 「향도의 해발 아래」라는 제목의 글들에서는 평양산원, 창광원, 개선문 등 이른바 기념비적 대건축물들이 "어버이수령님의 숭고한 뜻을 최상의 수준에서 꽃피워 나가는 영광스러운 당중앙이 우리 인민에게 들려 준 의의 깊은 사랑의 선물"[55]이라고 찬양하고 있다.

김정일은 병사들에 대한 사랑도 매우 크다고 하는바, 한 글에서는 지방 현지지도의 길에서 사랑하던 한 전사가 세상을 떠났다는 비보를 받고 김정일이 비 내리는 밤길을, 쏟아져 내린 비에 찻길이 막혀 길 아닌 진창길을 걷고 걸어 전사의 영구가 안치된 평양으로 왔다는 일화가 소개되어 있다.[56] 또다른 글에서는 여군들에 대한 김정일의 사랑을 말해 주는 다음과 같은 일화를 소개하고 있다. 김정일이 여성해안포중대를 시찰하고 돌아와 여성군인들이 바다바람에 얼굴이 튼 데 대해서 가슴아파하며 고약과 약크림을 보내 주었는 바, "친부모보다 더 살뜰하고 다심한 경애하는 김정일 동지의 사랑에 지휘관과 병사들은 감격에 목메이며 장군님을 위해 한목숨 기꺼이 바칠 맹세를 다지였다"는 이야기다.[57] 이 일화는 여성들에

---

54) 장형준(1998), p. 45.
55) 『조선녀성』(1980. 7), p. 15.
56) 『조선녀성』(1998. 1), p. 16.
57) 『조선녀성』(2003. 3), pp. 10~11.

대한 김정일의 사랑과 배려를 말하는 데에서도 자주 인용된다.

(6) 여성들에 대한 은덕과 배려

김일성에 대한 찬양의 글과 마찬가지로 김정일의 인간적 풍모의 위대성을 찬양하는 글들에서는, 특히 김정일의 여성들에 대한 은덕과 배려에 관한 글들이 많다. 이러한 글들에서 김정일은 다음의 예문에서와 같이 매우 자상하고 섬세하며 부드러운 인품의 지도자로 그려져 있다.

> 이 세상의 모든 꽃들이 해빛아래 아름답게 피여나듯이 우리 녀성들의 삶은 위대한 령도자 김정일 동지의 사랑의 빛발아래 봄날의 화원처럼 활짝 피여납니다. ……위대한 령도자 김정일 동지께서는 녀성들의 명절을 계기로 남자들이 녀성들에게 꽃도 안겨 주고 축하장이나 그림엽서 같은 것도 보내면서 축하해 주면 사회적 분위기가 아주 좋아질 것이라는 뜻깊은 말씀을 하시였습니다.[58)]

> 녀학생들에게 조선 옷 대신 양복을 해 입히라고 가르쳐 주신 분은 위대한 수령님과 친애하는 지도자 동지이시였다. 친부모도 미처 다 헤아리지 못할 어버이 사랑으로 한창 자라나는 녀학생들의 발육에 지장이 있을 수 있다는 것을 헤아리시고 양복을 해 주라고 일깨워 주시고도 이처럼 오히려 일군들을 치하해 주시는 친애하는 지도자 동지, ……친애하는 지도자 동지의 배려에 의하여 수도녀성들에게 꽃나이론 달린 옷을 해 입히게 되였을 때였다. 우리 녀성들에게 더욱 화려하고 맵시나는 옷을 해 주시려고 뜨거운 은정을 베풀어 주시는 친애하는 지도자 동지의 높으신 뜻.[59)]

또한 김정일 역시 김일성과 마찬가지로 특히 어린이와 어머니들에 대한 관심과 배려가 지대한바, 평양산원은 김정일의 세심한 지도와 사랑에 의해 건립되었으며 이로써 "친애하는 지도자 동지께

58) 『조선녀성』(1966. 2), p. 22.
59) 『조선녀성』(1984. 4), p. 7.

서는 이렇게 인간의 권위, 생명의 가치, 녀성들과 어린이들의 존엄을 무엇으로도 측정할 수 없는 무게로 높이 떠올겨 주신 것"[60]이라고 찬양한다. 그런가 하면 『조선녀성』에서는 강원도 원산시에 사는 41명의 일본인 여성들이 김정일에게 올린 편지를 게재하여 북한에 거주하는 일본인 여성들에 대한 김정일의 배려를 찬양하고 있다.

> 만일 저희들이 일본에서 살았다면 황금만능의 세상에서 남존녀비의 악습 밑에 인간존엄을 무참히 짓밟히우면서 보람 없이 살고 있었을 것입니다. 그러나 저희들은 조선인 남편을 따라 자본주의 사회와 결별하고 사회주의 조선에 와 친애하는 지도자 동지의 품속에서 살며 일함으로 하여 ……세상에 부럼없는 행복을 마음껏 누리고 있습니다. ……저희들은 친애하는 지도자 동지밖에는 그 누구도 모른다는 확고한 신념을 가지고 친애하는 지도자 동지만을 믿고 따르며, 친애하는 지도자 동지를 친정아버지와 친정어머니로 받들어 모시는 지극한 효녀가 되겠습니다.[61]

여맹과 관련해서도 김정일은 여맹사업에 대해 관심이 크며, 여맹을 당에 충실한 혁명조직으로 강화·발전시키는 데에 주력한 지도자로 찬양된다.

> "조선녀성"은 1970년대에 들어서면서 경애하는 김정일 동지의 향도의 빛발아래 력사에 일찌기 있어보지 못한 최성기를 맞이하였다. ……경애하는 장군님께서는 우리 당출판보도물을 위대한 수령 김일성 동지의 존함과만 련결시켜 부를 수 있는 주체형의 혁명적 출판물로 새롭게 정식화하시고 온 세상에 선포하시였으며 그 기본사명, 과업과 방도를 과학적으로 밝혀 주시였다.[62]

---

60) 『조선녀성』(1989. 1), p. 7.
61) 『조선녀성』(1993. 1), pp. 12~13.
62) 『조선녀성』(1996. 5), pp. 20~21.

또한 최근호에서는 김정일이 여맹조직들의 사업내용을 밝혀 주고 여맹으로 하여금 당의 선군영도, 군사중시사상을 지지하고 받들어 나가도록 이끌어 주었다는 글을 통해 김정일의 여맹에 대한 영도와 배려를 찬양하고 있다.[63] 김정일이 제시한 여맹사업의 주요 내용들은 군민일치의 전통적 미풍 발양, 인민군 원호사업 강화, 혁명적 군인가정 따라 배우기사업, 혁명적 군인정신과 투쟁기풍 따라 배우기운동, 군중문화예술활동 강화 등이며, 이러한 사업들은 여맹 활동의 주요 내용으로 이루어지고 있다.

(7) '남조선 인민'들의 흠모과 찬양

김일성 찬양관련 글들에서와 마찬가지로 김정일의 위대성을 찬양하는 글들에서도 김정일을 흠모·찬양한다는 '남조선 인민'들에 관한 글들이 많다.

> 친애하는 지도자 김정일 동지를 민족의 향도성, 통일의 향도성으로 우러러 칭송하며 그이를 통일의 단상에 높이 모시려는 남녘 인민들의 마음은 날을 따라 뜨거워지고 있다. 부산의 한 국민학교 교원이 작사작곡하여 담임한 학급의 학생들에게 보급하였다는 "그리운 향도성"이라는 노래는 남녘 인민들의 이 뜨거운 마음을 잘 보여 주고 있다. ……이와 같은 열렬한 흠모의 노래가 부산만이 아닌 서울과 광주, 인천과 대구 아이들의 작은 교실에서만이 아닌 대학의 강당에서, 공장과 농촌, 이름 없는 외진 섬과 태백산 줄기의 마을에서도 울려나오고 있다.[64]

> "김정일화"는 남해가와 제주도, 지리산의 계곡에서와 섬마을에서, 도시와 농촌마을의 가정들에서도 붉고 소담하게 피여나 보는 사람들의 마음을 뜨겁게 하고 있다. ……서울의 한 "공무원"은 온 가족이 애써 가꾸고 피운 "김정일화"를 동료들에게 보여 주면서…….[65]

---

63) 『조선녀성』(2005. 2), pp. 10~11.
64) 『조선녀성』(1993. 1), p. 18.

위에서와 같이 김정일을 흠모·찬양하는 '남조선 인민'들에 관한 글들 가운데, 특히 흥미로운 것은 1992년 평양에서 진행된 '아세아의 평화와 여성의 역할에 관한 제3차 토론회'에 참석했던 남측 대표단이 했다는 다음과 같은 발언내용이다.

> 지난 해 9월에 진행된 "아세아의 평화와 녀성의 역할"에 관한 제3차 평양토론회에 참가한 남측 녀성대표단 성원들은 평양산원, 김정숙탁아소, 만경대학생소년궁전을 참관하고 아이들의 행복한 모습에 감탄을 금치 못해하며 새로운 녀성세계를 발견하게 되였다고 감격에 겨워 말하였다. 그들은 자기들의 솔직한 심정을 아래와 같이 피력하였다. 이남에는 녀성이 있어도 녀권이 없고 아직도 가부장제의 보수성이 녀성들에게 종속을 강요하고 있으며 정치·경제·문화 등 모든 분야에서 제도적 불평등이 조장되고 있다. 그러나 이북녀성들은 남성들과 똑같이 정계와 전문분야에서 자기의 지위를 차지하고 있으며, 국가와 사회의 부담으로 운영되는 탁아소와 유치원이 있어 결혼한 녀성들도 마음놓고 사회활동을 할 수 있다. 참말로 이북은 민중의 락원이고 녀성들의 천국이다.[66]

(8) 김일성과 동일시

『조선녀성』에 수록된 김정일을 찬양한 글들의 특징적 양상은 다른 무엇보다도 김정일을 김일성과 동일시하여 찬양한다는 데에 있다. 김일성과 동일시하여 김정일을 찬양하는 글들은 김정일 후계체제 구축이 본격화되는 1990년대 이래 점차 많아지는 추세이며, 김일성 사후로는 그 내용이 보다 더 구체화되고 강화되는 경향을 나타낸다. 이를테면 김일성 사후에 김정일은 "자주시대의 위대한 태양", "21세기의 위대한 태양" 등으로 찬양되기에 이르며, 다음과 같이 김일성과 동일시되어 있다.

---

65) 『조선녀성』(1994. 1), p. 16.
66) 『조선녀성』(1993. 5), p. 19.

위대한 수령님에 의하여 영예로운 김일성민족으로 이름 떨치게 된 우리 민족의 혈통은 오늘 위대한 령도자 김정일 동지에 의하여 확고히 이어지고 있다. 위대한 령도자 김정일 동지는 곧 경애하는 수령 김일성 동지이시다.[67)]

김일성 주석의 숭고한 천품을 그대로 체현하신 김정일 지도자님을 우리 민족의 위대한 령수로 받들어 모시는 것은 우리 모두의 의무이고 사명이며 무상의 영광.[68)]

위대한 수령님은 경애하는 장군님의 모습으로 인민의 마음 속에 영생하시며 장군님은 수령님의 모습으로 우리를 이끄신다. 위대한 수령님의 력사는 경애하는 장군님의 력사로 흐르며 수령님의 영생실록은 장군님의 혁명실록이다.[69)]

3.1.3. 김정숙

1980년 10월 김정일이 후계자로 공식화된 이후 김정숙을 찬양하고 우상화하는 글들이 급증하였으며 점차 지면할애가 확대되는 추세를 나타냈다. 한 예로 김정숙의 생일(12.24)이 들어 있는 달에 발간된 1981년의 『조선녀성』 12호는 화보를 포함해 10여 쪽에 걸쳐 김정숙 찬양관련 글을 게재하였으며, 다음 해인 1982년 9호는 그 때부터 새로이 만들어진 「불요불굴의 공산주의 혁명투사 김정숙 동지를 따라 배우자」라는 고정란에 여러 가지의 작은 제목들로 김정숙을 찬양하는 글들을 11쪽에 걸쳐 게재하였다. 김정숙을 찬양하고 우상화하는 글이 가장 많이 수록되는 호는 매년 12월에 발간되는 『조선녀성』이다.

김정숙 찬양 및 우상화를 내용으로 하는 글들은 「불멸의 혁명력사」, 「영원히 빛나는 충성의 별」, 「숭고한 구감」, 「주체형의 혁명

67) 『조선녀성』(1995. 2), p. 16.
68) 『조선녀성』(1995. 1), p. 17.
69) 『조선녀성』(1998. 2), p. 12.

투사의 귀감이신 김정숙 녀사를 따라 배우자」, 「불요불굴의 공산주의 혁명투사 김정숙 동지를 따라 배우자」, 「항일의 녀성영웅 김정숙 동지를 따라 배우자」, 「불멸의 생애, 빛나는 구감」, 「빛나는 거울」 등의 큰 제목 아래 여러 가지 작은 제목들로 글이 게재되어 왔다. 또한 이들 가운데 특히 「불멸의 생애, 빛나는 구감」이라는 고정란에서는 한동안 김정숙의 탄생부터 시작하여 혁명투사로의 그의 생애와 활동을 연재하였으며, 「위대한 어머니 품」이라는 고정란에서는, 특히 김정숙이 김정일을 '주체형의 공산주의 혁명가'로 키우면서 보여 준 모범적인 모습들을 여러 가지 일화를 통해 소개·선전하였다.

1949년에 사망한 것으로 알려진 김정숙에 대한 찬양 및 우상화는 주로 김정숙의 항일유격활동과 김일성 정권 창립을 전후한 그의 혁명활동에 얽힌 다양한 일화를 소개·선전하는 회고의 형식으로 게재된다. 또한 『조선녀성』에는 "김정숙군"을 비롯한 주요 김정숙 혁명사적지를 답사한 글들과 사적지 관련화보가 반복적으로 게재되며, 특히 해방 전 김정숙이 지하혁명 투쟁을 하면서 다닌 사적지와 사적물들이 많다고 하는 "력사의 땅 김정숙군", "김정숙 혁명사적지"에 관한 화보가 빈도 높게 수록된다. 후계자 김정일의 공식화와 거의 때를 같이 하여 북한 여성들에게 의무화된 '김정숙 따라 배우기 운동'에 관한 글들도 자주 게재된다. 이러한 글들은 '김정숙 따라 배우기'를 적극 선동하는 글, 또는 '김정숙 따라 배우기'를 모범적으로 실천하고 있는 여맹의 초급단체들을 소개·선전하는 글이 대부분이다.

1980년 『조선녀성』 12호에 수록된 「혁명의 어머니 김정숙 동지를 따라 배우는 사업을 더욱 힘있게 벌리자」라는 글에는 '김정숙 따라 배우기 사업'의 의의와 김정숙에게서 따라 배워야 할 주요 덕목, '김정숙 따라 배우기 사업' 강화 방도 등에 관해 다음과 같이 설명하고 있다.[70)]

먼저 이 사업의 의의에 대해서는 "혁명의 어머니 김정숙 동지를 따라 배우는 사업은 어머님의 뜨거운 충실성을 따라 배워 모든 녀성들을 위대한 수령님과 영광스러운 당에 끝없이 충직한 주체형의 공산주의 혁명가로 만들기 위한 영예로운 사업"이며, "어머님의 참된 모범을 따라 배워 모든 녀성들이 무한한 헌신성과 높은 열의를 가지고 혁명과 건설에 적극 참가하여 주체의 혁명위업을 다그쳐 나가게 하기 위한 보람찬 사업"이라고 밝히고 있다. 다음으로 김정숙을 따라 배우는 데서 중요한 것은 수령에 대한 맑고 깨끗한 충성심, 혁명에 대한 무한한 헌신성과 고상한 혁명가적 기풍, 한없이 고매한 공산주의적 덕성, 혁명적 사업방법의 빛나는 모범 등으로 되어 있다. 그리고 '김정숙 따라 배우기 사업'을 강화하기 위한 주요 방도로는 김정숙의 혁명적 생애와 불멸의 업적을 더욱 전면적으로 깊이 있게 학습할 것, 사업을 중요 과업으로 내세우고 실천활동과 밀접히 결합해 나가야 할 것, 즉 조직사상생활에 성실히 참가함으로써 수령과 당중앙에 충직한 혁명가로 준비해 나가도록 할 것, 사업을 목적지향성 있게 끈기 있게 진행해 나가야 할 것, 즉 따라 배우기 위한 목표를 뚜렷이 세우고 이를 계획적으로 진행해 나가야 할 것 등을 제시해 놓았다.

『조선녀성』에 수록되는 김정숙 찬양 및 우상화 관련 글들은 주로 김일성에 대한 충실성 찬양, 공산주의 혁명투사로서의 풍모 찬양, 여성해방 및 여맹관련 업적 찬양, 인간적 풍모 찬양 등을 내용으로 하고 있다. 또한 이 외에도 『조선녀성』에는 김정숙이 위대한 교육사상가, 실천가이며 어린이교육교양사업에서도 빛나는 업적을 남기었고, 특히 어머니들이 사상교양, 도덕교양을 중심으로 가정교양을 잘 해야 할 것을 강조했다는 글들이 게재되어 있다.

김정숙을 찬양하고 우상화한 글들은 다음의 다섯 가지 주제로 집약할 수 있다.

70) 『조선녀성』(1980. 12), pp. 11~12 참조.

(1) 김일성에 대한 충실성 찬양

김정숙을 찬양하는 글들에서는 김일성의 사업을 보좌하고 그의 심려를 덜어 주는 것이 김정숙에게 있어 최상의 기쁨이고 행복이었으며, 김정숙의 "모든 사색과 활동은 오로지 위대한 수령님의 사업을 보장해 드리시고 도와 드리시는 데만 집중되고 있었다"[71]라고 한다. 또한 『조선녀성』에 실린 글들에서 김정숙은 김일성의 높은 뜻을 그 누구보다도 깊이 헤아렸고, 김일성의 사상과 노선, 명령지시를 절대성, 무조건성의 원칙에서 결사 관철하였으며, "단 한 발의 적탄이라도 위대한 수령님께서 계시는 사령부쪽으로 날아 가게 해서는 안 된다는 일념으로 적들을 자신께로 유인[72]하는 "수령결사옹위" 정신을 보여 준 수령의 충직한 친위전사로 칭송되기도 한다.

> 김정숙 동지는 일생 동안 결사의 각오와 무비의 헌신성으로 위대한 수령님이 혁명사상과 령도적 권위를 절대적으로 신봉하고 견결히 옹호·고수하신 수령결사옹위의 최고 화신이시였다.[73]

『조선녀성』에는 김정숙의 김일성에 대한 충실성을 말해 주는 여러 가지 이야기가 다양하게 소개된다. 예를 들면, 김정숙은 김일성이 사무실에서 밤을 새워 일을 하는 동안 사무실이 마주 보이는 정원가에 나와 눈을 맞으며 "겨울밤의 추위도 아랑곳 없이 위대한 수령님의 안녕을 지켜 교대 없는 보초"를 섰다는 이야기가 있는가 하면,[74] 김일성의 신변안전을 위해 김정숙은,

> 창문에 푸릿한 새벽빛이 비끼면 벌써 정원으로 나가시여 경애하는 수령님께서 밟으실 길을 먼저 걸으시여 찬이슬을 터시고 락

71) 『조선녀성』(1983. 2), p. 21.
72) 『조선녀성』(2003. 3), p. 16.
73) 『조선녀성』(2005. 6), p. 16.
74) 『조선녀성』(1980. 12), p. 15.

> 엽을 주으시였다. 위대한 수령님께서 귀중한 휴식의 한순간을 댁에서 보내시는 점심때면 녀사께서는 언제나 수령님께서 계시는 방 창문 아래 마당가에 계셨다. ……김정숙 녀사께서는 위대한 수령님의 안녕을 지키시기 위해 한밤중에도 몇 번씩 일어나시여 저택 주변을 돌아보시였다.[75]

라는 이야기도 있다. 이와 같은 이야기들을 통해 찬양되는 김정숙의 김일성에 대한 충실성은 원정의 길 떠나는 김일성의 안녕을 위해 김정숙이 "머리카락을 한올 한올 솎아 신발깔개를 만들었다"는 일화[76]에서 극치를 이룬다. 또한 김정숙은,

> 잡지 "조선녀성"은 장군님께서 창간하시고 지도하시는 출판물이기 때문에 전체 녀성들을 장군님의 사상으로 무장시키며 장군님의 두리에 튼튼히 묶어 세우는 데 기본을 두고 편집하여야 합니다. 그러자면 잡지에 실리는 모든 글들이 장군님의 위대성을 선전하고 장군님을 높이 칭송하는 데 이바지하는 내용으로 일관되여야 합니다.[77]

라고 하여 김일성에 대한 충실성 강화를 『조선녀성』 편집의 기본 방향으로 제시해 주었다고도 한다. 또한 『조선녀성』 최근호에서 김정숙은 김일성의 혁명역사를 종합체계화했다는 『김일성 장군의 략전』을 출판하는 데 공헌한 것으로도 칭송되고 있다.[78]

(2) 김정일의 어머니로서의 위대성 찬양

김일성이 교시하기를,

75) 『조선녀성』(1984. 6), pp. 12~13.
76) 『조선녀성』(2001. 4), p. 30.
77) 『조선녀성』(1996. 1), p. 19.
78) 『조선녀성』(2005. 2), p. 16.

> 김정숙 동무가 우리에게 남긴 유산이 있다면 그것은 김정일 동무를 미래의 령도자로 키워 당과 조국 앞에 내세워 준 것입니다. 동무들은 내가 김정일 동무를 후계자로 키워 냈다고 하지만 사실 그 기초는 김정숙이 쌓아 놓은 것입니다. 그가 혁명 앞에 남긴 가장 큰 공로가 바로 거기에 있습니다.[79]

라고 하였다고 한다. 이에 따라 『조선녀성』에서 김정숙은 김정일을 "백두의 선군령장"으로 키우고 주체혁명위업의 영도적 대를 굳건히 이어 놓은 위대한 인물로 그려져 있다.

> 김정숙 동지께서 포연에 절은 군복에 사랑하는 아드님을 감싸 안으시고 어서 자라 속히 자라 총칼을 메고 싸우라는 내용이 담긴 자장가를 불러 주시며, 천만산악이 총검처럼 솟아 있는 백두의 천고수림 속에서 첫 걸음마를 떼시는 아드님을 이끌어 주시며 바라신 것은, 위대한 장군님께서 수령님을 잘 받들어 모시고 수령님의 위업을 총대로 실현해 나가는 백두산장군으로 자라나시는 것이였다.[80]

(3) 공산주의 혁명투사로서의 풍모 찬양

김일성에 의하면 김정숙은 "사령부의 로선이나 작전적 방침과 어긋나는 그릇된 사상에 대해서는 추호의 타협도 하지 않고 견결하게 투쟁"[81]한 철저한 사상론자였으며, 이름난 명사수, 능숙한 지하공작원, 모진 시련과 난관 앞에서도 굴할 줄 모르는 강의한 공산주의자, 남달리 조국과 동지를 사랑했고 혁명의 이익을 위해서라면 자기의 모든 것을 다 바쳤던 열렬한 혁명가였다고 한다.[82] 김정숙의 탄생부터 시작하여 혁명투사로서의 그의 생애와 활동을 연재한 「불멸의 생애, 빛나는 구감」에는 "불요불굴의 공산주의 혁명투사"

79) 『조선녀성』(2005. 4), p. 28.
80) 『조선녀성』(2005. 4), p. 28.
81) 『조선녀성』(1998. 1), p. 23.
82) 『조선녀성』(1987. 6), p. 19.

김정숙에 관한 일화가 다양하게 소개·선전되어 있다. 예를 들면, 김정숙은 야학에서 배운 혁명의 진리를 마을 여성들에게 알려 주며 야학에 나올 것을 적극 권유하였는가 하면, 가족들에 대한 교양에도 깊은 관심을 돌리어 일가 모두의 혁명적 각성을 높이었다고 한다.[83] 또한 『조선녀성』에 실린 한 글에서는 김정숙이 항일유격투쟁 당시에 김정숙이라는 이름을 갖게 된 연유도 밝히고 있는바, 김정숙이 유격구 생활을 하면서 "동지들의 사랑과 믿음"이 나날이 커감에 따라 공청구위원회는 "남달리 슬기로우시고 억세이시고 비단결 같은 마음씨를 지니신 정직하시고 현숙하신 녀사를 정숙이라고 부르기로 결정하였다"고 한다.[84] 공산주의 혁명투사로서의 김정숙의 풍모를 찬양하는 글들 가운데는 전장에서 전투를 지휘해 나가는 김정숙의 모습을 사실적으로 자세히 묘사한 글도 있다.[85]

(4) 여성해방 및 여맹관련 업적 찬양

『조선녀성』에 실린 글들에서 김정숙은 김일성이 내놓은 여성해방운동에 관한 사상을 받들고 조선여성운동의 강화·발전과 여성문제의 해결을 위해 투쟁해 온 여성해방운동의 위대한 지도자로 추앙된다. 예를 들면, 한 글에서는

> 우리 나라에서 처음으로 국가탁아소가 세워지고 그 첫 운영의 날을 맞이하게 된 것은 위대한 수령님의 높은 뜻을 받드시고 녀성들의 사회적 해방을 실현하며 우리의 어린이들을 나라의 기둥으로 더 잘 키우시기 위하여 바쳐오신 항일의 녀성영웅 김정숙 동지의 끝없는 헌신의 빛나는 결실이다.[86]

---

83) 『조선녀성』(1980. 1), pp. 15~16.
84) 그 때까지 김정숙은 '연옥'이라는 이름으로 불리었는데, 그 이름은 연약한 감을 자아냈기 때문에 이름을 바꾸게 되었다고 한다. 『조선녀성』(1980. 5), p. 25.
85) 『조선녀성』(1996. 4), p. 25.
86) 『조선녀성』(2005. 4), p. 30.

라고 밝히고 있다.

또한 김정숙은 김일성의 뜻을 받들어 『조선녀성』 창간과 관련해 제기된 문제들을 풀어 주었으며, 『조선녀성』이 여성들을 수령의 사상으로 무장시키고 "민주조선을 일떠 세우는 투쟁에로 적극 불러일으키는 위력한 사상적 무기"[87]가 되도록 이끌어 주었다고 한다. 김정숙은 여맹조직을 강화·발전시킨 것으로도 높이 찬양된다. "김정숙 동지의 은혜로운 사랑의 손길이 있었기에 녀맹조직들은 해방직후의 그 복잡다단한 속에서도 언제나 충성의 한 길을 힘차게 걸어올 수 있었으며, 당의 믿음직한 대중정치조직으로 강화·발전될 수 있었다"[88]라는 것이다.

(5) 인간적 풍모 찬양

『조선녀성』은 「빛나는 거울」이라는 난을 통해 김정숙의 인간적 풍모를 말해 주는 일화들을 소개·선전한 바 있다. 여기에서 김정숙은 언제나 인민들 속에 있으며 기쁨도 슬픔도 함께 나누고 밝은 앞날을 펼쳐 주는 것으로 그려져 있다. 예를 들어, 김정숙은 한 농가에 들러 익숙한 솜씨로 도리깨질을 하고 건설장에서 삽질도 하는 등 소박하고 겸손한 품성을 보이며 고아를 데려다 돌보아 주는 자상함도 보여 준다. 이와 같이 김정숙의 인간적 풍모는, 특히 소박함과 겸손함, 친어머니와도 같은 자상함과 따뜻함으로 형상되며 『조선녀성』에는 이와 같은 김정숙의 풍모를 말해 주는 일화들이 다양하게 소개되어 있다. 김정숙의 소박함과 겸손함을 찬양한 글들에는,

> 보통 가정부인과 같이 수수하게 몸단장을 하신 김정숙 동지께서 ……이제부터는 나를 정숙동무라고 불러 주시오. 그래야 동무들 사이에 자연스럽고 더 다정스럽지 않습니까. 나도 동무들과 같은 한 녀맹원이고, 특히 같은 당원인 것만큼 꼭 정숙동무라고 불

87) 백과사전출판사(2000), p. 566.
88) 『조선녀성』(1991. 5), p. 17.

러 주시오."[89)]

라고 말했다는 일화가 소개되어 있는가 하면, 김정숙이 수수한 작업복 차림으로 공사장에 나와 여맹원들과 함께 삽질도 하고 질통도 메면서, 비바람 속에서도 일손을 놓지 않았다는 일화도 소개되어 있다.[90)]

또한 김정숙의 친어머니와도 같은 자상함과 따뜻함을 찬양한 글들 가운데는, 김정숙이 길에서 우연히 마주친 길 잃은 어린 소년을 업고 자신의 집으로 데려가 씻기고 입히고 먹인 후 다시 업고 집을 찾아 데려다 주는 등 "한없이 고결하고 인자하신 풍모"를 보여 주었다는 일화[91)]와, 김정숙이 '내무성 중앙보안간부학교'를 방문하여 "학생들이 생활준칙의 요구대로 목욕도 자주하고 속옷을 제때에 빨아 갈아 입도록 하며, 자기 전에는 반드시 발을 씻도록 하여야 한다고 다심한 어머니의 심정으로 학생들의 생활을 보살펴 주시였다"[92)]는 일화가 소개되어 있다. 이 밖에도 금강산에 올랐던 김정숙이 점심식사 시간이 되어 가자 남편(김일성)의 식사준비를 위해 금강산 구경을 중단하고 하산했다는 일화를 소개한 글에서는 김정숙이 아내로서의 역할에 충실했던 풍모를 높이 찬양하고 있다.[93)]

김정숙의 인간적 풍모를 찬양한 글들 가운데, 특히 눈에 띄는 것은 여운형의 딸 여연구가 "일찌기 부모의 품을 떠난 저희들을 한품에 안으시고 애지중지 키우시며 지극히 돌봐 주신 존경하는 김정숙 어머님"을 그리워하며 쓴 글이다.[94)]

89) 『조선녀성』(1995. 1), p. 22.
90) 『조선녀성』(1979. 5), pp. 14~15.
91) 『조선녀성』(1996. 5), p. 22.
92) 『조선녀성』(1996. 2), p. 24.
93) 『조선녀성』(1995. 2), p. 26.
94) 『조선녀성』(1981. 4·5), pp. 25~30.

3.2. 사상교양

여맹은 사상교양단체이며 사상교양사업을 강화하는 것은 여맹의 주요 임무로 되어 있다.

> 녀맹은 사상교양사업을 가장 중요한 과업으로 틀어 쥐고 끊임없이 심화·발전시켜야 한다. ……녀맹조직들은 현 시기 사상교양사업에서 기본은 주체사상교양이라는 당의 방침을 높이 받들고 주체사상 원리교양, 충실성 교양, 혁명전통교양, 계급교양, 사회주의적 애국주의 교양을 비롯한 모든 형태의 사상교양을 주체사상의 기본 원리와 결부하여 진행함으로써 녀맹사상교양사업을 주체사상으로 일관시키며 끊임없이 심화시켜 나가야 한다.[95]

『조선녀성』을 통해 보면 여맹이 가장 중요한 과업으로 수행하는 사상교양의 내용은 주체사상교양, 수령에 대한 충실성 교양, 계급교양, 사회주의적 애국주의 교양, 미래사랑 정신교양, 집단사랑 정신교양, 노동사랑 정신교양, 당정책 및 혁명전통교양, 공산주의 도덕교양, 선군사상교양 등이며, 특히 수령과 당에 대한 충실성 교양에 비중을 두고 있다.

> 녀맹조직들은 녀성들과 녀맹원들 속에서 선군사상교양, 당정책교양, 혁명전통교양, 계급교양, 사회주의 애국주의 교양을 실속있게 진행하며 무엇보다 당에 대한 충실성 교양을 기본으로 틀어쥐고 나가야 한다. 충실성에 기초한 단결만이 불패성을 가진 위대한 단결로 될 수 있다는 진리를 모든 녀성들과 녀맹원들의 가슴속에 깊이 새겨 주어야 하며, 혁명과 건설에서 수령이 노는 결정적 역할을 원리적으로 인식시키고 당과 수령의 위대성과 령도의 현명성을 잘 알도록 하기 위한 교양사업을 심도 있게 벌려야 한다.[96]

95) 『조선녀성』(1992. 5), pp. 30~31.
96) 『조선녀성』(2005. 6), p. 8.

김정일의 선군사상, 선군정치가 나온 이래 『조선녀성』 최근호들에서는 여맹원들에 대한 선군사상교양도 크게 강조하고 있다. 김정일의 선군혁명영도, 선군정치를 충성으로 받들어 나가기 위해서는 여맹원들에 대한 사상교양을 선군사상교양으로 일관시켜야 한다는 것이다. 또한 여기에서 중요한 것은 모든 여맹원들이 군인품성을 따라 배우도록 하는 것인바,

> 군인품성을 따라 배우고 체질화하는 것은 선군시대의 참된 혁명가로 준비하기 위한 중요한 요구이다. 녀맹조직들에서는 인민군 군인들의 혁명적 군인정신과 강한 조직성, 규률성, 혁명적 동지애, 자력갱생, 간고분투의 혁명정신과 혁명적이고 락천적인 투쟁기풍, 알뜰하고 문화적인 생활기풍 등 군인품성을 따라 배우기 위한 교양사업을 힘있게 벌려야 한다. 특히, 녀맹조직들에서는 모든 녀맹원들이 자기 자식들을 군인품성의 소유자들로 키우도록 하는 데 깊은 관심을 돌려야 한다.[97]

고 주장한다.

공산주의 도덕교양은 "동맹조직들이 놓치지 말고 틀어 쥐고 나가야 할 사상교양의 중요한 한 고리"라고 하며, 『조선녀성』에는 매호마다 다양한 제목으로 공산주의 도덕에 관한 글이 게재되고 있다. 또한 『조선녀성』 최근호에서는 김정일의 지시에 따라 사회주의적 애국주의 교양을 인륜도덕에 대한 교양과 잘 결부하여 진행할 것을 강조하고 있다.[98] 사회주의적 애국주의 교양과 인륜도덕교양을 결부하여 진행해야 "사람들 속에 사회주의 조국에 대한 열렬한 사랑이 인륜도덕에 기초한 진실하고 공고한 사상감정으로 되게 할 수 있다"는 것이다. 또한 이와 같은 교양방법은 사람들이 "숭고한 도덕의리심", "순결한 양심", "집단주의적 도덕관"을 가지고 "사회

97) 『조선녀성』(2004. 4), p. 35.
98) 『조선녀성』(2005. 4), pp. 42~43.

주의 조국"을 사랑하도록 하기 위한 필수적 요구라고 주장한다.

여맹조직들은 여맹원들에 대해 사상교양을 강화하여 다른 무엇보다도 김일성과 김정일에 대한 충실성을 신념화, 양심화, 도덕화, 생활화하도록 한다. 또한 여맹원들 속에서 낡은 사상의 잔재를 뿌리빼기 위한 사상투쟁을 강화하는바, 부르주아 사상, 수정주의, 교조주의, 사대주의 사상을 비롯한 온갖 반혁명적 사상을 반대하는 투쟁을 강화하며 부르주아 복귀주의를 배격하도록 한다.

『조선녀성』은 「'경애하는 수령 김일성 동지의 위대한 주체사상'에 대한 학습자료」, 「주체사상 학습실」, 「주체사상 원리해설」, 「원리학습실」, 「혁명전통학습자료」, 「혁명전통학습 참고자료」, 「위대한 수령 김일성 동지께서 ○○○할데 대하여 주신 교시(발취)」, 「친애하는 지도자 김정일 동지께서 ○○○할데 대하여 주신 말씀(발취)」, 「당의 방침 해설」, 「해설」, 「물음과 대답」, 「문답해설」, 「사회주의를 지키면 승리, 버리면 죽음」, 「구호해설」 등의 난을 통해 사상교양 관련자료를 해설·선전해 오고 있다. 또한 이 밖에도 「그림이야기」라는 고정란에서는 지주·자본가·미제국주의 반대 등 계급교양과 사회주의적 애국주의 교양, 노동사랑 정신교양 등을 위한 그림을 곁들인 이야기를 게재한다. 「그림이야기」에는 특히 해방 전, 또는 한국전쟁 당시 실존인물의 체험담을 소개·선전하는 내용들이 많이 게재되는 편이다. 「재담」이라는 고정란에서는 여성 두 명, 또는 남성과 여성 두 명이 나와 수령의 교시와 당정책 등을 재치 있고 흥미롭게 해설·선전한다.

사상교양 관련 글들로는 김일성·김정일 노작의 해설·선전과 김정일의 인덕정치, 군중시정치, 선군정치 등을 해설·선전하는 내용의 글들이 비중 있게 수록되며, 최근에는 선군사상 등 김정일 사상이론의 위대성 교양에 중점을 두고 있다. 또한 1990년대 말 이래 『조선녀성』에는 군중시정치와 선군정치에 관한 글이 빈도 높게 게재되고 있으며 그 요지는 다음과 같다.

군중시정치는 인민군대를 혁명의 기둥, 주력군으로 믿고 그에 의거해서 혁명과 건설을 령도해 나가는 정치이다. 경애하는 장군님께서는 력사상 처음으로 인민군대를 혁명의 기둥, 주력군으로 새롭게 규정해 주시고 혁명의 맨 앞장에 내세우는 원칙을 밝혀 주시였다. 이 원칙은 혁명의 수뇌부를 결사옹위하는 데서도 제일이고, 사회주의 건설의 돌파구를 열어 나가는 데서도 맨 앞장에 서며, 온 사회에 혁명적 투쟁기풍과 일본새를 세워 나가는 데서도 제일기수로 되고 있는 인민군대를 본보기로 내세워 혁명과 건설을 해 나가는 원칙이다.[99)]

우리 시대는 제국주의와 반제자주 세력이 가장 격렬하게 맞서고 있는 투쟁의 시대이다. 제국주의와의 장기적인 대결 속에서 사회주의 위업을 완성하자면 마땅히 군사가 중시되여야 한다. 선군정치방식은 바로 군사선행의 원칙에서 혁명과 건설에서 나서는 모든 문제를 해결하고 군대를 혁명의 기둥으로 내세워 사회주의 위업 전반을 밀고 나가는 령도방식이다. 그것은 본질에 있어서 혁명군대의 강화를 통하여 인민대중의 창조적 역할을 최대한으로 높이는 정치방식이다.[100)]

북한은 구소련 해체 및 동구 사회주의권 붕괴를 전후로 사회주의 고수를 위한 사상교양에 주력한바, 1990년대 이래 『조선녀성』에도 관련 글들이 비중 있게 수록되고 있다. 한 예로 「사회주의를 지키면 승리, 버리면 죽음」이라는 난에서는 주로 러시아와 동구라파 국가들의 비참한 생활상과, 특히 여성 및 어린이 생활의 어려움을 밝히는 글들이 연재되었으며, 대부분이 다음과 같은 내용의 글들이다.

위대한 령도자 김정일 동지의 사랑의 정치가 펼쳐진 우리의 사회주의 사회에서는 모두가 어엿한 나라의 주인으로 값 높은 삶

99) 『조선녀성』(1999. 1), pp. 15~16.
100) 『조선녀성』(1999. 5), p. 18.

을 마음껏 누리고 있다. 하지만 자본주의가 복귀된 나라 녀성들의 생활은 어떠한가. 먹고 살기가 힘들어 어린 자식을 파는 어머니들, 륜락의 길에 떨어진 젊은 녀성들, 생계를 유지할 수 없어 자기의 처지를 한탄하며 한 장의 유서를 남기고 자살하는 녀성들이 날을 따라 늘어나고 있다. ……이것은 바로 자본주의 복귀의 쓰디쓴 결과였고 사회주의를 버리면 죽음이라는 력사의 진리를 깨우쳐 주는 증거였다.[101)]

오늘 사회주의가 좌절된 나라들에서 녀성들의 처지는 말할 수 없이 비참한 형편에 놓여 있다. ……녀성들은 갈수록 더해만 가는 실업과 빈궁 속에 비인간적인 학대와 폭행까지 강요당하고 있다. ……로씨야에서는 남편이 안해를 박해하고 매질하는 현상들이 자주 일어나 녀성들의 공포를 자아내고 있다. 이러한 폭행으로 하여 지난 한 해 동안에만도 1만 4,500명의 녀성들이 목숨을 잃었으며, 5만 6,400명이 불구자로 되였다. ……사회의 혜택 속에 응당한 대우를 받아야 할 녀성들이 비참한 운명에 빠지게 된 것은 바로 자본주의 복귀가 가져온 산물이다.[102)]

이전 쏘련과 동구라파 나라 어린이들은 사회주의 요람을 잃고 자본주의 복귀의 첫째가는 희생물로 되여 헐벗고 굶주리고 방황하고 있으며 지어는 "상품"으로 취급되고 있다.[103)]

지주, 자본가, 제국주의 등을 반대하는 내용의 계급교양을 위한 글들은 대체적으로 매호마다 잡지의 뒷부분에 수록되어 있다. 계급교양 관련 글을 게재하는 「착취받고 압박받던 지난날을 잊지 말자!」라는 난에서는 주로 해방 전에 지주와 일제의 횡포로 고생한 여성들의 회고를 통해 지주에 대한 증오심과 반일감정을 고취시킨다. 또한 6·25전쟁 당시의 '미제의 야수적 만행'에 관한 글들에서

101) 『조선녀성』(1995. 2), p. 34.
102) 『조선녀성』(1995. 6), p. 39.
103) 『조선녀성』(1996. 2), p. 40.

는, 특히 '미제'에 의한 부녀자와 어린이 학살에 대해 자극적이고 원색적인 어휘들을 구사하여 상세하게 묘사함으로써 반미 적개심을 고취시킨다.

> 미제는 어머니와 어린이들을 따로 갈라 놓아 어머니의 간을 말리워 죽이고 어린이들의 피를 말리워 죽이라고 명령하였다. ……엄마를 찾아 젖을 달라고 아우성치는 철부지 어린것들에게 휘발유를 먹이고 창고에 불을 질렀으며, ……미제야수들은 신천구에서 약 45일간에 3만 5,000여 명의 인민들을 학살하였다. 놈들은 총살, 타살, 교살, 생매장 등의 야수적 만행은 물론 코와 귀를 꿰여 끌고 다니다 죽이며 눈알을 뽑고 젖가슴을 도려 내고 머리가죽이나 몸가죽을 벗겨서 죽이고 오관과 사지의 각을 떠서 죽이고 십자가에 못을 박아 죽이는 등 듣기만 하여도 몸서리치는 잔인무도한 만행을 서슴지 않았다.[104)]

『조선녀성』에는 거의 매호마다 일제의 만행을 고발하는 글들도 게재된다. 글의 요지는 일제의 침략적 본성은 변하지 않는다는 것을 잘 알아야 하며, 혁명적 경각성을 높이고 사회주의 조국을 굳건히 지켜야 한다는 것이다. 이와 같은 요지의 글들은 「일제가 감행한 민비살해사건의 진상」, 「일제의 강압적인 '강화도조약' 체결죄악」 등과 같은 제목으로 게재되며, 역사적 사건에 대한 해설을 통해 일제의 만행을 밝히고 있다.

3.3. 여맹활동과 모범사례

3.3.1. 여맹활동

『조선녀성』에 게재된 글들을 통해 보면 여맹조직의 활동은 대체적으로 다음의 세 가지로 집약된다.

---

104) 『조선녀성』(1995. 6), p. 36.

(1) 사상교양사업

여맹의 사상교양사업은 선전사업과 선동사업을 사상교양의 기본 형식으로 하여 교양, 강연과 구두선동, 직관선동, 예술선동, 모임선동을 비롯한 선동사업을 조직하며, 긍정적 모범으로 부정을 감화시키는 방법, 해설과 설복의 방법 등으로 알기 쉽게 통속적으로 교양사업을 진행하여야 한다.[105] 따라서 각 여맹조직에서는 이를 구체화하여 독보, 책읽기, 혁명적 노래보급, 예술선동, 구호문헌 해설 및 참관, 혁명사적지 조성 및 참관, 영화감상 발표모임, 예술소조공연, 영화감상모임, 덕성자료감상 토론모임, 읽은 책 발표모임, 연구발표모임 등의 방법으로 사상교양사업을 진행한다. 이와 같은 방법들 가운데 몇 가지 예를 들면, 먼저 '독보'란 주로 아침시간에 행해지는 것으로 미리 독보계획을 세워 매일 아침 30분 정도의 독보시간을 갖는 것을 말한다. 독보계획에는 수령의 노작과 교시들, 그 구현인 당의 정책들을 우선적으로 반영하도록 한다. '책읽기'는 연간 책읽기 과제를 주고 그에 근거하여 분기별·월별 책읽기계획을 세운 다음 철저히 집행하며, 모범 여맹원의 경험발표모임도 조직하는 사상교양사업 방법이다. '책읽기'에서는 『김일성저작집』, 『김정일선집』을 비롯한 노작과 문헌학습에 기본을 두면서 김일성의 회고록 『세기와 더불어』, 『인민들 속에서』, 『주체시대를 빛내이시며』, 『불요불굴의 공산주의 혁명투사 김정숙 동지를 회상하여』 등과 같은 많은 덕성도서들도 읽는다. 또한 신문, 잡지, 문예서적을 읽기도 한다. '혁명적 노래보급'은 먼저 노래보급책임자를 선정하여 노래보급책임자가 혁명적인 노래들이 가지는 중요성을 여맹원들에게 인식시키면서 노래보급 전에 노래에 담긴 사상주제에 대하여 해설 등을 하는 사상교양방법이다. 사상교양방법으로서의 혁명적 노래보급은 사회주의 건설에 매진하는 인민들을 고무·추동하고 혁명적으로 교양한다는 데에 의의를 두고 있다. 혁명적 노래보급을 하는 여맹원

105) 『조선녀성』(1992. 5), p. 31.

들은 혁명적인 노래들로 예술소품 공연을 준비하여 광산, 농장, 공장 등을 찾아가 노래한다. '예술선동'은 주로 김일성과 김정일의 영도업적 내용을 주제로 하여 중창, 중창이야기, 북제창, 합창시, 대화시, 독창, 무용, 기타 독주 등의 종목으로 공연하는 것을 말하며 예술선동으로 사상교양을 강화한다는 데에 의의를 두고 있다.

『조선녀성』을 통해 본바, 사상교양을 위한 여맹조직의 주요 학습내용은 다음과 같다.

먼저 가장 비중 있게 다루어지는 것은 역시 김일성과 김정일에 대한 학습이다. 김일성과 관련해서는 그의 노작과 교시학습, 혁명역사 및 덕성실기 등에 대한 학습, 회고록 『세기와 더불어』에 대한 학습, 그의 위대성 학습 등이 있다. 김정일과 관련해서는 그의 노작과 말씀학습, 문헌원문학습, 혁명사상 및 덕성실기학습, 명언학습, 『선군혁명실록』[106] 학습, 그의 위대성 학습 등이 있다. 김일성 사후에는, 특히 김정일의 위대성 교양학습을 강화하였는바, 김정일의 위대성 체득을 위한 교양사업으로 김정일의 위대성과 관련한 학습제목을 제시하여 의무적으로 학습하게 하고 있다. 다음으로는 김정숙의 "숭고한 충성심을 따라 배우기 위한 학습"으로 도서 『혁명의 어머니 김정숙 녀사』, 『영원한 친위전사』 등 김정숙의 생애와 혁명활동을 수록한 책들을 읽으며, 읽은 책 발표모임 등에 적극 참가하여 충성의 결의를 다짐한다. 강반석의 혁명정신을 따라 배우기 위하여 도서 『조선의 어머니 강반석 녀사』 학습을 하는 여맹조직이 있기는 하나 드문 편이다. 그러나 여맹조직들에서는 항일유격대원들의 회상기 학습을 비중 있게 하며, 특히 항일유격대원들의 회상기 『김정숙 동지를 회상하여』, 『그는 사령관 동지를 목숨으로 보위하였다』 등에 대한 학습을 통하여 김일성에게 충성을 다한 김정숙의 생애와 혁명업적을 적극 따라 배운다. 또한 항일혁명투쟁 참가자들의 회상

106) 『선군혁명실록』이란 "주체혁명의 계승완성을 위한 백전백승의 경험과 업적이 집대성된 불멸의 총서"라고 한다. 『조선녀성』(2002. 3), p. 10.

기 학습을 강화함으로써 여맹원들로 하여금 항일혁명선열들의 백두의 혁명정신, '고난의 행군정신'을 적극 따라 배우도록 한다. 또한 여맹조직들에서는 '숨은 영웅 따라 배우기' 위한 학습도 비중 있게 하는 편이며, '로동신문'에 실리는 혁명일화를 종합하여 자료집을 만들어 혁명일화를 학습하기도 한다. 이 밖에도 조선민족 제일주의 교양, 당의 영도업적교양, 사회주의에 대한 신념교양, 은덕교양 등을 위한 자료학습이 있다. 이 가운데 '은덕교양'이란 당의 은덕을 깊이 인식시키기 위한 교양으로, 특히 김일성·김정일이 노동계급에게 베푼 사랑과 배려에 대한 내용을 가지고 진행하는 덕성토론회에 주력하며, 덕성자료에 대해서는 계획적으로 학습한다.

학습은 일·주·월별로 학습계획을 구체적으로 세운 다음 하루에 일정 시간을 할애하여 행해지는 정기학습, 또는 강연회를 비롯한 집체학습 참가 등으로 이루어지며, 여맹원들에 대해 학습을 일상생활화하도록 한다.

한편, 『조선녀성』 최근호에서는 여맹의 사상교양사업과 관련해 김정일이, 특히 혁명적 신념과 의리교양 강화에 주력할 것을 강조했음을 다음과 같이 밝히고 있다.

> 위대한 장군님께서는 녀맹조직들이 녀맹원들을 령도자에 대한 혁명적 신념과 의리가 투철한 견결한 혁명가로 튼튼히 키우며, 특히 녀맹원들을 혁명의 수뇌부를 결사옹위하는 총폭탄으로 키우는데 큰 힘을 넣도록 하시였다. 그리고 녀맹원들을 수령결사옹위정신, 자폭정신, 총폭탄정신을 지닌 선군시대의 녀성들로 키워 강성대국건설에 몸과 마음을 다 바치도록 할 데 대한 가르치심도 주시였다.[107]

(2) 인민군대 원호사업

인민군대 원호사업은 북한 당국이 '군민일치의 전통적 미풍'

107) 『조선녀성』(2005. 2), p. 12.

발양이라는 명분으로 적극 장려하는 사업이다. 따라서 『조선녀성』에는 "우리 녀맹원들은 인민군대를 적극 도와 주는 것을 응당한 본분으로, 가장 신성한 의무로 간주하고 조선인민군 최고사령관 김정일 동지의 전사들인 군인들을 친혈육처럼 아끼고 사랑하며 도와 주는 군민일치의 전통적 미풍을 높이 발휘해 나가겠다"[108]라고 다짐하는 글들이 빈도 높게 게재된다. 또한 인민군대 원호사업이 군민일치의 미풍을 한껏 구현하고 있음을 『조선녀성』은 다음과 같이 소개·선전하는바,

> 인민군 군인들의 생일을 빠짐없이 알아 두었다가 친어머니의 손길로 생일상도 차려 주었고 명절 때면 군인들과 한집안 식구처럼 다정하게 모여 앉아 명절을 즐기기도 하였다. ……녀맹원들은 나라도 지키고 사회주의 건설도 하는 인민군 군인들을 위해서라면 아까울 것이 없다고 하며 해마다 첫물 시금치며 봄배추, 오이를 비롯하여 신선한 남새와 과일을 마련해 가지고 식탁을 풍성하게 해 주었다. 이러한 아름다운 미풍 속에서 군민의 정은 더욱 두터워지고 있다."[109]

라고 한다.

1994년 7월 김일성 사망 이래 『조선녀성』에는 인민군대 원호사업과 관련한 글이 점차 많아지는 추세이며, 특히 1990년대 후반 들어 군중시사상, 선군영도, 선군정치 등이 부각됨에 따라 이와 때를 같이 하여 관련 글들이 매우 빈도 높게 게재되고 있다. 인민군대 원호사업은 군부대를 방문하거나, 또는 각종 건설장에 동원된 군인들을 찾아가 지원물자 전달, 인민군 군인 건설자들의 전투장을 찾아가 예술소품 공연, 후방가족·영예군인가족·전사자가족 돌보기 등의 형태로 이루어지고 있다.

108) 『조선녀성』(1992. 3), p. 16.
109) 『조선녀성』(1992. 2), p. 32.

(3) '숨은 영웅들의 모범을 따라 배우는 운동'

북한에서 군중교양의 기본 방법이며 당적 방침으로 되어 있는 '긍정적 모범에 의한 감화교양'에서 중요시되는 것은 대중들 속에서 창조되는 긍정적 모범을 제 때에 찾아 내고 그것을 일반화하는 것인바, 이를 위해 북한은 1979년 10월 '숨은 영웅 따라 배우기 운동'을 발기하고 전 사회적·군중적으로 이 운동을 확산·강화해 오고 있다. 이와 같이 '숨은 영웅 따라 배우기 운동'이 발기된 후로 『조선녀성』에는 「숨은 영웅들의 모범을 따라 배우자」라는 제목의 글들이 선동문 또는 사례 소개 등의 형식으로 빈도 높게 게재되고 있다.

위에서와 같은 활동들 외에도 각 여맹조직과 여맹원들은 탄광지원, 철도돕기지원, 유휴자재 수집사업,[110] 어머니학교 운영, 경제선동을 위한 '여맹기동예술선전대' 활동 등을 하며, 모뜨기, 김매기, 가을걷이, 이삭줍기 등 매 영농공정에 적극 참가하기도 한다. 『조선녀성』에는 특히 여맹초급단체와 가두여맹원들의 탄광지원사례에 관한 글들이 비교적 많이 게재되는 편이다. 또한 탄부 아내들의 석탄증산투쟁과 관련한 실화도 자주 소개·선전된다. 탄광지원사례들을 통해 보면 초급단체와 가두여성석탄지원대들은 소공구, 침구류, 각종 부식물 등의 지원물자를 가지고 탄광을 찾아가 탄부들에게 전달하며, 탄부 합숙소 청소, 탄부 작업복 세탁 등도 하는 것으로 나타나 있다. 많은 사례들 가운데 하나는 여맹원들이 매일 아침 꽃다발과 꽃목걸이를 준비해 가지고 나가 출근길에 오른 탄부들을 축하해 준다는 이야기도 소개되어 있다.[111]

대개 일 주일에 한 번씩 열리는 어머니학교에서는 여맹원들의 수준과 특성에 맞게 수령의 노작과 교시에 대한 문답식 학습경연,

110) 일·주·월별 목표를 세워 파비닐, 파지, 파고무 등을 모아 일용품공장에 보낸다고 한다.

111) 『조선녀성』(1995. 6), p. 31.

충성의 노래보급, 덕성이야기모임, 읽은 책 발표모임, 계급교양 이야기모임 등을 진행하는 것으로 나타나 있다. 또한 최근 들어 여맹 조직들은 '혁명적 군인정신을 따라 배우는 사업'에 주력하고 있는바, 이는 김정일의 군중시사상 및 선군정치 이래 '혁명적 군인정신을 따라 배우는 사업'이 전 사회적·군중적으로 확산·심화됨에 따른 것으로 알려지고 있다. 김정일은 인민군부대들에 대한 현지지도를 하며 '혁명적 군인정신의 숭고한 귀감'을 찾아 내고 온 나라 전체 인민이 인민군대의 사상정신적 풍모를 적극 따라 배우도록 하였으며, '고난의 행군'을 승리적으로 결속하기 위한 결정적 고리가 전체 인민이 혁명적 군인정신을 따라 배우는 데 있다는 것을 밝히고, 이 사업을 혁명과 건설의 모든 분야에 심화시켜 나가도록 했다고 한다.[112)]

3.3.2. 모범사례

『조선녀성』에는 모범 여맹단체 및 여맹원들의 사례가 「당과 수령에게 끝없이 충실한 영원한 효녀의 숭고한 풍모」, 「인민의 참된 충복들」, 「당의 품속에서 자라난 인민의 충복」 등의 제목으로 수록되어 있다. 모범사례들 가운데 가장 빈도 높게 게재되는 것은 김일성·김정일에 대해 깊은 충성심을 보인 여성들에 대한 이야기이며, 특히 "전천군 상업관리소 소장 2중로력영웅 정춘실 동무"에 대한 이야기는 반복적으로 가장 많이 소개되고 있다.

정춘실은 1960년대 초 산골상점의 17살 처녀판매원으로 일하던 당시에 모범적 일군으로 발탁되었으며, 그 후로 수십 년을 변함 없이 김일성과 김정일에 대한 무한한 충실성, 인민들의 생활을 끝까지 책임지고 돌보는 인민에 대한 헌신적 복무정신, 이신작칙하며 자력갱생 간고분투하는 혁명전사의 자세를 보여 준 충신과 효자의 전형이며 인민을 위한 참된 복무자의 본보기라고 한다.[113)] 『조선녀

112) 『조선녀성』(1997. 6), p. 9.

성』에 비교적 자주 게재된 또다른 사례는 김일성이 "조선혁명의 간고한 시련의 날에 나에게 힘을 주고 고무를 준 좋은 할머니"라고 하며, 수십 년 세월이 지난 후에도 잊지 않고 회고하였다는 농촌의 한 할머니, "태성할머니"(1957년 8월에 김일성이 농촌 강서군 태성리에서 만났다는 김화숙 여성)[114]에 대한 이야기이다. 이 밖에도 20여 년간 가정에 지하온실을 만들어 꽃을 키워 김일성과 김정일에 대한 충효의 마음을 안고 400여 상의 꽃바구니를 만들어 김일성 동산에 바친 한 여맹원,[115] 15년 동안을 하루와 같이 비가 오나 눈이 오나 변함 없이 김일성 동상이 있는 만수대언덕을 찾아간 여맹의 한 초급단체위원장,[116] 김일성에게 80뿌리의 산삼을 꽃피워 올린 여성[117] 등이 김일성과 김정일에 대한 높은 충실성을 보인 모범사례로 수록되어 있다. 또한 최근에는 이른바 '수령결사옹위정신'을 높이 발휘했다는 여성에 관한 글들이 다양한 내용으로 소개되고 있으며, 특히 다음의 사례는 매우 극적으로 구성되어 있다.

> 지난 해 4월 어느 날이였다. 깊은 잠에 들었던 신문옥 동무는 '꽝'하는 폭발소리에 깜짝 놀라 소스라쳐 깨여났다. 뜨거운 불길이 방 안을 휩쓸었다. 뜻밖에 일어난 화재로 하여 남편과 10살난 아들 서철이가 어찌되였는지 생각할 겨를이 없었다. 불길이 문옥동무의 온몸을 감싸는 순간 그의 뇌리를 치는 것은 위대한 수령님과 경애하는 장군님의 초상화를 안전하게 모셔야 한다는 그 생각이였다. ……그는 초상화를 품에 안고 다시 문 밖을 향해 기기 시작하였다. 그찰나에 "엄마"하고 웨치는 아들애의 목소리가 방 안에 울렸다. 그러나 문옥동무는 어서 빨리 초상화를 안전하게 모셔야 한다는 생각으로 아들의 목소리를 뒤에 남기고 밖으로 향했다. ……
> 병원침상에서 정신을 차린 문옥동무는 초급녀맹위원장 리정희 동

113) 『조선녀성』(1992. 1), pp. 17~20.
114) 『조선녀성』(1992. 2), pp. 15~16.
115) 『조선녀성』(1999. 1), p. 26.
116) 『조선녀성』(2002. 2), p. 26.
117) 『조선녀성』(1993. 3), 화보.

> 무와 많은 녀맹원들을 둘러 보며 "위대한 수령님과 경애하는 장군님의 초상화는 어떻게 되었습니까?"하고 물었다. ……사랑하는 남편과 아들을 잃으면서도 온몸에 심한 화상을 당하면서도 자기 수령, 자기 령도자에 대한 깨끗한 충성심을 발휘한 신문옥 동무.[118]

위와 유사한 사례로 『조선녀성』 2004년 8호에는 다음과 같은 글이 실려 있다.

> 밀려드는 물살이 어찌 센지 땅에 발을 붙이기도 힘들어 물결에 휘말려들 것만 같았다. ……금복동무는 집어 삼킬듯이 소용돌이 치는 물살을 굽어보며 비장한 결심을 다지였다. (내 죽는 한이 있어도 탁아소에 모셔진 위대한 수령님과 경애하는 장군님의 초상화, 영상작품들을 안전하게 모셔 내와야 한다. 이 때까지 수령결사옹위라는 말을 얼마나 많이 해 왔는가. 수령을 결사옹위하는 데서는 물불을 가리지 않고 이 한목숨도 바치겠노라고 ……그렇다. 수령결사옹위는 말이 아니라 실천이다. 금복이, 무엇을 서슴고 무엇을 주저하느냐.) 금복동무는 사품치는 물 속으로 들어섰다.[119]

김일성·김정일과 관련한 모범사례와 함께 빈도 높게 게재되는 것은 인민군대 원호사업을 통해 군민일치의 전통적 미풍을 발양한 여맹단체와 여맹원들의 사례이다. 인민군대 원호사업과 관련한 모범사례 게재는 1990년대 후반 이래 현저하게 증가하는 추세이다. 또한 김일성·김정일 노작, 새해공동사설 등을 시와 노래 등 예술선동식으로 공연하여 노동자, 농업근로자 등을 대상으로 한 사상교양의 효율성을 높이며, 그들의 충성심을 강화하는 모범 기동예술선동대, 북한 당국이 "숨은 노력가, 녀성혁명가, ……자기 개인의 안일보다도 먼저 혁명의 리익을 생각하는 그런 고상한 정신의 소유자"[120]라

118) 『조선녀성』(2005. 2), p. 27.
119) 『조선녀성』(2004. 8), p. 29.
120) 『조선녀성』(1987. 5), p. 35.

고 칭송하는 영예군인의 아내와 영예군인과의 결혼을 자청하는 여성, 아이를 많이 낳아 훌륭히 키워 '모성영웅'의 칭호를 받은 여성, 모범 축산가정 여맹원과 집짐승 기르기를 잘하는 초급단체 등도 주요 모범사례로 잡지에 수록되고 있다.

김정일의 선군혁명영도, 선군정치 창도 이래 북한은 "위대한 선군혁명의 기상이 나래치는 이 땅 우에는 혁명적 군인가정, 총대가정이 수많이 자라나 무성한 숲을 이루고 있다. ……군인가정, 총대가정, 이것이 위대한 선군혁명시대인 오늘의 시대 가정의 전형이다"[121]라고 한다. 이에 따라 최근 들어 『조선녀성』에는 이른바 '모범 총대가정'에 관한 글들이 자주 게재되고 있다. 예를 들면, 아들, 사위, 손자 등 16명을 조국보위초소에 내세운 가정, 아들딸 8남매를 모두 조국보위초소에 내세운 가정, 세 딸 모두를 군대에 보내고 후방가족은 인민군 군대 원호사업을 하는 총대가정, 아버지와 딸 넷이 군입대한 총대가정 등을 소개·선전하는 것이 그것이다. 또한 1990년대 말 이래 게재되는 모범사례들 가운데, 특히 눈에 띄는 것은 여맹원들을 선도한 모범 여맹위원장들에 관한 것이며, 이러한 글들은 시기적으로 1990년대 후반의 '고난의 행군', '사회주의 강행군' 등과 관련되어 있다. 한 예로는 '고난의 행군' 시기에 동맹조직 사상생활에서 '자유주의적'으로 행동한 동맹원들에 대해 사상교양사업을 심화시키고, 생활실천을 통해 혁명적 군인정신을 체득시키며 동맹조직을 조직사상적으로 건전한 집단으로 꾸리는 한편, 당의 경제정책 관철을 통해 동맹원들이 혁명적으로 단련되고 나라의 부강발전에 이바지하도록 한 여맹위원장을 소개한 글이다.[122] 또다른 예로는 생활상 애로로 인해 일부 여맹원들의 출근율이 낮고 출근해서도 성실하게 일하지 않는 편향을 나타내는 데 대해 처음에는 온 나라가 고난의 행군, 강행군을 하고 있는 때이라 있을 수 있는 일

121) 『조선녀성』(2001. 1), p. 12.
122) 『조선녀성』(1998. 1), pp. 29~30.

이라고 생각했으나, 갈수록 심화되어 가자 동맹원들에 대해 백두의 혁명정신으로 살며 일해 나가도록 하기 위한 교양사업을 강화하여 일부 여맹원들의 편향을 극복하게 했다는 초급여맹위원장을 소개한 글이다.[123)]

위의 사례들 외에도 『조선녀성』에 수록되는 모범사례로는 철도지원, 항건설지원, 탄광지원 등에 모범을 보인 여맹단체와 여맹원, 모범 탁아소 보육원, 산림조성사업을 잘하는 여맹원, 학습을 잘하는 여맹단체와 여맹원, '3대혁명붉은기'를 수여받은 공장의 여성노동자들, 모범 3대혁명소조원, 주체농법의 요구대로 농사를 짓기 위해 노력한 모범 협동농장 관리위원장, 부모 없는 아이들을 돌보아 주는 여성, 영예군인 노인과 자식 없는 노인을 돌보는 여맹원, 어린이교양을 잘하는 모범 여맹초급단체, 전기절약 모범가정 등이 있다. 이와 같은 사례들 가운데, 특히 부모 없는 아이들을 돌보아 주는 여성 관련 사례는 북한의 식량난 이후 점차 빈도 높게 소개되고 있으며, 특기할 만한 글로는 『조선녀성』 2005년 2호에 실린 "선군시대의 모성영웅"에 관한 것이다.

> 만경대구역 선구자동에서 살고 있는 서혜숙 동무는 그 어떤 보수나 평가도 바람이 없이 숭고한 사상정신세계를 지니고 지난 10년간 부모 없는 33명의 아이들을 데려다 친자식처럼 키워 왔으며, 그 중 15명을 조국보위초소에 내세우는 훌륭한 소행을 발휘했다. 위대한 장군님께서는 그의 뜨거운 애국충정을 높이 평가하시여 선군시대의 "모성영웅"으로 내세워 주시고 다심하신 어버이 심정으로 뜨거운 사랑을 베풀어 주시였다.[124)]

또한 모범사례를 소개·선전한 글들 가운데는 여성노동자뿐만 아니라 「20대에 학사, 박사로 명성을 떨친 김일성종합대학 생명과

123) 『조선녀성』(2001. 2), p. 26.
124) 『조선녀성』(2005. 2), p. 21.

학부 연구사」, 「과학원 세포 및 유전자공학분원 실장 부교수, 학사」 등 여성과학자를 소개·선전하는 글들도 적지 않다.

3.4. 공산주의 도덕

1979년 1호부터 2005년 6호까지의 『조선녀성』에는 공산주의 도덕교양을 위한 글들이 거의 매호마다 적게는 한 편, 많게는 두세 편씩 게재되고 있으며 고정란이 편집되어 있기도 하다. 공산주의 도덕관련 글들은 모범사례를 소개·선전함으로써 특정인의 체험을 바탕으로 한 교훈을 주지시키는 글과, 다양한 주제로 공산주의 도덕의 구체적 내용을 해설하는 글로 구분된다.

공산주의 도덕교양을 위한 글은 대개 주제와 관련된 김일성의 '교시', 또는 김정일의 '지적'으로 시작된다. 예를 들면, 자녀교양에 관한 글일 경우에 "어린이의 첫째 가는 교양자는 어머니입니다. ……어머니가 아이들에게 첫 교양을 잘 주는가, 못 주는가가 아이들의 발전에서 큰 의의를 가집니다"[125]라는 김일성의 교시, 또는 같은 요지의 김정일의 지적으로 시작된다.

『조선녀성』은 「말과 례절」, 「공산주의 도덕과 사회주의 생활양식」, 「공산주의 도덕과 우리 생활」, 「공산주의 도덕과 생활」, 「어머니와 자녀교양」, 「어머니는 자녀들의 거울」, 「사회주의 도덕과 생활」 등의 큰 제목 아래 다양한 작은 제목들로 공산주의 도덕교양을 위한 글들을 매호마다 연이어 게재한다. 또한 이와 같은 고정란에 게재하는 것 외에도 『조선녀성』에는 「사회주의 생활양식과 옷차림」, 「경기장에서 지켜야 할 예의 도덕」, 「례절바른 조선식 인사법」 등과 같은 제목으로 공산주의 도덕교양을 위한 글이 게재된다.

공산주의 도덕교양과 관련해 「례절과 인품」이라는 글에서는 예로부터 우리 나라는 동방예의지국으로 이름이 높았는바, 윗사람과

125) 『조선녀성』(2001. 5), p. 34.

아랫사람, 늙은이와 젊은이, 부녀자 간에 지켜야 할 예절이 다 제정되어 있으며 조상전래로 그것을 지키는 것을 미풍양속으로 자부해 왔다고 하면서, 예절을 잘 지키는 문제가 그 사람의 정신도덕적 높이와 교양 정도를 보여 주는 매우 중요한 일이라는 것을 깊이 자각하고 시대의 요구와 현실발전의 추세에 맞게 예절을 자각적으로 지켜 나가야 할 것을 강조하고 있다.[126] 따라서 공산주의 도덕교양을 위한 글들의 주제로는 '자녀교양', '녀자들의 옷차림', '언어례절', '시어머니와 며느리 사이에 지켜야 할 도덕', '주체성과 민족성 견지', '인사례절', '부모에게 지켜야 할 도덕', '이웃 간에 지켜야 할 례절', '웃사람에 대한 례의', '부부 간 의리와 정', '모교에 대한 사랑과 스승에 대한 존경' 등이 자주 등장하며, 이 밖에도 식사예절, 경기장이나 열차 등과 같은 일정 공간에서 지켜야 할 예절 등에 관한 글들이 게재된다.

「공산주의 도덕과 우리 생활」, 「어머니와 자녀교양」 등의 고정란에서 매우 빈도 높게 다루며 고정란 외에서도 여러 가지 제목으로 많이 다루는 주제는 자녀교양이다. 자녀교양 관련 글들의 요지는 어머니들은 조국의 미래를 낳아 키우는 영예롭고도 무거운 임무를 지니고 있다는 것, 어머니가 자녀들의 모범이 되어 어린이들을 김정일의 훌륭한 아들딸로 키워 가자는 것, 어머니들이 자녀교양을 잘 하기 위해서는 자녀교양에 대한 김일성의 교시와 김정일의 말씀(지적)을 깊이 학습해야 하며 자신이 훌륭한 공산주의자로 되어야 한다는 것, 김일성·김정일에게 충실하고 가정과 직장에서 모범적으로 생활하는 어머니가 자식에게 좋은 영향을 주는 바, 자녀교양에서 어머니들의 임무와 역할이 크다는 것 등이다. 자녀교양과 관련해서는, 특히 "공산주의 도덕의 최고 표현은 수령에 대한 충실성"인바, 따라서 자녀들을 김정일에게 충성을 다하도록 교양하는 것은 그들을 참된 인간으로, 주체형의 공산주의 혁명가로 키우기 위한

126) 『조선녀성』(1989. 1), p. 37.

근본문제이며 자녀교양을 책임진 어머니들의 마땅한 의무이고 도덕적 의리[127)]라는 것을 강조한다.

자녀교양과 함께 빈도 높게 다루는 주제는 여자들의 옷차림이다. 이와 관련해서는 사회주의 사회는 사람들의 옷차림에서도 사회주의 생활양식에 맞게 입고 다닐 것을 요구하며, 특히 김정일이 인민들의 옷차림에 큰 관심을 가지고 배려하고 있다는 것을 강조한다. 여자들의 옷차림을 주제로 한 글들의 요지는 때와 장소에 맞게 구색을 잘 맞추어 옷차림을 할 것, 검소한 옷차림을 할 것, 옷차림을 단정히 할 것 등이며, 특히 "아름답고 우아한 민족옷, 조선 치마저고리를 사랑하고 즐겨 입음으로써 조선녀성들의 민족적 자존심을 온 세상에 떨쳐야 할 것"[128)]을 크게 강조한다.

공산주의 도덕교양에 관한 글들 가운데는 언어예절에 관한 글도 비교적 많은 편이다. 특히, 여성의 언어예절과 관련해서는 언어생활에서 문화성을 보장하는 것은, 특히 여성들에게 있어 특별히 중요한바, 이는 여성들이 가지는 고유한 품성 가운데서 많은 것이 말을 통하여 나타나기 때문이라고 하며, 여성들에게 있어서 일반적인 품성은 친절하고 상냥하며 부드럽고 인정미 있는 것이라고 한다. 또한 언어생활에서 문화성을 보장하는 것이, 특히 여성들에게 있어서 중요한 문제가 되는 것은 어린이의 우리 말 배우기에서 어머니의 역할이 매우 중요하기 때문이며, 따라서 어머니는 어린이의 대화에서뿐만 아니라 일상적인 언어생활에서도 언제나 문화어를 쓰며 부드럽고 친절한 말투를 써야 한다고 강조한다. 여성들의 언어예절에 관한 글들에서는, 특히 여성들은 말을 겸손하게 하는 것이 중요하다는 것, 여성적인 특성을 살려 에두름의 표현을 쓰는 것이 아주 효과적이라는 것, 말을 항상 유순하고 친절하게 해야 할 것 등을 강조한다.

---

127) 『조선녀성』(2002. 2), p. 27.
128) 『조선녀성』(2001. 5), p. 35.

시어머니와 며느리 사이에 지켜야 할 도덕에 관한 글들도 적지 않다. 이러한 글들은 다른 주제와 마찬가지로 시어머니와 며느리의 관계가 모범적인 사례를 소개·선전하거나, 가정생활에서 시어머니와 며느리 사이에 지켜야 할 도덕의 구체적인 내용들을 해설해 놓았다. 관련 글들의 요지는 “오늘 우리 녀성들은 지난 시기 부모를 잘 모시고 정성을 다하여 보살펴 준 조상 전래의 미풍량속을 널리 계승하면서 가정에서의 생활을 보다 화목하고 다정하게 해 나가고 있다”[129]는 것, 시어머니와 며느리는 서로 존경하고 사랑하며 진심으로 대해야 한다는 것, 가정의 화목은 며느리에게 있다는 것, 시어머니와 며느리가 잘 지냄으로써 “사회의 세포인 가정은 더욱 화목하고 행복할 것이며 그래서 위대한 장군님을 높이 모신 내 나라 사회주의 제도는 더욱 공고화되는 것”[130]이라는 것 등이다.

공산주의 도덕교양에서 비중 있게 다루는 또 하나의 주제는 주체성과 민족성 견지이다. 이에 관한 글은 대개 “자기의 것을 아끼고 사랑하고 내세울 줄 모르며 그것을 더욱 발전시키기 위하여 노력하지 않는 사람은 참다운 애국자로 될 수 없다”[131]라는 김정일의 지적으로 시작된다. 관련 글들의 요지는 우리 것을 아끼고 사랑하고 내세워야 한다는 것, 조상 전래의 미풍양속과 예의도덕을 지키는 것이 자기 나라와 민족의 존엄을 지키는 데서 중요하다는 것 등이다. 이는 곧 사회주의 위업수행에서 주체성과 민족성을 견지해 나가는 데 있어서는 우수한 민족전통과 미풍양속을 살려 나가는 것이 중요하므로 민속명절, 민족옷차림, 민족적 생활풍습을 비롯한 민족고유의 모든 것을 생활에 구현하고 꽃피워 나가야 한다는 것이다.[132]

인사예절도 공산주의 도덕교양에서 비중 있게 다루는 주제이

129) 『조선녀성』(2001. 2), p. 34.
130) 『조선녀성』(2003. 4), p. 50.
131) 『조선녀성』(2003. 10), p. 46.
132) 『조선녀성』(2003. 4), p. 49.

다. 인사예절에 관한 글들에서는 때와 장소, 상대에 맞게 인사예절을 갖출 것을 강조하며, 이른바 "조선식 인사법"을 권장한다. 「례절바른 조선식 인사법」이라는 제목의 글에서는 김정일이 지적하기를 "사람들이 서로 만나 인사를 나누는 데 여러 가지 형식이 있지만 조선 절이 제일 좋다"고 하였으며, 악수는 우리 민족의 전통적인 인사법이 아니라 "남녀, 상하를 가림 없이 불쑥불쑥 손을 내미는 서양사람들의 풍습을 반영"하고 있는바, "우리 민족에게는 허리를 굽혀 공손히 절하는 조선식 인사법이 제일 감정에 맞는다"라고 말하였다고 한다.[133)]

3.5. 일반상식

『조선녀성』은 매호마다 일반상식에 관한 글을 비교적 많은 편수로 다양하게 게재하고 있다. 1990년대 후반 이래 지면할애도 보다 더 확대되어 가는 추세이며, 특히 농·축산 및 의학·건강 관련 상식이 많아지고 있다.

3.5.1. 농·축산 및 의학·건강 상식

농·축산 상식과 관련해서는 주로 콩, 옥수수, 감자, 밀 등의 주요 작물과 해바라기와 같은 기름작물에 대한 설명과 토끼, 돼지, 염소, 닭 등 집짐승 기르기, 누에치기 등에 대한 설명을 하고 있다. 또한 농·축산에 관한 상식란에서는 주요 작물재배 및 누에치기, 토끼기르기 등에서 성과를 나타낸 모범사례를 소개·선전함으로써 관련 상식을 주지시키기도 한다. 이와 같은 농·축산 상식 외에도 『조선녀성』에는 양어 관련 상식, 각종 나무 및 나무심기와 관련된 상식 등에 관한 글이 자주 수록되는 편이다.

의학 및 건강 상식과 관련해서는 암, 감기 등의 예방과 치료,

133) 『조선녀성』(1991. 4), p. 39.

콩, 강냉이, 녹두 등 각종 작물을 이용한 다양한 민간요법 등에 관한 글이 비교적 많은 편이다. 또한 「발을 얼구지 않자면」과 같은 제목의 계절에 따른 건강관리에 관한 글과 각종 운동 및 건강 관련 가정체육을 소개·설명한 글도 게재되며, 최근에는 담배와 관련해 건강문제를 논한 글들이 이전에 비해 많아지고 있다. 그러나 『조선녀성』에 수록되는 의학 및 건강 상식은 다른 무엇보다도 여성 관련 의학 및 건강에 관한 상식을 비중 있게 다루고 있다. 『조선녀성』은 「녀성과 건강」이라는 큰 제목 아래 다양한 작은 제목으로 여성 관련 질병 및 예방법, 임신·출산 등에 대해 설명하고 있으며, 주요 제목으로는 「부인병과 그 치료」, 「임신부들이 알아야 할 몇 가지」, 「습관성 류산을 막는 음식료법」, 「산모에게 좋은 좁쌀」, 「산후 젖앓이 병을 미리 예방하자면」, 「갱년기 장애와 그 증상에 대하여」 등이 있다. 또한 『조선녀성』에는 육아상식 및 유아·어린이 건강에 관한 상식이 연재되고 있으며, 「물에 의한 젖먹이 몸단련」, 「갓난애기의 몸간수와 몸매」, 「어머니젖의 영양과 젖 먹이는 방법」, 「담배와 어린이건강」, 「뇌발달과 어린이 영양관리」 등을 주제로 다루고 있다.

3.5.2. 과학·문화예술 상식

과학상식과 관련해서는 각종 발전소와 컴퓨터에 관해 소개·해설한 글들이 많은 편이며, 특히 컴퓨터에 관한 글들은 2000년대에 들어서 현저하게 많아지고 있다. 그러나 대체적으로 보아 『조선녀성』에는 다른 분야에 비해 과학분야의 상식에 관한 글이 적게 수록되고 있다.

문화예술상식에 관한 글은 여러 가지 주제로 다양하게 게재된다. 예를 들면, 각종 국가명절과 기념일을 비롯해 한가위(추석), 음력설(구정), 수리날(단오) 등 민속명절 등에 대한 해설, 봉산탈춤 등 민속무용 소개·해설, 고려자기, 고려금속활자 등 문화재 소개·해설, 민족음식풍습 소개·해설 등이 그것이다. 또한 『조선녀성』에는 각종 악기, 연주 형태 및 방법, 명곡 등을 소개·해설한 글과 효과적인 책읽기 방법, 소설감상의 의의 및 방법 등을 소개·해설한 글들도 비교적 자주 수록된다. 문화예술상식에 관한 글들 가운데, 특히 눈에 띄는 것은 「편지를 어떻게 쓸것인가」라는 제목의 글이다. 이 글에서는 편지의 정의, 편지의 내용, 편지의 종류 등을 밝히고, "편지는 가까운 친척 사이에 오가는 것이라 하여도 정치사상적 내용이 있어야 하며 교양적이여야 한다. 그 어떤 편지에서도 어버이 수령님과 친애하는 지도자 동지에 대한 뜨거운 충성심과 혁명의 한길에서 억세게 싸워 나가려는 높은 정신세계가 잘 표현되여야 한다"[134)]라고 강조하고 있다. 『조선녀성』에는 정치·경제·과학 용어를 해설하고, 지역 특산물, 명승지, 유원지 등을 소개하는 글들도 꾸준히 게재되고 있다.

위에서와 같은 주제와 내용들 외에도 일반상식과 관련해 『조선녀성』에는 다음과 같은 주제 및 내용의 글들이 게재되어 있다. 먼저 주요 역사적 사건 내지 사실과 주요 역사적 인물들에 관한 글들이다. 이러한 글들에서는 임진조국전쟁(임진왜란), 갑오농민전쟁, 행주산성전투 등과 같은 역사적 사건들과 단군, 연개소문, 황진이, 논개, 계월향, 신사임당, 허란설헌, 한석봉의 어머니, 김응서, 곽재우, 역도산 등과 같은 주요 역사적 인물들이 소개·해설되어 있다. 또한 「세계상식」이라는 난에서는 퀴리부인, 로자 룩셈부르그 등을 소개·해설하고 있으며, 국가의 법질서 준수, 전기절약의 중요성과 그 방도 등을 내용으로 하는 계몽성 글들도 게재된다. 그런가 하면 상식수준을 넘어 전문지식 함양을 위한 글들도 게재되는바, 이러한 글들은 「지식: 누에의 일생」, 「력사: 고구려의 고분벽화」 등과 같은 제목으로 1~2쪽에 걸쳐 비교적 상세하게 관련내용을 서술하고 있다.

---

134) 『조선녀성』(1993. 4), p. 40.

3.6. 남한 및 외국 실상

3.6.1. 남한 실상

남한의 실상에 관해서는 상당 부분이 왜곡되어 있으며 대체적으로 비난조의 글들이다. 또한 남한 관련 글들은 남한의 특정 잡지, 신문기사를 근거로 하거나, 또는 특정 지역, 특정 대학교 교수 등의 말을 근거로 제시함으로써 나름대로의 타당성을 높이려는 의도를 엿보이는 것이 특징적이다.

남한의 실상에 관한 글은 2003년 10호까지 거의 매호마다 게재되고 있으나 대체적으로 1990년대 말 이래 왜곡 및 비난의 강도가 점차 약화되는 추세를 나타낸다. 남한 실상과 관련해서 김대중 정권 출범 이전까지는, 특히 대통령 개인과 정권에 대한 강도 높은 비판의 글들이 많았으나, 김대중 정권 출범 이후로는 사회주의와 자본주의의 비교적 관점에서 남한의 제도를 비판하고 남한 경제·사회의 혼란상·비참상을 '폭로'하는 내용의 글들이 대부분이며, 특히 남한 여성생활의 비참상을 밝히는 데 비중을 두고 있다. 또한 2002년 말 이래 북한 핵문제로 인해 북·미 관계가 악화된 이후로는 이른바 '민족공조'를 강조하는 내용의 글들이 빈번하게 게재되고 있다. 한 예로 2003년 5호에서는 남한에서 반미기운이 높아 가고 있으며, "우리 민족은 6·15북남공동선언의 기치 아래 굳게 단결하고 있다"[135]라고 주장하는가 하면, 2003년 6호에서는 '6·15남북공동선언'의 의의를 밝히고 "북과 남, 해외의 전체 조선 민족은 6·15북남공동선언의 기치를 높이 들고 미제의 범죄적인 대조선 적대시 정책을 저지·파탄시키기 위해 애국애족의 투쟁에 한 사람같이 떨쳐 나서야 할 것이다"[136]라고 주장하고 있다.

135) 『조선녀성』(2003. 5), p. 56.
136) 『조선녀성』(2003. 6), p. 54.

남한 실상과 관련된 글들은 남한의 정권 비난, 남한 경제·사회의 비참상, '남조선 인민'들의 김일성·김정일 숭배와 흠숭 등이 주요 내용을 이룬다.

(1) 남한의 정권 비난

남한의 정권 비난은 주로 대통령 개인에 대한 원색적 비난이 많은 편이며, 김대중 전 대통령을 제외한 역대 대통령들에 대해서 한결같이 '미제'에 의해 대통령이 된 '매국역적'이며 '파쑈독재자'라고 매도하였다. 특히, 전두환 전 대통령에 대해서는 가장 강도 높게 비난하였는바, 집권 시작 때부터 집권 말까지 비난의 글을 연재하였다.

남한 정권에 관한 글들에서는, 특히 남한 정권이 이민, 인력수출, 해외입양, 연수생 등의 미명 아래 수많은 동족을 해외에 팔아 돈벌이를 하는 만행을 감행하고 있다고 비난한다. 또한 당대 집권세력이 아니더라도 북한 정권에 대해 비판적인 국내 정치세력에 대해서는 강한 비난의 글을 게재하는바, 이는 특정 당과 특정 인물들에 대해서이다. 한 예로 '국회'에서 「특별검사법」을 강제로 통과시키고 「특검법」을 휘둘러 정몽헌 회장에게 끝끝내 비극적 운명을 강요한 '한나라당의 죄행' 운운하며 한나라당을 '친미매국당', '미국의 앞잡이'[137]라고 비난하는가 하면, 한나라당 총재는 "6·15북남공동선언을 감히 반대하면서 민족적 화해와 단합과 통일을 음으로, 양으로 반대하는 반민족, 반통일 행위를 일삼아 온 민족의 역적, 특등매국노"[138]라고 비난한다.

(2) 남한 경제·사회의 비참상

1979년부터 1980년대에 발간된 『조선녀성』에 수록된 남한의 경

137) 『조선녀성』(2003. 10), p. 56.
138) 『조선녀성』(2002. 4), p. 40.

제·사회상에 관한 글들은 "남조선 사회는 세상에서 가장 반동적이고 가장 부패한 사회" 또는 "남조선 경제는 악화일로를 걷고 있으며 대중적 기아가 남조선 전역을 휩쓸고 있다"라는 요지의 김일성 교시로 시작된다. 이 기간에 발간된 『조선녀성』에는 남한의 경제·사회 및 주민생활 실태가 극도의 비참한 상황으로 그려져 있는바, 남한은 "세상에서 류례를 찾아볼 수 없는 인간 '생지옥'이며 처참한 '로동지옥', ……온 천지가 하나의 가시줄 없는 강제로동수용소"[139]라고 하였다. 또한 어려운 경제사정 때문에 "지금 남조선에서는 자식을 낳은 부모들이 아이들을 먹여 기를 수 없어 남의 집 처마 밑에나 길거리, 역대합실에 내다 버리는 일이 계속 늘어나고 있는데 그 수는 수만 명, 서울에서만도 연간 7,000명을 넘고 있다"[140] 라고 밝히었다. 이와 같은 남한 경제·사회의 비참상과 관련해서 『조선녀성』에는, 특히 남한 여성의 생활형편이 매우 열악함을 밝히는 글들이 빈도 높게 게재되었으며 대부분이 다음과 같은 내용들을 담고 있다.

> 남조선 녀성들은 먹고 살아 나가기 위해 피눈물을 흘리며 자식들을 버리고 있다.[141]

> 남조선 사회의 현실은 녀성들의 인격적 가치를 교환가치로 전락시키고 오직 희롱대상으로만 취급하는 극도로 불안한 썩어빠진 사회라는 것을 잘 보여 주고 있다.[142]

> 남조선에서 녀성들이 나라의 정치에 참가한다는 것은 상상조차 할 수 없는 일이며 ……경상북도 대구시의 한 기업주놈은 밀린 임금을 달라는 녀성로동자들에게 펄펄 끓는 물을 들씌워 그 중 한

139) 『조선녀성』(1979. 2), p. 50.
140) 『조선녀성』(1982. 2), p. 52.
141) 『조선녀성』(1993. 5), p. 32.
142) 『조선녀성』(2002. 1), p. 40.

명이 숨지게 했으며…….[143)]

> 남조선 괴뢰도당의 매국매족행위로 말미암아 1962년부터 1985년 5월 말 현재까지 55만 3,400여 명의 남조선 인민들이 '이민'의 명목 밑에 외국에 팔려 갔다. 1983년 말 현재 미국, 카나다, 서부독일, 일본 등 66개 나라에 팔려 간 간호원수만도 1만 2,000여 명이나 된다.[144)]

위의 예문들 외에도 1979년과 1980년대에 발간된 『조선녀성』에는, 특히 나이 어린 소녀가장, 남편 없이 아이를 키우며 고생하는 여성, 생활고에 지쳐 스스로 목숨을 끊은 여성, 돈이 없어 대학에서 쫓겨난 여대생 등에 관한 '실화'와 정치적·사회적으로 소외되어 인간 이하의 모멸과 학대를 당하는 여성 등에 관한 '실화'가 많이 수록되어 있다.

1990년대 이래 『조선녀성』에는 남한의 경제상황보다 사회실태를 '폭로'하는 글들이 많이 게재되고 있다. 또한 이전과 마찬가지로 역시 "남조선 녀성의 비참한 처지"를 밝히고 이를 개탄하는 내용의 글들이 대부분이다. 한 예로 1998년에 발간된 잡지에서도,

> 남조선 녀성들은 사회적인 천대와 멸시의 대상으로 되고 있다. 얼마 전 남조선의 한 월간잡지는 녀성들의 비참한 처지를 전하면서 이렇게 썼다. "남조선은 남녀차별, 녀성경시, 녀성천대의 세계적 교실이다." ……남조선 녀성들은 남자들도 꺼려하는 용접 등 로동강도가 높은 작업장들에서 남자들과 꼭같은 시간의 가혹한 로동을 강요당하고 있지만 남성로동자 임금의 3분의 1, 지어 5분의 1도 안 되는 낮은 임금을 받고 있다. ……특히, 임신 및 해산과 관련한 사회보장이 전혀 없어 남조선 녀성들이 겪는 고통은 말할 수 없이 크다. ……남조선의 "한겨레"신문은 "태여날 때부터 버림을 받고 있으며 아이낳기를 두려워하는 것이 오늘 이남 어린이들과

143) 『조선녀성』(1982. 3), p. 51.
144) 『조선녀성』(1985. 5), p. 42.

녀성들의 처지."[145]

라고 개탄하였다.

또한 『조선녀성』에 실린 글들에서는 "남조선 녀성의 비참한 처지"를 미국의 탓으로도 비난하는바,

> 남조선에서 근로인민들 일반이 그러하지만, 특히 녀성들은 사회적인 천대와 멸시의 대상으로 되고 있다. 녀성이라는 단 한 가지 리유로 초보적인 권리와 자유도 보장받지 못하고 착취와 압박, 강간과 수탈, 불행과 죽음을 강요 당하고 있다. ……백주에 주민가옥에 뛰여 들어 유부녀를 번갈아 릉욕하고는 목졸라 죽이고 그 "기념"으로 한쪽 눈알을 뽑아 간 미제승냥이놈들, ……남조선 녀성들이 당하고 있는 고통과 불행, 재난은 결코 숙명적인 것이 아니다. 그것은 썩고 병든 남조선 암흑땅에서 녀성들을 사람으로 보지 않고 짐승처럼 잡아 죽이며 멸시하는 미제침략군과 사대매국노들 때문에 빚어지고 있다."[146]

라고 한다.

위의 내용들 외에도 『조선녀성』에는 여성인신매매, 강제매춘 등의 사건을 소개하며 "남조선 녀성의 비참한 처지"를 밝히는 글들이 수록되어 있다.

(3) '남조선 인민'들의 김일성·김정일에 대한 숭배와 흠숭

생활고에 시달리는 '남조선 인민'들이 김일성과 김정일을 그리워하며 숭배하고 있다는 내용의 글들은 '구체적인 사건'을 사실적으로 묘사하고 있다는 데에 특징이 있다. 한 예로 1978년 4월 15일 아침에 호남지방에서 있었다는 '사건'의 내용은 다음과 같다.

---

145) 『조선녀성』(1998. 1), p. 40.

146) 『조선녀성』(2000. 3), p. 39.

경사스러운 이 날을 맞는 남녘 인민들은 옷깃여미며 어버이 수령님의 만년장수를 삼가 축원하였다. 바로 그 아침 호남지방 사람들의 가슴은 크나큰 기쁨과 걱정으로 끓어올랐다. 호남선을 따라 달리는 렬차꼭대기에서 "민족의 태양 김일성 장군 만세!"라고 쓴 붉은 기폭이 4월의 봄바람에 펄럭이고 수천 매의 삐라가 뿌려졌던 것이다. "각계각층 애국민중 여러분! 위대한 김일성 장군님을 통일조국의 수반으로 모시고 그분의 치하에 행복을 누릴 그 날을 앞당기기 위해 일어나 싸웁시다. 우리 모두 김일성 장군님을 민족의 아버지로 모신 그분의 충실한 아들이 됩시다!(향일회)"…….[147)]

또다른 예로는, 1979년 6월 경기도 안양에 홍수가 나 안양천이 범람하여 한 여인이 물에 빠졌는데, 이 여인은 물에 빠져서도 가슴에 품고 있는 무언가를 물에 적시지 않으려고 애썼는바, 사람들이 물에서 건져낸 후 보았더니 비단천으로 싸고 기름종이로 싸고 또 싼 김일성의 사진이었다. 또한 그의 딸은 초상화를 안은 어머니를 지붕 위로 밀어 올리고는 물에 잠기고 말았다. 이야기를 들은 사람들은 모두 "김일성 장군님의 영상을 뵙겠다고 서로 앞으로 나섰으며, '김일성 장군님!'을 연호하며 감격해 했다"[148)]라는 내용의 글이다.

김정일에 대한 '남조선 인민들의 숭배와 흠숭'에 관한 글은 김일성 사후에 많이 게재되는 편이며, 다음과 같은 내용들을 담고 있다.

뜻깊은 2월이 오면 남녘의 민심은 위대한 향도의 태양을 받들어 올린 마음의 고향 백두산으로 달리고 있다. ……위대한 장군님의 존함으로 불리우는 불멸의 꽃 김정일화를 계절에 앞서 피워 가는 남녘의 민심은 또 얼마나 뜨거운 것인가. ……서울의 대학생들은 온 남녘땅을 김정일화 화원으로 가꾸기 위해 자주, 민주, 통일을 위한 투쟁에 한몸 바칠 것을 맹세하고 억세게 싸우고 있다.[149)]

---

147) 『조선녀성』(1979. 4), pp. 24~25.
148) 『조선녀성』(1980. 1), pp. 25~26.
149) 『조선녀성』(1996. 1), p. 18.

남조선 인민들은 경애하는 장군님의 선군정치에 매혹되여 찬탄의 목소리를 높이고 있다. ……서울에서 있은 "민족의 총대"라는 주제의 시국강연에서 민족문제연구소 김진호는 자기의 심정을 이렇게 토로하였다. 우리 이남민중이 미국의 예속민으로 치욕을 당하면서도 가슴 펴고 살아 가는 것은 북에 내 민족의 자주권을 지켜 주고 존엄을 높여 주는 막강한 선군정치가 있기 때문이다.[150]

3.6.2. 외국 실상

『조선녀성』에 수록되는 외국의 실상과 관련된 글들의 대부분은 일본과 미국의 실상에 관한 것이며, 그 내용은 일본과 미국에 대한 비난으로 일관되어 있다. 반면에 '쁠럭불가담나라, 발전도상에 있는 나라들'에 대한 글들은 긍정적·우호적인 내용이기는 하나 게재되는 빈도가 낮다.

(1) 미국 실상

미국의 실상에 관한 글들은 주로 미국 사회의 부패와 혼란상, 비참한 생활상 등을 밝히는 내용과 한국전쟁 당시의 '미제'의 만행, 남한·일본과의 결탁, 최근의 북한 핵문제와 관련한 미국의 처사 등을 비난하는 내용이다. 미국 사회의 부패와 혼란상, 비참한 생활상에 관한 글들에서는 특히 미국의 어린이와 여성들의 인권유린 실태를 밝히는바,

돈이 모든 것을 휘두르는 자본주의 사회에서는 어린이들은 피여나기도 전에 시들어 버리고 만다. 태여나자마자 죽어간다. ……미국은 자본주의 나라들 중에서 어린이 사망률이 제일 높다. ……미국의 거리에는 어린 방랑자가 먹을 것을 찾아 헤매고 있다. 어지럽고 남루한 옷차림, 방랑생활을 하면서 얻어 맞은 얼굴에 난 깊은 상처자리, 생기 잃은 눈에 고인 눈물 ……이렇게 버림받은 어린이들이 거리에서 방황하고 있는 것이 오늘의 미국이다.[151]

150) 『조선녀성』(2003. 6), p. 54.

라고 한다.

한국전쟁 당시 '미제'의 만행에 관한 글들은 주로 여성의 체험담 형식으로 게재되며, 다른 글들에 비해 매우 원색적이고도 사실적인 묘사를 하는 것이 특징적이다. 한 예로 한국전쟁 당시에 '미제'의 만행을 체험했다는 한 여성은 "조국해방전쟁의 전략적인 일시적 후퇴시기"에 "미제 원쑤"들이 남편을 잔인하게 살해하고, 여섯 달된 아들의 귀밀에 칼을 박고 두 손가락을 잘랐는바, "미제와 계급적 원쑤들은 한 하늘을 이고 같이 살 수 없는 잔인한 살인마, 악마들"이라고 고발하고 있다.[152] 다음의 예는 관련 그림, 자료사진 등과 함께 실린 글로 극도의 반미감정을 드러내고 있다.

> 보라, 미제 살인마들의 치떨리는 만행을! ……전 신천군 로월면녀맹위원장이였던 차음전 녀성을 체포한 미제 살인귀들은 그의 옷을 벗기고 찬물을 끼얹어 온몸을 얼군 다음 근 20리나 되는 석당교로 끌고 갔다. ……악착한 원쑤들은 그의 머리를 도끼로 사정없이 내리치고는 쓰러진 그에게 "너는 죽어서도 실컷 가마니나 짜라"고 하면서 터진 그의 머리에 벼짚을 쑤셔 넣는 천인공노할 만행을 감행하였다. ……우리는 가슴 속에 쌓이고 맺힌 피의 원한을 풀고 기어이 천백배로 복수할 것이다.[153]

한국전쟁 당시 '미제'의 만행을 비난하는 글들에서 미국은 "력사상 가장 흉악하고 파렴치한 략탈자, 침략자, 식인종", "침략과 전쟁의 흉악한 원쑤", "조선인민의 철천지원쑤" 등으로 매도된다. '미제'의 남한과의 결탁을 비난하는 글들은 주로 "북침을 노리는 위험한 '팀스피리트' 합동군사연습"[154]에 관한 것이었으며, 특히 광주민주화운동과 관련해서는 "미제야말로 광주학살 원흉"이라고 비난하

151) 『조선녀성』(1987. 3), p. 38.
152) 『조선녀성』(1998. 1), p. 35.
153) 『조선녀성』(2004. 11), p. 20.
154) 『조선녀성』(1988. 3), p. 37.

고 있다.[155] '미제'의 일본과의 결탁을 비난하는 글에서는 '미제'가 남조선 식민지통치를 유지하기 위해 되살아난 일본 군국주의자들을 끌어들이고 있다고 비난한다. 또한 2002년 10월 북한 핵문제가 발생, 심화된 이래 『조선녀성』에는 거의 매호마다 미국을 비난하는 글들이 연이어 게재되고 있으며, 관련 글들에서는 미국을 "악의 제국", 또는 "불량배국가"라고 강하게 비난한다.

> 최근 미국은 우리에 대한 핵선제공격을 공공연히 떠들어대면서 조선반도의 정세를 전쟁접경에로 몰아 가고 있다. ……사태가 보여 주는 바와 같이 조선반도의 핵문제는 전적으로 미국의 대조선 적대시 압살정책의 산물이다.[156]

> 미제는 우리 나라를 둘로 갈라 놓은 장본인이며 우리 민족의 통일운동을 악랄하게 방해하고 있는 북남공동의 원쑤.[157]

미국의 실상과 관련해서는 부정적인 글 외에도 한국전쟁 당시의 '미제의 만행'을 주제로 한 그림, 또는 '미제 타도'를 선동하는 선전화를 빈도 높게 게재한다.

(2) 일본 실상

『조선녀성』에는 일본 실상과 관련해 부정적이며 비난일변도의 글들이 거의 매호마다 연이어 게재되고 있다. 주요 내용으로는 일본 노동자들이 극심한 생활고에 시달리고 있으며, 일본 여성들 역시 인신매매 등 심각한 인권유린을 당하고 있음을 밝히는 것, 대동아공영권 실현을 위한 일본 군국주의자들의 '남조선 경제침투'와 '조선에 대한 일본 군국주의자들의 침략야망' 등 과거 일본 군국주

155) 『조선녀성』(2003. 5), p. 55.
156) 『조선녀성』(2003. 3), p. 55.
157) 『조선녀성』(2003. 5), p. 56.

의의 만행과 최근 일본 군국주의의 부활 의도 등을 강하게 비난하는 것, 일본의 과거청산을 촉구하는 것, '미제'와의 결탁행위를 비난하는 것 등이 대부분이다. 최근 들어 『조선녀성』에는, 특히 '종군위안부'문제 및 북한 핵문제와 관련해 일본을 강하게 비난하는 글들이 자주 게재되는 편이다. 예를 들면, 종군위안부 문제와 관련해서는 '"종군위안부" 및 태평양전쟁피해자보상대책위원회' 위원장 홍선옥이 쓴 실존 종군위안부의 수기가 3회에 걸쳐 연재되었으며,[158] 2000년 12월 8일부터 12일까지 진행된 일본 종군위안부문제를 다룬 '도쿄 국제여성전범법정'에 관한 글도 게재된 바 있다.[159] 또한 북한 핵문제와 관련해서는 "대미 추종이 체질화된" 일본이 미국과 결탁해 "미제의 앞잡이"로서의 행태를 보이고 있다고 비난한다.

158) 『조선녀성』(2001. 5~7) 참조.
159) 『조선녀성』(2001. 3), p. 39.

4 내용상의 특징

① 글의 제목과 소재만 다를 뿐 거의 모든 내용이 김일성과 김정일의 업적 및 위대성 찬양, 그들에 대한 충성 다짐으로 일관되어 있다.

특히, 모범 여맹조직 활동 및 모범 여맹원사례에 관한 글들의 내용은 당과 수령의 뜻 관철, 김일성과 김정일의 은덕과 배려에 대한 감사와 칭송, 충실성 강화 다짐 등으로 일관되어 있다. 또한 기업소, 공장, 협동농장 등에 대한 방문기도 사회주의 제도에 사는 행복과 기쁨, 당과 수령에 대한 감사와 충실성 다짐 등을 주요 내용으로 하고 있다. 이는 "지난날과 마찬가지로 앞으로도 우리는 어떤 역경 속에서도 일편단심 위대한 령도자 김정일 동지의 사상과 령도를 충성으로 받들어 나가며, 위대한 수령님과 경애하는 장군님의 위대성에 대한 출판보도 선전을 강화함으로써 당적출판보도물로서의 녀성출판물의 혁명적 성격을 변함 없이 고수하고 우리 녀성출판물이 녀성대중의 참다운 교양자가 되도록 할 것이다"[160]라고 하는 『조선녀성』 발간의 의의를 적극 구현하고 있는 것이라 하겠다.

② 김일성·김정일의 업적 및 위대성을 찬양한 글들은 북한 문학의 '수령형상창조'의 원칙을 그대로 구현하고 있다.

북한 문학의 '수령형상창조'란 수령의 존재를 '수령형상 작품에 고유한 생리'에 따라 잘 형상하는 것을 말하며, 여기에서 '생리'란 작품창작에 있어 지켜야 할 원리 내지 원칙을 뜻한다.[161] '수령형상창조'의 원칙에 의하면 문학작품 창작에 있어서는 사상이론가, 정치가, 전략가, 영도의 예술가로서 수령의 위대성과 수령이 지닌 인

160) 『조선녀성』(1996. 5), p. 21.
161) 김정일(1992a), pp. 126~151.

간적 풍모의 위대성을 형상해야 한다. 또한 특히 후계자 김정일을 수령 김일성과의 관계 속에서 형상해야 하는바, 이는 한 작품에서 두 수령의 위대성을 형상해야 한다는 것을 의미한다.[162] 『조선녀성』에 수록된 김일성·김정일의 업적 및 위대성을 찬양한 글들은 위와 같은 '수령형상창조'의 원칙을 그대로 구현하고 있으며 따라서, 특히 김일성과 김정일의 인간적 풍모에 관한 글들에 소개된 다양한 일화들은 수령을 형상한 문학작품의 내용과 거의 유사하다.

③ 글쓴이를 명확하게 밝히지 않는 경향이 있다.

『조선녀성』에 수록된 사상, 과학 및 문화예술 등 특정 전문분야에 관한 글은 대체적으로 글쓴이의 소속 및 이름을 밝히는 편이다. 예를 들면, 「향도의 해발 아래: 은혜로운 손길 아래 태여난 무용 "손북춤"」이라는 제목의 글은 글쓴이가 '평양모란봉예술단 안무가 김해춘'이라고 명기되어 있다. 그러나 이와 같이 글쓴이를 명기하는 글들은 많지 않다. 김일성·김정일·김정숙의 은덕과 배려에 대한 감사, 김일성에 대한 회고, 여맹활동 및 모범사례 등에 관한 글도 대체적으로는 글쓴이를 밝히는 편이지만 '본사 기자', '로농통신원', 또는 '개성시 ○○○' 등으로 되어 있기도 하다. 『조선녀성』에 수록된 글쓴이를 명기하지 않은 글들은 대개가 '본사 기자'로 되어 있으며, 아예 글쓴이가 없이 게재되는 글들도 많다. 한편, 글쓴이를 밝히지 않은 글들 가운데는 사실 여부에 의혹을 갖게 하는 글도 있는 바, 예를 들면 다음과 같은 내용의 글이다.

> 최근 유럽의 어느 한 나라 신문에서 미국에서 진행된 2003년도 세계적인 명인선정 및 순위규정과 관련한 여론조사 결과를 보도한 적이 있었다. 그에 의하면 위대한 장군님을 2003년도 세계적인 명인으로 높이 칭송하였다 한다. 여론조사에서는 2004년에 예

162) 최길상(1998. 9), p. 20.

상되는 세계적인 명인순위도 정하였는데 그 첫 번째 순위에 조선의 김정일 령도자가 올라 있다고 신문은 전하였다. 세계적으로 발행부수가 제일 많다고 하는 미국잡지 『타임』도 2003년 세계명인으로 15명을 선정하면서 "조선의 김정일 국방위원장은 세계에 가장 큰 인상을 남기신 분"이라고 칭송하였다.[163]

다음의 글은 김정일의 이른바 "사랑의 정치"에 대한 "남조선 인민들의 탄복"을 전하는 내용이다.

따뜻한 사랑의 정치가 펼쳐져 녀성의 참다운 삶과 미덕이 꽃펴나는 공화국북반부의 현실을 부산과 대구를 들었다 놓은 북의 응원단 처녀들의 밝고 명랑한 모습을 통해서도 볼 수 있었다고 하면서 문학가 장진호는 자기의 심정을 이렇게 토로하였다.

"북에서는 녀성들이 꽃으로 사랑받으며 행복을 구가하고 있으며 '나라의 꽃', '생활의 꽃'으로 활짝 피여나고 있다. 평양의 녀성들은 경애하는 김정일 장군님께서 가꾸시는 인간사랑의 화원에서 꽃피고 다듬어지는 진짜 미녀들이다. 장군님의 녀성우대 정치가 있어 이북녀성들은 그토록 희한한 사회제도에서 진선미를 한껏 뽐내고 있다." ……녀성인권연구회 간사 정명숙은 "녀성의 존엄이 최고의 경지에 오르고 녀성의 온갖 권리가 최상의 수준에서 행사되는 이북은 정녕 녀성의 락원이다. 이북이 그렇듯 리상적인 사회로 된 것은 녀성들에게 온갖 은정을 다 베푸시는 따사로운 해님을 모신 덕분이다. 이북 녀성들의 은혜로운 태양은 김정일 장군님이시다"라고 격정을 터쳤다.[164]

김일성·김정일 찬양, 사회주의 제도 찬양 등을 내용으로 하는 글들 가운데 외국인의 이름으로 게재한 것들은 글쓴이를 다양한 형식으로 밝히고 있다. 예를 들면, '일본 가나가와대학 명예교수 미야가와 다께오', '인도 깐뿌르종합대학 산하 마차랴 나렌데로 데오대

163) 『조선녀성』(2005. 2), p. 13.
164) 『조선녀성』(2004. 8), p. 13.

학 학장 싸로즈 타네자' 등과 같이 글쓴이의 소속과 이름을 명확하게 밝히기도 하지만, 많은 글들은 다음과 같이 불명확하게 글쓴이를 소개하고 있다. 예를 들면, '그워스 작끄', '알리 모하메드 아띠야' 등과 같이 이름단 밝히거나, 또는 '킨와씨 에드문드(탄자니아)', '마후무드싸이드(민주예멘)' 등과 같이 이름과 국명만을 밝히거나, '필자는 짐바브웨사람', '통일혁명당 녀성당원이 옥중에서 쓴 시' 등과 같이 소속도 이름도 모호하게 한다. 글쓴이의 소속과 이름이 불명확한 글은, 특히 김정일을 찬양한 외국인의 시와 글들 가운데서 많이 나타난다. 예를 들면, 김정일 찬양문구를 소개한 다음에 "마다가스까르신문 '이몽구 바우바우'는 이렇게 지적하였다"라고 한다든가 "인도의 한 문필가는 이렇게 말했다" 등이 그것이다.

④ 국내외 주요 시사를 전달하고 해설하는 글이 매우 부족한 편이다.

『조선녀성』은 국내외의 주요 시사를 제때에 제대로 전달하지 않을 뿐만 아니라 전달하는 경우에도 대개는 짧은 글의 사실보도에 불과하다. 예를 들면, 1993년 3월 북한이 한국과 미국의 '팀스피리트93' 합동군사훈련과 관련해 준전시상태를 선포했으나, 『조선녀성』은 당해년 2호에 「조선인민군 최고사령관 명령, 전국, 전민, 전군에 준전시상태를 선포함에 대하여」라는 공식 문건만 두 쪽에 걸쳐 게재하였을 뿐 이에 관한 해설이나 문제의 심각성을 논한 글은 전혀 게재하지 않았다. 또한 2000년 6월 남북정상회담과 관련해서도 당해년 4호에 '북남공동선언문'만을 게재했을 뿐 남북정상회담과 6·15 남북공동선언에 관해 해설한 글은 전혀 찾아볼 수 없다. 『조선녀성』 2005년 6호에 실린 「6·15북남공동선언은 조국통일의 리정표」라는 글에서도, 6·15남북공동선언을 "어버이수령님의 조국통일유훈을 철저히 관철하여 이 땅 우에 기어이 통일조국을 일떠 세우시려는 경애하는 김정일 장군님이 숭고한 뜻과 현명한 령도가 안아온 고귀한 결실"이며, 김정일이 밝혀 준 "민족공동의 통일리정표"라고 해설·

선전하고 있을 뿐 6·15남북공동선언의 진정한 의의와 중요성에 대해서는 설명하지 않았다.

1995년 중반 이래 북한의 식량난이 악화됨에 따라 대량 아사사태가 발생했으나 『조선녀성』에는 식량난 또는 아사사태에 관한 글이 게재된 바 없으며, 다만 '고난의 행군' 기간(1995~1997)에 「'고난의 행군' 정신으로 살며 투쟁하며」라는 큰 제목 아래 수령의 유훈을 관철하고, 김정일에게 기쁨을 주기 위해 자신의 모든 것을 다 바치는 충신, 효녀들을 소개·선전하는 글들과 다음과 같은 내용으로 '고난의 행군정신' 함양 및 투쟁을 독려하는 글들을 게재하였을 뿐이다.

> 제국주의자들과 반동들의 반공화국책동을 짓부시고 우리식 사회주의를 고수하기 위한 사회주의 결사수호전이며, 우리 혁명의 전진도상에 부닥친 난관과 시련을 뚫고 새로운 전환적 국면을 열어 놓기 위한 "고난의 행군"은 말그대로 어렵고 시련에 찬 행군이다. ……우리 인민은 하늘처럼 믿고 살던 민족의 어버이를 잃은 대국상을 당했다. 여기에 제국주의자들과 반동들은 우리를 정치적으로 고립시키고 경제적으로 봉쇄하고 군사적으로 압살해 보려고 갖은 책동을 다하고 있다. 게다가 몇 해째 연방 자연피해를 입었다. 심한 우박과 큰 물 피해에 이어 갑자기 들이닥친 무더기 비와 큰 물 피해로 알곡손실을 입었다. 그런데 올해엔 해일피해까지 겹쳐들었다. 하지만 우리 인민은 승리의 신심과 락관에 넘쳐 "고난의 행군"의 최후 승리를 향해 더더욱 기세차게 내딛고 있다. ……그것은 위대한 령도자 김정일 동지를 높이 모시고 그이의 현명한 령도를 받고 있기 때문이다."[165]

> 경애하는 장군님의 크나큰 믿음과 사랑에 무한히 고무되여 수해지역 인민들은 장군님만 계시면 그 어떤 난관도 시련도 뚫고 나갈 수 있다는 철석같은 신념과 락관에 넘쳐 힘찬 투쟁을 벌려나갔다. 우리 인민들은 이번의 큰 물 피해를 가시기 위한 투쟁을 통하

165) 『조선녀성』(1997. 6), p. 8.

여 우리 장군님이 제일이시고 우리 사회주의 제도가 제일이라는 것을 더욱 뜨겁게 절감하였으며, 위대한 장군님께서 계시여 그 어떤 자연의 광란도 대적도 두렵지 않으며 우리는 반드시 승리한다는 신념을 굳게 간직하였다.[166]

그러나 예외적으로 2002년 '남북여성통일대회'에 관해서는 「금강산에 차 넘친 북남 녀성들의 통일열망: 민족분렬사상 처음으로 열린 력사적인 북남녀성통일대회를 보고」라는 제목 아래 대회의 의의 및 중요성, 대회장 분위기, 행사내용 및 진행과정, 대회 참가자 및 주요 발표내용 소개 등을 담은 글이 두 쪽에 걸쳐 게재된 바 있다.[167]

⑤ 여성정책 또는 여성문제 관련 글이 수록되어 있지 않다.

북한에서 유일한 여성잡지임에도 불구하고 『조선녀성』에는 여성 관련 정책 및 방침에 대한 해설·선전 기사가 거의 없는 편이며, 여성의 권리침해 내지 권익신장문제 등과 같은 여성문제에 관한 글도 전혀 찾아볼 수 없다.

⑥ 같은 내용의 글이 반복적으로 게재되기도 한다.

『조선녀성』에 반복적으로 게재되는 유사한 내용 내지 동일한 내용의 글은, 특히 김일성·김정일·김정숙 등의 이른바 '위대한 인간적 풍모'를 말해 주는 일화들이다. 한 예로 김정일이 "처녀해안포병들의 살결이 거칠어질가 염려되어 약크림을 보내 주는 자상함"[168]을 보였다는 한 일화는 1996년 2호에 게재된 바 있으나, 2003년 3호에도 동일한 내용이 수록되어 있다.[169]

---

166) 『조선녀성』(1997. 1), p. 14.
167) 『조선녀성』(2002. 12), pp. 31~32.
168) 『조선녀성』(1996. 2), p. 28.
169) 『조선녀성』(2003. 3), pp. 10~11.

⑦ 재일여맹에 관한 글이 매우 드물게 게재되는 편이며 최근에는 거의 수록되지 않고 있다.

재일여맹 관련 글은 조선 초급학교 교원, 성인학교 강사 등 '모범 동포여성'에 관한 글들과 다음과 같은 내용으로 재일여맹을 소개하는 글이 몇 편 게재되었을 뿐이다.

> 재일녀맹은 전체 재일동포 녀성들을 위대한 수령님의 주체사상으로 튼튼히 무장시켜 수령님의 두리에 묶어 세우며 재일동포들의 민주주의 민족권리를 옹호하고 조국의 자주적 평화통일을 위해 싸워 왔으며, 일본 인민을 비롯한 세계인민들과의 국제적 련대성을 강화하기 위한 총련의 애국과업을 성실히 수행하여 왔다. 창립 40돌을 맞는 재일녀맹조직은 위대한 수령님과 친애하는 지도자 동지께 무한히 충직한 참다운 주체형의 해외녀성조직으로, 총련애국운동을 믿음직하게 밀고 나가는 위력한 조직으로 강화·발전하였다. 재일녀맹조직은 오늘도 재일녀성들 속에 주체사상교양을 강화하며 총련결정을 관철하기 위한 사업을 정력적으로 벌려 나가고 있다.[170]

또한 1995년 3호에서는 총련 결성 직후부터의 재일여맹의 사업내용을 소개하고 재일조선 여성들이 주체조선의 존엄과 영예를 굳건히 지켜나갈 수 있은 것은, 김일성과 김정일이 안겨 준 주체의 신념과 애국애족의 전통이 있었기 때문이라고 하였다.[171]

---

170) 『조선녀성』(1987. 5), p. 35.

171) 『조선녀성』(1995. 3), p. 36; 2003. 10 일본에서 면담한 재일여맹 관계자들에 따르면 재일여맹은 북한 여맹으로부터 활동지침이나 재정지원을 받지 않고, 북한 여맹과 동등한 지위에서 독자적으로 조직을 관리·운영해 나가며 활동내용에 있어서도 북한 여맹과는 다르다고 한다. 또한 재일여맹 관계자들은 재일여맹이 북한 여맹과 공식적인 교류관계도 맺고 있지 않으며, 재일여맹이 발간하는 기관지 『조선녀성』은 북한 여맹의 기관지 『조선녀성』과 발간취지 및 목적, 내용을 다르게 하고 있다고 밝히는 등 북한 여맹과의 차별성을 강조하였다.

⑧ 『조선녀성』에 수록되는 문예작품은 그 편수가 매우 적으며 작품의 주제와 내용도 거의 유사하다.

잡지에 수록되는 문예작품은 대체적으로 단편소설 한 편과 가요 한 곡, 그림 한 장이 실리는 정도이며, 때로는 시가 한 편씩 수록되기도 한다. 단편소설은 주로 김일성을 형상한 작품들이며 시도 김일성·김정일·김정숙 등을 찬양한 작품들이다. 표지 2면에 수록되는 가요는 주로 김일성·김정일에 대한 찬양과 충성 다짐, 당의 위대성 및 업적 찬양, 혁명정신 고양 및 조국애 함양, 사회주의 제도 찬양 등을 내용으로 하고 있다.

5 시기별 변화양상

서론에서 밝혔듯이 이 글은 2005년 6월 현재 국내에서 입수가 능한 1979년 1호부터 2005년 6호까지의 『조선녀성』만을 분석하였으므로, 1946년 9월의 창간호부터 2005년 6호까지의 『조선녀성』 전호에 걸쳐 나타나는 시기별 변화양상을 파악할 수 없음이 분석의 한계이다. 그러나 이러한 기본적인 한계에도 불구하고 1979년 1호부터 2005년 6호까지의 『조선녀성』을 분석한 결과에서도 다음과 같은 시기별 변화양상이 나타나고 있으며, 이와 같은 변화양상들은 그 나름대로 의의를 지니고 있다.

첫째, 1980년 10월 후계자 김정일의 공식화를 전후해 김정일의 업적과 위대성을 찬양하고 우상화하는 글이 급증하였다.

한 예로 본 장 제3절 '주제별 내용분석'에서 밝혔듯이 『조선녀성』 1979년 2호의 표지 2면에는 김정일이 1960년에 지었다고 하는 가사 「조선아, 너를 빛내리」가 수록되었는바, 이 가사는 김정일이 이미 청소년 시기에 자신이 김일성의 후계자로 대를 이어 혁명위업을 계승할 것임을 시사하고 있다. 「조선아 너를 빛내리」는 이후로도 여러 차례에 걸쳐 『조선녀성』에 수록되어 있다.

> 해 솟는 룡남산마루에 서니
> 삼천리 강산이 가슴에 안겨 온다
> 이 땅에서 수령님 높은 뜻 배워
> 아, 조선아 너를 빛내리
>
> 위대한 수령님 높이 모시고
> 주체의 한 길로 억세게 나아가리
> 사나운 풍랑도 폭풍도 헤쳐

조선을 이끌고 미래로 가리
아, 조선아 너를 떨치리

누리에 빛나는 태양의 위업
대를 이어 해빛으로 이어가리라
주체의 붉은 노을 지구를 덮을
공산주의 그 날을 앞당겨오리
아, 조선아! 나의 조선아!

1980년 1호부터는 김정일을 뜻하는 '당중앙'의 은덕과 배려에 감사하며 찬양하는 시와 글들이 점차 많아진다. 예를 들면, 1980년 2호 표지 2면에는 당중앙을 찬양하며 당중앙에 충성할 것을 다짐하는 내용의 시 「위대한 당을 생각할 때」가 수록되어 있으며, 1980년 2호부터는 김정일을 뜻하는 「향도의 해발 아래」라는 큰 제목 아래 여러 가지의 작은 제목으로 김정일의 은덕과 배려에 감사하는 글들이 연이어 게재된다. 조선노동당 제6차 대회에서 김정일이 후계자로 공식화된 1980년 10월에 특간호로 발간된 『조선녀성』에는 당의 위대성 및 업적 찬양과 함께 '향도의 별' 찬양의 글이 상당한 지면을 할애하여 게재되어 있다.

위에서와 같이 후계자 김정일의 공식화 이후로 그의 업적 및 위대성을 찬양하는 글들이 현저하게 많아진 것과 함께 『조선녀성』에 나타난 또다른 변화는 이전과 달리 김일성과 김정일이 함께 찍은 사진 또는 그림이 비교적 자주 수록되었다는 것이다. 예를 들면, "위대한 수령 김일성 동지와 친애하는 지도자 김정일 동지"가 사업을 토의하는 사진, 함께 삼지연의 새벽길을 걷는 그림, 함께 현지지도에 나선 사진 등이 그것이다. 또한 이와 같이 화보에서 김일성과 김정일이 함께 있는 사진을 게재하는 경우에는 사진제목의 설명에서 김정일을 더 부각시키는바, 예를 들면 "위대한 수령님을 모시고 창광원을 돌아보시는 친애하는 지도자 김정일 동지", "위대한 수령 김일성 동지께 친애하는 김정일 동지께서는 외국방문 성과를 축하하여 뜨거운 인사를 올리시였다", "위대한 수령 김일성 동지를 모시고 빙상관을 돌아보시는 친애하는 지도자 김정일 동지" 등이 그것이다.

이와 같이 후계자 김정일의 권위를 과시하기 위한 의도에서 비롯된 것으로 보이는 『조선녀성』의 또다른 변화양상은 이른바 "지도자 김정일 동지께서 주신 말씀"을 김일성의 교시와 마찬가지의 형식으로 잡지의 맨 앞에 수록하는가 하면, 같은 호의 잡지에서 같은 주제에 대한 김일성의 교시와 김정일의 말씀을 앞뒤 면에 수록하는 편집방식이다. 예를 들면, 『조선녀성』 1989년 3호에는 "위대한 수령 김일성 동지께서 문화정서생활기풍을 세울 데 대하여 하신 교시(발취)"와 "친애하는 지도자 김정일 동지께서 문화정서생활기풍을 세울 데 대하여 하신 말씀(발취)"이 앞뒷면에 함께 게재되어 있다.

위의 내용들 외에도 1987년 1호에는 집무탁자에 앉아 업무를 처리하고 있는 김정일의 사진이 수록되어 있으며, 김정일이 국방위원장으로 오른 1992년 1호에는 화보를 포함해 김정일을 찬양하고 우상화하는 내용의 글들이 총 40쪽 가운데 약 35쪽에 걸쳐 게재되었다.

둘째, 후계자 김정일의 공식화를 전후해 김정일의 생모인 김정숙을 찬양, 우상화하는 글이 급증하였다.

『조선녀성』에 김정숙을 찬양하고 우상화하는 글들이 많아지기 시작한 것은 후계자 김정일의 공식화와 함께 그에 대한 찬양 및 우상화가 본격화되는 시기와 때를 같이 한다. 한 예로 『조선녀성』 1980년 1호부터는 「불멸의 생애, 빛나는 구감」이라는 제목으로 김정숙을 찬양하고 우상화하는 내용의 글들이 2쪽 정도의 분량으로 연이어 게재된다. 그리고 김정일이 후계자로 공식화된 1980년 10월 조선노동당 제6차 대회 이후로는 김정숙과 관련된 글이 현저하게 많아졌으며, 특히 김정숙의 생일(12. 24)이 있는 12월에 발간되는 『조선녀성』은 지면할애가 평균 6~8쪽 정도로 크게 확대되었다. 이와 같은 추세는 호를 거듭할수록 그 정도를 더하였으며, 1987년에는 김정숙의 생일이 있는 『조선녀성』 6호에 「불요불굴의 혁명투사 김정숙 동지의 탄생 70돌을 맞으며」라는 큰 제목 아래 여러 가지의 작은 제목들로 김정숙을 찬양하는 글들이 26쪽에 걸쳐 게재되기에 이른다. 1980년대에도 『조선녀성』에는 강반석을 찬양하는 글들이 꾸준히 게재되기는 하였으나 김정숙과 관련된 글에 비해 양적·질적으로 현저하게 차이가 나는바, 강반석 생일이 들어 있는 달에 발간되는 호에서 대개 2쪽 정도로 게재되며 그 내용도 '반일부녀회'와 관련된 것들에 불과하다.

셋째, 구소련 해체 및 동구 사회주의권 붕괴 이후 사회주의에 대한 신념 및 사회주의 고수의지 강화를 위한 글들이 현저하게 많아졌으며 지속적으로 연재되었다.

이와 관련된 글들은 북한의 '우리식 사회주의'에 대한 해설·선전, 또는 '우리식 사회즈의'에 대한 외부 사회의 찬사와 "자본주의가 복귀된" 구소련 및 동구라파 국가들의 비참한 실태를 폭로하는 것을 주요 내용으로 하고 있다. '우리식 사회주의'에 대한 외부 사회의 찬사를 내용으로 하는 글들은 "세계 진보적 사회계는 인민대중 중심의 우리식 사회주의를 가리켜 "가장 우월하고 독특한 사회주의", "조선의 사회주의는 인류의 리상향이 실현된 민중 중심의 사회주의", "세계 인민들에게 신심을 안겨 주는 희망의 등대"라고 하면서 높이 칭송하고 있다"[172]라는 요지를 담고 있으며, 잡지에는 구체적 실례로 덴마크, 탄자니아, 인도, 오스트리아, 페루 등 각지에서 찬사를 보내고 있음을 소개·선전하는 글을 게재한다. 또한 과거 사회주의권이었던 동구라파 국가들의 비참한 실태를 밝히는 글들은, 특히 동구라파 국가들에서 시장경제 도입 후 돈벌이를 위해 아이들과 임신부들의 인신매매가 성행하고 있음을 밝히는 글들이 많

172) 『조선녀성』(1991. 5), p. 25.

다. 한 예로 "자본주의가 복귀된 동구라파 나라" 여성들은 다른 나라에 팔려가 창녀생활을 강요 당하는바,

> 독일에 있는 매춘부 가운데서 5만 명은 체스꼬, 슬로벤스꼬, 뽈스까, 독립국가협동체 나라 처녀들이다. 독일에서 벌어지는 "인육장사" 대상의 80%는 이런 나라들에서 값눅은 처녀들이다. …… 몇 해 전까지만 해도 남성과 같이 동등한 녀성의 권리를 행사했던 동구라파 나라 녀성들이 오늘은 남자들의 노리개로 되여 버렸으니 얼마나 기가 막힌 일인가. ……제국주의자들과 반동들의 반사회주의적 책동에 의하여 빚어진 자본주의 복귀가 가져다 줄 것이란 오직 파멸과 죽음밖에 없다는 것을 똑똑히 보여 주고 있다.[173]

라고 한다. 또한 『조선녀성』 최근호에도 위의 내용과 유사한 글들이 다음과 같이 수록되고는 한다.

> 오늘 자본주의가 복귀된 나라들의 수많은 녀성들이 유럽의 여러 지역과 미국, 일본, 동남아시아 등 세계 여러 나라들에 팔리워가 외국인들을 상대로 성봉사를 강요당하거나 길가에서 구걸질을 하며 하루하루를 죽지 못해 살아 가고 있다. ……그러므로 자본주의가 복귀된 나라들에서 녀성들이 마약을 사용하는 것은 하나의 사회적 풍조로 되고 있다.[174]

넷째, 남북관계 개선 시기에는 남한을 비난하는 글들이 현저하게 적어지며 비난의 강도도 크게 약화되는 경향을 나타낸다.

한 예로 '남북기본합의서' 채택 및 발효에 즈음한 1992년 2호에는 대남비난의 글이 없으며, 특히 1998년 2월 김대중 정부의 출범 이래 대남 비난의 글이 눈에 띄게 적어졌을 뿐만 아니라 그 강도도 크게 약화되었다.

---

173) 『조선녀성』(1993. 4), p. 37.
174) 『조선녀성』(2004. 10), p. 55.

6 맺음말

『조선녀성』은 북한에서 유일한 여성잡지이다. 그러나 『조선녀성』은 통상 우리가 알고 있는 여성잡지와는 그 내용에 있어 매우 다르다. 예를 들면, 우리의 눈에 익은 여성잡지들에는 여성 특유의 감성을 자극하는 흥미롭고도 이색적인 다양한 주제의 글과 사진들이 수록되어 있으며, 때로는 여성 관련 문제를 심각하게 제기하고 해결책을 적극 모색하는 내용의 글이 수록되기도 한다. 단적으로 말해서 우리의 눈에 익은 여성잡지들은 말 그대로 여성만을 위한 잡지로서의 특성과 기능을 구현하고자 한다는 것이다. 그러나 위에서와 같은 분석결과에서 나타나듯이 북한의 여성잡지인 『조선녀성』에는 여성 특유의 감성을 자극하는 글, 또는 여성문제를 제기하고 해결책을 모색하는 내용의 글은 전혀 찾아볼 수가 없다. 『조선녀성』에 수록된 글들의 대부분은 사상교양을 위한 내용들을 담고 있으며, 그 내용 또한 제목만 다를 뿐 김일성과 김정일의 업적 및 위대성을 찬양하고 두 사람에 대한 충실성을 다짐하는 것으로 일관되어 있다. 따라서 『조선녀성』은 일반적인 여성잡지라기보다는 '대중정치잡지'로서의 특성 및 기능을 지닌 여맹의 기관잡지라고 하는 편이 보다 더 적절할 것이다.

사실상 북한 문헌에서도 『조선녀성』을 여성잡지로 명기하지 않고 대중정치잡지의 성격을 지닌 여맹의 기관지로 소개하고 있다. 그러나 다른 한편으로는 『조선녀성』이 여맹원들을 비롯하여 전체 여성들을 독자대상으로 한다는 점에서 이 잡지는 여성잡지라고 할 수 있다. 또한 주제와 내용을 논외로 한다면 『조선녀성』에는 여맹 조직 활동과 모범 여맹원들의 사례를 소개·선전하는 등 여성 관련 글들이 적지 않으며, 김일성·김정일·김정숙의 인간적 풍모를 찬양하는 글들에서도 여성과 관련된 일화들을 주로 소개하고 있다. 그런가 하면 『조선녀성』은 어머니의 자녀교양을 비롯해 여성의 옷차림과 머리 모양 등에 관한 글, 여성 및 육아 관련 의학·건강 상식에 관한 글, 여성의 언어예절에 관한 글 등을 비중 있게 수록함으로써 여성들에 대한 계몽 내지 문화교양서로서의 기능을 하며 이로써 다른 잡지들과의 차별화를 꾀하고 있다.

『조선녀성』은 북한의 모든 출판보도물들과 마찬가지로 "광범한 대중을 혁명적으로 교양하고 당정책 관철에로 조직동원하는" 노동당의 "위력한 사상적 무기"로서 여맹원들을 비롯해 북한의 모든 여성들을 대상으로 한 사상교양서로서 주로 기능한다. 그리고 매우 미흡한 정도이나 주요 독자대상인 여성들에 대한 계몽 내지 문화교양서로서 기능한다. 그러나 알려진 바로는 북한 여성들 사이에 『조선녀성』이 널리 보급되지 않는 실태라고 하므로 북한 여성들에게 있어 『조선녀성』 발간의 의의 및 취지가 어느 정도 구현되고 있는지에 대해서는 다소 회의적일 수밖에 없다.

참고문헌

강복례, 「직장장의 하루」, 『조선문학』 8호, 1992.

강정구 · 법륜 엮음, 『1999 민족의 희망찾기』, 서울: 정토출판, 1999.

고미라 외, 「가내작업반을 통해서 본 북한여성의 이중노동」, 『연구논집』 제24집, 서울: 이화여자대학교 대학원, 1993.

공승길, 「방파제」, 『조선문학』 9호, 2002.

과학백과사전출판사, 『백과전서 1』, 평양: 과학백과사전출판사, 1982.

______, 『백과전서 4』, 평양: 과학백과사전출판사, 1983.

구수미 · 이미경, 「1990년대 북한여성의 삶과 의식」, 『'변화하는 북한', '변화하지 않는 북한'』, 북한연구학회 2004 춘계학술대회 발표논문.

국가정보원, 『최근 북한실상』 5호, 1999.

권 혁, 『고난의 강행군』, 서울: 정토출판, 1999.

권영민, 「북한의 문예이론과 문예정책」, 『북한의 문학』, 서울: 을유문화사, 1990.

김경희, 「통일한국의 양성평등한 복지구현을 위하여: 남북한 여성복지 비교」, 미래인력연구센터 편, 『여성이 만드는 통일한국의 미래』, 서울: 생각의 나무, 2001.

김명진, 「숲향기」, 『조선문학』 8호, 1997.

김승철, 『북한동포들의 생활문화 양식과 마지막 희망』, 인천: 자료원, 2000.

김애실, 「여성의 경제활동」, 손봉숙 외, 『북한의 여성생활』, 서울: 나남, 1991.

김영란,「북한여성의 사회복지정책연구」,『지역학논집』 제5집.
김영란·김혜영,「남북한 여성의 사회의식에 관한 비교연구 및 수렴방안」,『아세아여성연구』, 서울: 숙명여자대학교 아세아여성연구소, 2000.
김영희,「세월의 년륜속에」,『조선문학』 9호, 1998.
김용한,『청춘의 시작과 끝은 언제』, 평양: 금성청년출판사, 1990.
김원홍 외,『개정 오늘의 여성학』, 서울: 건국대학교 출판부, 2000.
김은석,「푸른꿈」,『청년문학』 제10호, 1991.
김은옥,『단발머리』, 평양: 문예출판사, 1991.
김일성,「녀성동맹의 금후과업에 대하여」,『김일성저작집 2(1946. 1~1946. 12)』, 평양: 조선로동당출판사, 1979.
김재용,「북한문학에서의 여성과 민족, 그리고 국가」,『통일논총』 17호, 서울: 숙명여자대학교 통일문제연구소, 1999.
______,『북한문학의 역사적 이해』, 서울: 문학과 지성사, 1994.
김정일,『주체문학론』, 평양: 조선로동당출판사, 1992.
______,「당대표자회결정관철에서 출판보도물의 역할을 높이자」, 조선로동당 중앙위원회 선전선동부 일군 및 기자, 편집원들과 한 담화 1966년 10월 28일,『김정일선집 1』, 평양: 조선로동당출판사, 1992.
______,「근로단체사업에 대한 당적지도를 강화할데 대하여」, 전국당근로단체사업부일군강습회 참가자들에게 보낸 서한 1985년 4월 30일,『김정일선집 8』, 평양: 조선로동당출판사, 1998.
김종대,「정들어보라」,『청년문학』 8호, 1998.
김준학,「매혹」,『조선문학』 9호, 1998.
김태현·노치영,『재중 북한이탈여성들의 삶』, 서울: 도서출판 하우, 2003.
김해월,「우리시대 녀성들의 사랑의 세계에 대한 깊이 있는 탐구」,『조선문학』 7호, 1991.

김혜영, 「아름다움을 자랑하라」, 『청년문학』 9호, 1991.
______, 「모성의 권리」, 『조선문학』 7호, 1999.
김홍익, 「숲에 들렸다 가시라」, 『조선문학』 4호, 1999.
나초스 지음, 황재옥 옮김, 『북한의 기아: 기아 정치 그리고 외교정책』, 서울: 다홀미디어, 2003.
남대현, 『청춘송가』 상·하, 서울: 도서출판 공동체, 1988.
노옥재, 「북한 식량난 속의 '여성'의 삶과 인권」, 『북한여성의 삶·꿈·恨』, 서울: 민주평통 북한연구회·(사)좋은벗들, 2003.
로동신문, 「당의 참된 딸로 사는 행복」, 2000. 3. 8.
______, 「조선녀성의 힘은 강하다」, 2000. 7. 30.
류정옥, 「매력」, 『조선문학』 9호, 1991.
______, 「방직공의 노래」, 『조선문학』 4호, 1997.
리 극, 「뿌리는 토양 속에 있다」, 『조선문학』 3호, 1991.
리명순, 「함께 가는 사람들」, 『조선문학』 1호, 1999.
리창록, 「숲의 고향곡」, 『조선문학』 8호, 1991.
리춘구, 「내 고향의 처녀들」, 『조선영화』 10호, 1991.
림금숙, 「90년대이후 조선녀성들의 사회경제활동참여의 변화」, 『남북한 여성 그리고 중국 조선족 여성의 삶』, 서울: 이화여자대학교 한국여성연구원·연변대학 여성문제연구중심, 1999.
림원춘, 「눈물젖은 숲」, 『조선문학』 11호, 1996.
명일식, 「우리 시대 청년들의 참다운 사랑에 대한 진실한 예술적 형상」, 『청년문학』 5호, 1993.
문숙재 외, 「북한여성들의 탈북동기와 생활실태」, 『대한가정학회지』 제38권 5호, 2000.
박미석·장진경, 「남북한 가정 경영 비교를 통한 여성의 역할에 관한 연구」, 『아세아여성연구』, 서울: 숙명여자대학교 아세아여성연구소, 2000.
박영숙, 「가정혁명화와 녀성들의 책임」, 『조선녀성』 3호, 1999.

박원초,「샘줄기」,『조선문학』12호, 1997.
박현선,「현대 북한의 가족제도에 관한 연구」, 이화여자대학교 대학원 박사학위논문, 1999.
박형중,『'90년대 북한체제의 위기와 변화』, 서울: 민족통일연구원, 1997.
박혜란,「남북한 생활문화와 삶의 질」, 이배용 편,『통일을 대비한 남북한 여성의 삶의 비교』, 서울: 이화여자대학교 한국여성연구원, 1997.
반상서,「140리」,『청년문학』5호, 1999.
백과사전출판사,『조선대백과사전 1』, 평양: 백과사전출판사, 1995.
______,『조선대백과사전 3』, 평양: 백과사전출판사, 1996.
______,『조선대백과사전 17』, 평양: 백과사전출판사, 2000.
변광숙,「반할만한 청년」,『청년문학』12호, 1992.
「북한 여성 농장원의 생활」,『통일한국』2월호, 2000.
「사상교양사업을 강화하는 것은 녀맹조직의 가장 중요한 임무의 하나」,『조선녀성』5호, 1992. 5.
(사)좋은벗들,『북한 식량난과 북한인권』, 서울: (사)좋은벗들, 2004.
(사)좋은벗들 엮음,『사람답게 살고싶소: 북한난민 1,855명 증언』, 서울: 정토출판, 1999.
사회과학원 언어학연구소,『조선말대사전 1』, 평양: 사회과학출판사, 1992.
사회과학출판사,『조선대백과사전 1』, 평양: 사회과학출판사, 1995.
석남진,「한 녀교원의 사랑」,『조선문학』9호, 1996.
손광영,「갈매기」,『조선문학』8호, 1994.
송영금,「사랑은 연분이 아니다」,『청춘문학』9호, 1999.
안선옥,「고백」,『조선문학』1호, 1991.
양의선,「거대한 날개」,『조선문학』1호, 1993.
에드워드 스튜어트 저, 김성경 역,『문화차이와 인간관계』, 서울:

보성사, 1991.
여성한국사회연구소 편저, 『북한여성들의 삶과 꿈』, 서울: 사회문화연구소, 2002.
오승련, 「친애하는 지도자 김정일동지께서 '주체문학론'에서 밝히신 주체의 문학형태 리론에 대하여」, 『조선문학』 9호, 1993.
윤경찬, 「두 기사에 대한 이야기」, 『조선문학』 1호, 1997.
윤기덕, 『수령형상문학』, 평양: 문예출판사, 1991.
윤승상, 「물길공사장에서 쓴 일기」, 『조선문학』 9호, 1991.
이금순, 『국제기구 및 비정부기구의 인도적 지원사례』, 서울: 민족통일연구원, 1997.
이 석, 「1994~2000년 북한 기근: 초과 사망자 규모와 지역별 인구변화」, 『국가전략』 제10권 1호.
임강택, 「북한경제의 시장경제체제로의 이행」, 한국천주교 주교회의 민족화해위원회 세미나 발표문, 2004.
임순희, 「북한여성의 정치문화」, 숙명여자대학교 대학원 박사학위논문, 1993.
장미현, 「흰 들국화」, 『조선문학』 4호, 1997.
장옥순, 「청춘시절」, 『청년문학』 8호, 1992.
장유선, 「사랑과 결혼에 대하여 하고싶은 말」, 『조선영화』 9호, 1993.
장형준, 「경애하는 장군님의 위대성 형상에서 거둔 혁신적 성과」, 『조선문학』 제3호, 1998.
전명진, 「아름다운 삶」, 『청년문학』 1호, 1992.
전송희, 「짙어가는 단풍」, 『조선문학』 6호, 1998.
정성우, 「기다리는 안해」, 『조선문학』 6호, 1996.
정세진, 「90년대 북한 경제난의 정치사회적 함의」, 『국제정치논총』 제40집 1호.
정승일, 「제대병사」, 『청년문학』 4호, 1991.
정영종, 「사랑의 메아리」, 『조선문학』 7호, 1999.

정현철, 「삶의 향기」, 『조선문학』 11호, 1991.
조　근, 「녀전사의 길」, 『조선문학』 3호, 1996.
『조선녀성』, 각 호.
『조선문학』, 1999. 2.
조순경, 「토론요지 Ⅱ」, 『북한여성의 삶·꿈·恨』, 서울: 민주평통 북한연구회·(사)좋은벗들, 2003.
존 베일리스·스티브 스미스 편저, 하영선 외 옮김, 『세계정치론』, 서울: 을유문화사, 2004.
좋은벗들, 『북한주민의 북한사회·경제에 대한 인식 및 태도 조사』, 서울: 좋은벗들, 2000.
좋은벗들 엮음, 『두만강을 건너온 사람들: 중국 동북부지역 2,479개 마을 북한 '식량난민' 실태조사』, 서울: 정토출판, 1999.
______, 『북한사람들이 말하는 북한이야기』, 서울: 정토출판, 2000.
「짜고드는 사업기풍」, 『조선녀성』 3호, 1999.
채미화, 「90년대 조선문학에 나타난 녀성형상」, 한국여성연구원, 『남북한 여성 그리고 중국 조선족 여성의 삶』, 서울: 이화여자대학교 한국여성연구원·연변대학 여성문제연구중심, 1999.
『천리마』, 1991. 3.
최길상, 「주체문학의 영원한 생명선, 불멸의 기치」, 『조선문학』 1호, 1997.
______, 「위대한 수령 김일성동지의 건국업적은 우리 문학의 영원한 형상원천」, 『조선문학』 9호, 1998.
최명숙, 「90년대이후 조선녀성들의 가정에서의 삶에 관하여」, 한국여성연구원, 『남북한 여성 그리고 중국 조선족 여성의 삶』, 서울: 이화여자대학교 한국여성연구원·연변대학 여성문제연구중심, 1999.
최수영, 『북한의 제2경제』, 서울: 민족통일연구원, 1997.
최수영 외, 『북한헌법 개정에 따른 경제부문 변화전망』, 통일정세분석 98-06, 서울: 민족통일연구원, 1998.
최양수, 「별들이 웃는다」, 『조선문학』 3호, 1998.
「탈북인사대담: 북한 여성 농장원의 생활」, 『통일한국』, 2000. 2.
통일연구원, 『북한인권백서 2004』, 서울: 통일연구원, 2004.
한 윤, 『씨앗』, 평양: 문예출판사, 1992.
한재만, 『김정일: 인간, 사상, 령도』, 평양: 평양출판사, 1994.
현희균, 『새 땅』, 평양: 문예출판사, 1991.
홍욱화, 「재중 탈북여성·고아의 삶과 인권」, 『북한여성의 삶·꿈·恨』, 서울: 민주평통 북한연구회·(사)좋은벗들, 2003.
황순희, 「수령께 끝없이 충직한 혁명가의 영원한 정치적 생명」, 『근로자』, 1982.
UNICEF, *Nutrition Assessment 2002 D.P.R. Korea*.

찾아보기

저자소개

숙명여자대학교 대학원 정치학박사
현 통일연구원 북한인권연구센터 선임연구위원

■ 저 서

『21세기 북한』(공저), 나남, 2000.
『북한사회의 이해』(공저), 인간사랑, 2002.
『조선녀성 분석』, 통일연구원, 2003.
『식량난과 북한여성의 역할 및 의식변화』, 통일연구원, 2004.
『현대 북한의 이해』(공저), 법문사, 2004.

■ 논 문

「북한여성의 정치문화」, 박사학위논문, 1994.
「북한여성의 가치관의 실제와 변화방향」, 1997.
「북한여성의 정치문화와 정치참여」, 2001.
「탈북여성의 인권실태」, 2004.
「탈북여성과 교회의 역할」, 2005.
「남북한의 여성생활」, 2005.

북한 여성의 삶: 지속과 변화

2006년 4월 25일 초판인쇄
2006년 4월 29일 초판발행
저 자 임 순 희
발행인 노 현 철
발행처 도서출판 해남
서울특별시 종로구 교남동 45-1(202호)
전화 739-4822 팩스 720-4823
e-mail haenam30@dreamwiz.com
homepage www.hpub.co.kr
등록 1995. 5. 10 제1-1885호
정 가 13,000원 ISBN 89-86703-79-3

저자와 협의하에 인지생략